Kleinschmidt
Migration und Integration

Sabine Kühn

THEORIE UND GESCHICHTE

DER BÜRGERLICHEN GESELLSCHAFT

Herausgegeben von Heide Gerstenberger und Hans-Günter Thien

Band 24

Harald Kleinschmidt, geb. 1949; seit 1989 Professor für Geschichte der internationalen Beziehungen an der Universität Tsukuba (Japan), 1995 – 2010 nebenamtlicher Professor für Geschichte an der Universität Tokyo.

Harald Kleinschmidt

Migration und Integration

Theoretische und historische Perspektiven

WESTFÄLISCHES DAMPFBOOT

Bibliografische Information der Deutschen Nationalbibliothek
Die Deutsche Nationalbibliothek verzeichnet diese Publikation in der Deutschen Nationalbibliografie; detaillierte bibliografische Daten sind im Internet über http://dnb.d-nb.de abrufbar.

1. Auflage Münster 2011
© 2011 Verlag Westfälisches Dampfboot
Alle Rechte vorbehalten
Umschlag: Lütke Fahle Seifert AGD, Münster
Druck: Rosch-Buch Druckerei GmbH, Scheßlitz
Gedruckt auf säurefreiem, alterungsbeständigem Papier
ISBN 978-3-89691-124-7

Inhalt

Kapitel 1

Migration und Integration:
Theoretische Perspektiven

Ist von Migranten die Rede, verheißt der Blick in die Zeitung oder ins Internet nichts Gutes. Haarsträubende Berichte über hungernde, leidende, sterbende und tote Flüchtlinge drängen hervor, angstmachende Bilder von ärgerlich drohenden Migranten, die von irgend woher kommen und Rechte einfordern, erdrückende Szenen aus heruntergekommenen Stadtvierteln mit leidenden wie unzufriedenen, irgendwie anderen Bewohnern. Im heutigen Europa sind die Flüchtlinge der Zeitungen und des Internets meist weit weg, die Migranten meist sehr nah. Die Vorstellung vom Weltdorf ist ein Irrglaube. In Wirklichkeit kommen wir viel herum in der Welt, aber meist nicht zueinander.

Warum ist das so? Warum sind Migranten und Flüchtlinge immer die „anderen"? Warum fällt es schwer anzuerkennen, dass die meisten Menschen fast überall in der Welt Migranten oder Nachkommen von Migranten sind? Einer von vielen Gründen ist, dass wir viele Migranten um uns herum nicht als solche erkennen wollen. Mein entfernter Verwandter, dessen Ururgroßvater Bruder meiner Ururgroßmutter war, im 19. Jahrhundert nach Australien ging und dort blieb, ist für mich kein Migrant; er gehört schließlich zur Familie. Wir korrespondieren, telefonieren miteinander und besuchen uns gelegentlich. Mein Kollege, dessen Vorfahr im 17. Jahrhundert während des Dreißigjährigen Kriegs mit der Armee des Schwedenkönigs Gustav Adolf ins Heilige Römische Reich Deutscher Nation marschierte und dort blieb, ist kein Migrant. Er spricht kein Schwedisch, lebte nie in Schweden und hat kein Interesse an dem Land. Zu meinen Vorfahren zählen Fuhrleute, die von irgend woher ins niedersächsische Wendland kamen. Aber das ist lange her, ich weiß nichts von diesen Leuten und wohne nicht mehr dort. Niemandes Famlie bleibt für alle Ewigkeit eine Gruppe von Migranten. Wir tun viel, um Migrationserinnerungen auszublenden und den Eindruck zu verbreiten, als seien wir immer am Ort gewesen. Integration vollzieht sich schleichend, geräuschlos und auf lange Dauer, gleichgültig, ob die Politik sie verhindert, zulässt, fordert oder nicht.

Andererseits vergessen wir nicht nur Migrationen oder leugnen sie schlicht, sondern erfinden sie auch in unserer eigenen fernen Vergangenheit oder bei anderen. Besonders kreativ im Erfinden von Migrationen war um die Mitte des 20. Jahrhunderts Vere Gordon Childe, ein Britischer Archäologe. Er beschäftigte sich mit Funden, die die Entstehung des Feldbaus, im weiteren Sinn der Landwirtschaft, zu dokumentieren schienen. Die ältesten Funde verortete er im damals so genannten „Fruchtbaren Halbmond" im Nahen oder, wenn man so will, Mittleren Osten. Dann hielt Childe Ausschau nach ähnlichen Funden an anderen Orten und wies ihnen jüngere Daten zu. Diese Funde traten ihm entgegen auf dem Balkan, vermeintlich noch jüngere weiter nördlich in Europa. Childe schloss, dass der Feldbau aus dem „Fruchtbaren Halbmond" über den Balkan ins nördliche Europa gewandert sein müsse. Da aber die Technik der landwirtschaftlichen Produktion nicht von allein wandern kann, glaubte Childe, dass Migranten die neue Technik nach Europa gebracht hätten. Migration erschien ihm als der Faktor von Wandel in der Geschichte schlechthin. Wesentliche technologische Veränderungen, mutmaßte Childe, hatten sich in vorgeschichtlicher Zeit nur durch Migration verbreiten können. Denn das Buch, den Fernseher und das Internet hatte es noch nicht gegeben. Dafür, dass Migranten den Feldbau nach Europa getragen hatten, gab es selbstverständlich keinen Beleg. Denn Migranten hinterlassen selten Fußspuren, die Archäologen aufspüren könnten. Was sie taten, während sie in Bewegung waren, entzieht sich folglich archäologischer Kenntnis.

Das Wort Migration hat im Deutschen in jüngster Zeit eine unglaubliche Karriere gemacht. Vor vierzig Jahren kannte es nur eine kleine Gruppe exotischer Sozialwissenschaftler, die stark von Amerika beeinflusst waren. Dort hat Migration als englisches oder spanisches Wort schon seit langem in Gebrauch gestanden, aus Mangel an geeigneter Alternative. Im Deutschen hingegen hat es „Auswanderung" gegeben, dann auch „Einwanderung", schließlich auch „Auswanderungsländer" und „Einwanderungsländer", sorgfältig über den Globus verteilt. Die „Einwanderungsländer" waren im deutschen Sprachgebrauch stets weit weg, meist jenseits des Atlantik, wenn nicht gar im Südpazifik. „Auswanderungsländer" schien es jedoch zuhauf im alten Europa bis in die 1950er Jahre zu geben, Spanien und Portugal, das Vereinigte Königreich, Irland, Frankreich, Deutschland, Polen, Italien, die Balkanstaaten, die skandinavischen Staaten, auch Russland. Doch das waren Wortspiegeleien der deutschen Amtssprache. Manche von denen, die zu fernen Gestaden aufgebrochen waren, kehrten zurück, allein aus den USA scheinen 25% der ursprünglichen „Auswanderer" zurückgekehrt zu sein. Als sie gingen, hatten die Behörden sie als „Auswanderer" gezählt. Als sie wiederkamen, verbuchte man sie nicht als „Einwanderer", sondern als ob sie nach einer längeren Reise zurückgekehrt wären. „Einwanderer" wurden sie also nicht, obschon sie einst „Auswanderer" gewesen waren. Andere, die aus Italien nach Frankreich gingen, also in Europa blieben, galten in Frankreich bis in die 1930er Jahre nicht als „Einwanderer", sondern amtlich als „Nomaden", wenn sie sich nicht behördlich registrieren ließen. Wer während des 20. Jahrhunderts aus Italien oder der Türkei nach Deutschland zog, war dort ebenfalls kein „Einwanderer", sondern zunächst ein „Gastarbeiter", dann ein „Ausländer", oder höflicher „ausländischer Mitbürger". Ende der 1980er Jahre kamen viele Migranten aus Südosteuropa und aus Russland. Zogen sie nach Deutschland, waren sie wiederum keine „Einwanderer", sondern im Amtsdeutsch hießen sie „Spätaussiedler" oder „Flüchtlinge". Die behördlich falsch Verbuchten kümmerte das nicht – sie blieben einfach, wo sie waren. Am Ende des 20. Jahrhunderts war dann plötzlich alles anders: Leute, die nunmehr aus Afghanistan und Zentralasien kamen und in Bulgarien und Rumänien eingetroffen waren, wurden dort und wohin immer sie sonst zogen, zu „Zuwanderern" oder „Migranten". Auch die, die dereinst behördlich „Gastarbeiter" oder „Ausländer" oder „Spätaussiedler" gewesen waren, wurden zu „Personen mit Migrationshintergrund", wann immer sie gekommen waren. Dieses Wortungetüm durfte auf seine Geburt bis zum Beginn des 21. Jahrhunderts warten. Nun aber gibt es „Migranten" im Deutschen sogar mit amtlichem Gütesiegel. Lang hat es also gedauert, bis das Wort Migration Zugang zu deutschen Amtsstuben fand. Aber hat es dort eine Änderung des Denkens über Migration bewirkt?

Zweifel sind angebracht. Die amtlichen Migrationsverwalter lernten zwar, dass „Einwanderungs"- und „Auswanderungsländer" historisch unstabile Größen sind, kommen und gehen wie die Migranten selbst. Also passten sie ihren Sprachgebrauch den geänderten Gegebenheiten an. War es in Deutschland (West) bis ans Ende der 1980er Jahre chic gewesen zu behaupten, Deutschland sei „kein Einwanderungsland", ist es nunmehr politisch korrekt zu fordern, „Personen mit Migrationshintergrund" sollten Bereitschaft zur „Integration" an den Tag legen. Immer noch sehen die amtlichen Migrationsverwalter in Migranten die anderen. Als Migranten noch „Gastarbeiter" waren, hofften die amtlichen Migrationsverwalter, die „Gastarbeiter" würden eines Tags verschwinden, und irrten. Nun hoffen sie, die Migranten werden von selbst aufhören, Migranten zu sein. Was geschähe, wenn die amtlichen Migrationsverwalter wieder irren sollten, wenn mithin die Migranten darauf bestehen würden, sowohl Migranten sein als auch bleiben zu dürfen?

Was ist Migration, wenn nicht einfach ein anderes Wort für Aus- und Einwanderung? Wer migriert, bewegt sich. Aber nicht alle, die sich bewegen, migrieren. Wer morgens zur Arbeit fährt oder zur Schule geht und nachmittags oder abends nach hause zurückkehrt, migriert nicht. Denn die Bewegungen des Tags führen zum festen Ort des Wohnsitzes zurück. Wer auf Reisen geht, und sei es für mehrere Jahre, gibt üblicherweise den Wohnsitz nicht auf und migriert also ebenfalls nicht. Wer von einer Ecke der Stadt in eine andere Ecke zieht, verlegt zwar den Wohnsitz, bleibt aber in vertrauter Umgebung sowie in derselben Stadt registriert und migriert deswegen wiederum nicht. Anders gesagt: Wer migriert, geht woanders hin ohne die Absicht wiederzukommen, üblicherweise freiwillig. Flüchtlinge sind daher keine Migranten oder Migrantinnen, können aber solche werden. Wer migriert, hat in der Regel ein Ziel, mehr oder weniger genau; denn nur wenige laufen einfach weg, ohne zu wissen wohin. Ob eine Bewegung Migration ist oder nicht, bestimmt sich nach der Absicht und dem Ziel. Wer migriert, will den Wohnsitz über eine Grenze hinweg verlegen, die irgendwie wichtig ist. Das Migrantendasein ist unteilbar, aber vererbbar. Niemand kann ein wenig Migrant oder Migrantin sein, kann aber das Migrationsbewusstsein an nachfolgende Generationen weiterreichen. Alle, die migrieren, bewegen sich als ganze Personen, wandern sowohl aus als auch ein und formen ihre Identitäten, gleichgültig, wie die Behörden zählen.

Es geht auch einfacher. Die Vereinten Nationen haben festgelegt: Wer den Wohnsitz in einen anderen Staat verlegt und dort länger als ein Jahr bleibt, ist Migrant oder Migrantin, mit oder ohne Absicht, mit oder ohne Ziel. Migrantendasein ist nicht erblich, sondern endet spätestens mit dem Tod. Nicht so bei Flüchtlingen. Ihr Status kann vererbbar sein. Viele der von den Vereinten Nationen registrierten, im Libanon lebenden Palästinenser sind Flüchtlinge bereits in der vierten Generation. Im Sprachgebrauch der Vereinten Nationen sind Flüchtlinge keine Migranten. Die Bestimmung des Flüchtlingsstatus regelt die internationale Genfer Konvention von 1949, deren Sprachgebrauch sich viele Regierungen von Staaten angepasst haben. Eine allgemeine internationale Konvention für Migration gibt es nicht.

Migration bedeutet zwar vielen vieles, aber dennoch nicht allen alles. Zwei Hauptgruppen von Meinungen treten in den Vordergrund. Auf der einen Seite rangieren die Meinungen derjenigen, die Migration regulieren wollen und überwachen sollen, in der Politik, der Polizei und der Verwaltung. Auf der anderen Seite versammeln sich die Meinungen der Migranten und Migrantinnen. Zwischen beiden Gruppen von Meinungen wabert Zwietracht. Wenn die Leute, die der ersten Gruppe von Meinungen anhängen, überhaupt mit denen der zweiten Gruppen sprechen, reden sie meist an einander vorbei. Der Grund der Zwietracht ist ein einziger Satz, aber einer, der in einem der wichtigsten Rechtsdokumenten der heutigen Welt überhaupt steht. Es ist die Allgemeine Erklärung der Menschenrechte vom Jahr 1948. In Artikel 13 schreibt sie fest: Jeder Mensch hat das Recht zum Auswandern, unbedingt und ohne Einschränkung. Aber ein allgemeines

Recht zum Einwandern besteht nicht. Wir dürfen also alle bis zur Grenze gehen, sie auch überschreiten, aber drüben nicht ankommen. Man weiß in Deutschland nur zu gut, dass es Staaten gegeben hat, deren Regierungen wie die der DDR das allgemeine Menschenrecht zum Auswandern einzuschränken, wenn nicht gar abzuschaffen versuchten. Aber in der Welt insgesamt ist die Zahl dieser Staaten erstaunlich gering; jedenfalls gegenüber der Zahl derjenigen Staaten, in denen mehr oder weniger stark eingeschränkte Einwanderungsmöglichkeiten bestehen. Denn in die letztere Gruppe gehören alle Staaten der Welt. Anders gesagt: jede Regierung wacht darüber, wer über die Grenzen ihres Staats steigt. Migranten und Migrantinnen sind mehr oder weniger willkommen, und die Regierungen sagen dies erstaunlich ausdrücklich. Migranten und Migrantinnen geraten in den Blick der Regierungen von Staaten, sobald sie die Staatsgrenzen erreichen und bleiben in deren Blick, sobald sie die Grenzen überschritten haben. Fast überall geschieht der Übertritt mit einem einzigen Schritt. Dennoch trennen Politik, Polizei und Verwaltung ganz im Sinn der Erklärung der Menschenrechte deutlich und scharf zwischen Auswanderung und Einwanderung auch dann, wenn sie von Migration als kontinuierlichem Vorgang reden.

Das tun sie nicht ohne Grund. Bei der Gestaltung ihrer Politik ist die Regierung eines jeden souveränen Staats gehalten, die Entscheidungen jeder Regierung anderer souveräner Staaten zu respektieren, auch wenn sie in regionalen Institutionen zusammenarbeiten. Migrationspolitik gehört, sogar innerhalb der Europäischen Union und trotz der von der Union formulierten allgemeinen Grundsätze der Migrationspolitik, zu den Politikfeldern, in denen Zusammenarbeit zwischen den Regierungen über Staatsgrenzen hinweg am schwierigsten ist. Die Politik der Regierung jedes souveränen Staats legt also die Grundsätze und viele Einzelheiten von Regeln fest, die an den Grenzen gegenüber Migranten und Migrantinnen anzuwenden sind. Denn die Polizei, wo sie die Grenze kontrolliert, gleichgültig ob auf Flughäfen, in Seehäfen, in Städten oder in der offenen Landschaft, braucht klare Vorgaben zum Arbeiten. Jemanden, der an die Grenze kommt, muss die Polizei schnell und eindeutig zuordnen können. Es darf keine langwierigen Debatten darüber geben, in welche Kategorie jemand als Grenzpassant einzuordnen ist. Da helfen die Genfer Konvention und die Migrationsdefinition der Vereinten Nationen sehr. Die Polizei muss das ihr Mögliche tun, damit jeder gleich behandelt wird. Es darf nicht sein, dass jemand, der sich gut darstellen kann, schneller und einfacher vorankommt als jemand, dem die Worte oder die Ideen fehlen. Darf jemand nicht weiter, muss es handfeste, nachvollziehbare und vor Gericht nachprüfbare Gründe geben. Alles andere wäre Rechtsbruch. Dieselben Grundsätze gelten für die Verwaltung, die für diejenigen zuständig ist, die eingewandert sind.

Trotz alledem haben Migranten und Migrantinnen selbst kaum Verständnis für die Meinung von Polizei und Verwaltung über ihr Tun. Denn für sie ist der Grenzübertritt eben nur ein kleiner Schritt in einer langen Abfolge von Handlungen, von der Entscheidung zu gehen bis zum Verbleiben am Ziel. Ihre Identität ist nicht abhängig von den Papieren, die sie mit sich tragen, wenn sie welche dabei haben. Ihre Motive sind nicht gebunden an die Regelwerke von Polizei und Verwaltung. Ihr Ziel kann weit hinter der Grenze oder sogar hinter einer weiteren Grenze liegen. Die gegensätzlichen Perspektiven treffen beim Grenzübertritt aufeinander. Grenzübertritt ist in der Sicht von Polizei und amtlicher Migrationsverwaltung ein Rechtsakt in sich selbst, in der Migrantenperspektive hingegen ein Mittel, das Ziel zu erreichen. Die meisten Migranten und Migrantinnen unterwerfen sich den Obrigkeiten nur, damit sie ihr Ziel erreichen können. Am Ziel angelangt, weitet sich dann die Schere zwischen der Perspektive der amtlichen Migrationsverwaltung und der Migrantenperspektive. Denn die Verwaltung und die ihr vorgesetzten politischen Institutionen wie Parlament und Regierung zeigen eine überbordende Fähigkeit zur Entwicklung immer neuer Kategorien von Migration und Gruppen von Migranten und Migrantinnen. Da gibt es „Arbeitsmigration", „Wirtschaftsflüchtlinge" und „Scheinasylanten", „Familienzusammenführung" und „Nachzug", „Migration Hochqualifizierter", die die Politik will, und „Zuwanderung in die Sozialsysteme", die die Politik nicht will. Migranten und Migrantinnen werden sortiert nach Staatsangehörigkeit und Glaubensbekenntnis. Es gibt Staaten, in die unwillkommene Migranten und Migrantinnen abgeschoben werden dürfen, und Staaten, die Tabu sind: Wer von dort kommt, braucht Abschiebung nicht zu fürchten. Aber die Liste der Staatennamen, die der einen oder der anderen Kategorie zugeordnet sind, wechselt ständig. Ein Staat, der gestern noch Tabu war, ist morgen ein gewöhnlicher Partner. Jeder ist mithin von Abschiebung bedroht. Wer als Muslim aus Bosnien kommt, wird behandelt wie der Angehörige einer ethnischen Minderheit. Wer als Sunnitin aus dem Irak kommt, gilt als Angehörige einer unzufriedenen Mehrheit. Die Verwaltung glaubt zu wissen, wer die Migranten und Migrantinnen sind. Und sie lässt diese wissen, dass sie dies glaubt. Welche Meinungen Migranten und Migrantinnen von sich selbst haben, interessiert nicht. Für die Verwaltung scheint keine Notwendigkeit zum Zuhören zu bestehen.

Noch mehr Ärger als der Mangel an Kommunikation bereitet der Umstand, dass die verwaltungstechnischen Kategorienbildungen den meisten Migranten und Migrantinnen unbekannt oder schwer verständlich bleiben. Die Kategorien sind Oktroi, etikettieren diejenigen, die die Grenze übertreten. Wer als Einzelperson kam, findet sich am Ziel wieder in einer Masse, beklebt mit einem Zettel, wie man

Milchflaschen beklebt. Die amtlichen Migrationsverwalter nennen den Vorgang der Kategorisierung „Integration" und wundern sich, dass manche Migranten, insbesondere viele Migrantinnen, sich dieser „Integration" zu entziehen versuchen.

Am Ziel warten auf Migranten und Migrantinnen viele Pflichten und wenige Rechte. Sie haben „Grundwerte der Demokratie" ebenso zu erlernen wie die Sprache ihres Zielstaats; den Erfolg des Lernens in Prüfungen nachzuweisen. Sie sollen die Kleiderordnung des Zielstaats beachten und allseits mindestens Zufriedenheit, wenn nicht Dankbarkeit mit ihrem Migrantendasein ausstrahlen. Die amtlichen Migrationsverwalter bestimmen dennoch Migranten und Migrantinnen, ohne Beachtung des Einzelfalls, gern als unzuverlässig, arm, hilflos, uninformiert oder ungebildet und fordern gebührende Beachtung der behördlichen Anweisungen. Sie suchen unnnachgiebig nach Migrationsmotiven und hören zumeist erst auf, wenn sie ermittelt zu haben glauben, Armut sei das Motiv. Wer migriert, davon sind sie unverrückbar überzeugt, zieht aus sogenannten armen in vermeintlich reiche Länder, wie Motten ins Licht fliegen. Scheinbar wie ein naturwüchsiger Prozess. Dabei interessiert die amtlichen Migrationsverwalter nicht, welche Meinungen und Wahrnehmungen diejenigen selbst haben, die migrieren. Die Migrantenperspektive zählt nicht.

Hier also ist das Dilemma. Gestützt auf die Vorgaben der Politik, setzen die amtlichen Migrationsverwalter Sesshaftigkeit als gegebene Lebensform voraus. Demnach gilt die Annahme: Wer geht, handelt ungewöhnlich und muss dafür ein Motiv haben. Doch weder Politik noch Verwaltung noch die ihnen nahestehenden Sozialwissenschaften haben diese Annahme je im Einzelfall und selten für die Masse der Gruppen von Migranten und Migrantinnen überprüft. Die gegenteilige Annahme ist mithin ebenso denkbar, dass nämlich Migration normales Verhalten repräsentiert und Sesshaftigkeit einer Begründung bedarf. Eine der wenigen Migrantengruppen, deren Angehörige sich vor Beginn ihrer Migration über ihre Motive äußerten, waren Württemberger, die sich im Jahr 1816 in der Gegend um Heilbronn zusammenfanden, um nach Amerika zu gehen. Die Gruppe ließ ihrem Ärger so lautstark Luft, dass König Wilhelm von Württemberg einen Beamten in die Gegend sandte mit der Aufgabe herauszufinden, worüber die Leute ärgerlich waren. Der Beamte war der junge Friedrich List. Der versicherte den Leuten zunächst, dass sie Klartext mit ihm reden könnten. Es werde ihnen nichts geschehen. Also packten einige aus. Genug hätten sie von der Willkür der Obrigkeiten vor Ort. Die seien ungerecht und plagten sie mit Geldforderungen und Dienstleistungszwang. Der König sei zwar gerecht, aber weit weg und könne dem Treiben der Obrigkeiten vor Ort keinen Einhalt gebieten. Mit ihrer Armut als Bauern könnten sie gerade überleben. Aber die Frondienste seien einfach zu viel. Also würden sie nach Amerika gehen. Dort sei das Leben besser, glaubten sie aus Erzählungen zu wissen.

List hörte genau zu. Ihm fiel auf, dass die Untertanen des Königs weder vom Tübinger Vertrag von 1514 noch von der gerade im Jahr 1815 gewährten Auswanderungsfreiheit wussten. Der Tübinger Vertrag hatte bei Zahlung einer Abgabe Abzugsfreiheit garantiert und war geltendes Recht in Württemberg. Auch die Auswanderungsfreiheit war in Württemberg geltendes Recht. Die Leute, die ihm entgegen traten, glaubten jedoch, ihr Migrationsvorhaben sei illegal und sie müssten bei Nacht und Nebel verschwinden. List bemerkte weiterhin, dass sich der Zorn der Untertanen weder gegen die Monarchie noch den König richtete, den sie gern als Vermittler gegen die örtlichen Obrigkeiten angerufen hätten. Aber sie glaubten, der König sei gegen die örtlichen Obrigkeiten machtlos. Schließlich erstaunte List, dass die Leute zwar über Armut klagten, einige auch über Hunger, dass diese Klagen aber nicht das hauptsächliche Migrationsmotiv abgaben, sondern Unzufriedenheit mit Politik und Verwaltung vor Ort. In der Tat ist dieser Umstand bemerkenswert. Denn in Württemberg herrschte im Jahr 1816 nach Ende der Napoleonischen Kriege im Jahr zuvor tiefe Depression. Die württembergischen Migranten des Jahrs 1816 hatten immerhin so viel zu essen und so viel Geld, dass sie Vorbereitungen für den Weggang nach Amerika treffen konnten. Die Schwellentheorie der Migration bestätigt diese Erfahrungen noch heute: Wer in absoluter Armut lebt und von Hunger geplagt ist, hat genug mit der Sorge um das tägliche Überleben zu tun und weder Zeit noch Gelegenheit, große Pläne für Migration zu schmieden. Eine Politik, die Armut zu beseitigen versucht in der Hoffnung, Migrationsbereitschaft zu verringern, kann im Gegenteil die Entscheidung für Migration erleichtern. Falsche Annahmen über Migrationsmotive können eine aus ihnen abgeleitete Migrationspolitik zum Scheitern bringen.

Das gilt auch für diejenigen Vorstellungen, die Politik und Verwaltung gern auf Migranten und Migrantinnen projizieren. Schon Lists Umfrage ergab, dass manche unter den württembergischen Migranten des Jahrs 1816 sich über Amerika informiert hatten. Sie kannten Leute, die schon dort wohnten, und hatten sich von deren Erfolgsgeschichten beeindrucken lassen. Die Forschung nimmt heute an, dass nur im 19. Jahrhundert und nur zwischen Amerika und Deutschland mehrere Millionen Briefe ausgetauscht wurden. An Netzwerken unter denjenigen, die migriert waren, und denjenigen, die migrieren wollten, bestand schon damals kein Mangel. Wer migrieren wollte, war also keineswegs ohne Ausnahme hilflos, uninformiert, arm oder ungebildet. Im Zeitalter des Internet sind diese Netzwerke vielfältiger, wirkungsvoller und dichter geworden. Sie erweitern die Handlungsmöglichkeiten von Migranten und Migrantinnen vor, während sowie nach der Migration und helfen, dem von Politik und Verwaltung ausgehenden Zwang zur Integration auszuweichen. Es wird Zeit, dass Politik und Verwaltung ihre Vorstellungen über Migration den Gegebenheiten der Realität anpassen.

Zumal die Politik zeigt sich indes wenig wandlungsfähig und nach wie vor bestimmt von Urängsten, die die Regierungen souveräner Staaten seit langem plagen. Die wichtigste dieser Urängste besteht darin, dass das Volk aus Ärger über seine Regierung das Menschenrecht auf Auswanderung beanspruchen und sich einfach davonmachen könnte. Die Geschichte der DDR hält hierfür ein warnendes Beispiel parat. Die dortige Regierung war von der Paranoia der angeblichen „Auswanderungs"-Gefahr so nachhaltig befallen, dass sie den ganzen Staat ruinierte, nur um das Staatsvolk innerhalb der Staatsgrenzen festzuhalten. Nach der Öffnung der Mauer wurde klar: auch in den ersten, vielfach voreiligen Reaktionen auf die sich ergebenden neuen Bewegungsmöglichkeiten rannten nur etwa zehn Prozent der Bevölkerung weg – viele kamen bald zurück –, andere gingen erst Jahre später. Um zehn Prozent der Bevölkerung am Weggehen zu hindern, setzte die Regierung der DDR den ganzen Staat aufs Spiel. Die DDR ist zwar Geschichte. Aber auch anderswo gelten diejenigen als unsichere Kantonisten, die Politik und Verwaltung als Steuerflüchtlinge oder Rentner einstuft, die angeblich die schönen Seiten des Lebens in südlichen Gefilden genießen wollen. Umgekehrt geht es Leuten nicht besser, die am Ziel angekommen sind. Auch sie gelten erst einmal und oft für lange Zeit als unzuverlässig. Für sie gilt, oft unausgesprochen, mitunter aber auch ausdrücklich die Frage: Warum seid ihr hier? Wer schlicht antwortet, hier jetzt leben zu wollen, macht sich verdächtig, das scheinbar „wahre" Migrationsmotiv nicht angeben zu wollen. Noch immer sind Politik und Verwaltung von der Erwartung beherrscht, Leute könnten nicht einfach gehen wollen und kommen dürfen. Für Politik und Verwaltung gilt nach wie vor der Grundsatz der Sesshaftigkeit als der primären sozialen Ordnungsform. Wer sich entschließt zu gehen und zu kommen, sollte, dieser Erwartung zufolge, den Entschluss begründen können.

Seit mehr als 200 Jahren haben Politik und Verwaltung diese ihre Erwartung der Sesshaftigkeit in Europa immer wieder mit demselben Argument verteidigt, dass nämlich Migration nicht ungeregelt bleiben könne und deswegen die Ermittlung von Migrationsmotiven notwendig sei. Anders gesagt: wer Migration kontrollieren solle, müsse nach Migrationsmotiven fragen dürfen. Um Migration kontrollieren zu können, zeigen sich Politik und Verwaltung sogar bereit, unterstützt durch dienstbare Sozialwissenschaften, einem Wohlfahrtschauvinismus das Wort zu reden. Der sieht so aus: Wir hier in unserem Land, sei dies die Bundesrepublik Deutschland als Beispiel, leben, so behaupten Politik und Verwaltung, in geordneten Verhältnissen, sicher und gut versorgt. Die Wirtschaft, so sagt die Politik, produziere Wohlstand, wenn auch vielleicht mit abnehmender Tendenz. Die Systeme der sozialen Sicherheit, so behauptet die Verwaltung, produzierten Leistungen, wenn auch für manche mehr schlecht als recht. Die öffentliche Sicherheit, fügt die Polizei hinzu, sei weitgehend gewährleistet, wenngleich ein sogenanntes „Restrisiko" verbleibe. Dieses gemütliche Leben dürfe, folgern Politik und Verwaltung, nicht durch Leute gestört werden, die von irgend woher kommen und am Wohlstand, den sozialen Leistungen und der Sicherheit teilhaben wollen. Würde ihnen dies erlaubt, wäre es um den Wohlstand, die sozialen Leistungen und die Sicherheit bald schlecht bestellt. Eine liberale Demokratie dulde keine liberale Migrationspolitik, lautet das Fazit der Wohlfahrtschauvinisten. Derlei Wohlfahrtschauvinismus gibt es überall in Europa, von Italien bis Schweden, in Nordamerika, Australien und Neuseeland. Ob er sachlich, das heißt in tatsächlichem Wohlstand, hinreichenden sozialen Leistungen und gefühlter öffentlicher Sicherheit begründet ist, interessiert hier nicht. Denn der Wohlfahrtschauvinismus hat sich längst aus der realen Welt der Tatsachen verabschiedet und sich zu einer Propaganda verselbständigt, die gegen jede Variante von Migration dienen kann. Gegen den Wohlfahrtschauvinismus helfen auch handfeste Argumente wenig. So besteht das Gerede von der Abhängigkeit der „Personen mit Migrationshintergrund" von den Leistungen der Sozialfürsorge hartnäckig weiter, obschon Statistik und Migrationsforschung immer wieder belegt haben, dass der Wohlstand aller durch die Tätigkeit dieser „Personen mit Migrationshintergrund" wächst; dass eben diese „Personen mit Migrationshintergrund" soziale Leistungen seltener in Anspruch nehmen als Sesshafte, weil sie durchschnittlich jünger, gesünder, mobiler und flexibler sind als Sesshafte; dass sie seltener straffällig werden als Sesshafte, wenn diejenigen Straftaten unberücksichtigt bleiben, die – wie Verstöße gegen Migrationsgesetze – nur Migranten und Migrantinnen begehen können; und dass eine liberale Migrationspolitik keineswegs den Wohlfahrtsstaat aus den Angeln hebt.

Der Wohlfahrtschauvinismus paart sich zudem mit einer Art Normenchauvinismus. Er besteht in der Behauptung, eine liberale Migrationspolitik, die nicht auf Integration der „Personen mit Migrationshintergrund" abzielt, sei nicht verfassungskonform. Anders gesagt: Normenchauvinisten argumentieren mit der Angst, liberale Migrationspolitik fördere Multikulturalismus und Multikulturalismus zerstöre die Einheit der Nation. Dies geschehe dadurch, dass den Migranten und Migrantinnen gestattet werde, ihre mitgebrachte kulturelle Identität im Zielstaat ihrer Migration zu bewahren und dafür die Rechte nationaler Minderheiten einzufordern. Migranten und Migrantinnen seien aber keine nationalen Minderheiten, da sie eben erst gekommen und daher nicht schon immer am Ort gesessen hätten. Ethnische kulturelle Identitäten gegenüber der nationalen Identität des Zielstaats der Migration geltend zu machen, verstoße gegen den angeblichen Grundsatz liberaler demokratischer Verfassungen, dass die Bewahrung ethnischer Identitäten im privaten Raum stattfinde, also nicht Sache des Staats sei. Die politische Forderung nach Zulassung von Multikulti sei nicht verfassungskonform, und folglich sei die Abkehr von Multikulti, die die Normenchauvinisten seit ungefähr zehn Jahren immer wieder diagnostizieren, ein Beitrag zur Demokratisierung der Staaten.

Die Beobachtung, dass Multikulti „tot" sei, klingt verständlich aus dem Mund von Politikern und Politikerinnen, die eine um die Einheit der Nation besorgte Klientel bedienen wollen. Diese Klientel besteht in vielen Staaten quer durch das politische Spektrum. Mit dem Spruch, Multikulti sei „tot", können diese Politiker und Politikerinnen einer restritiven Migrationspolitik und der Forderung nach Integration von Migranten und Migrantinnen das Wort reden, ohne rassistische Phrasen benutzen zu müssen. Aber dabei benutzen sie nicht nur Phrasen, die mindestens hart an der Grenze zum Rassismus liegen, sondern zeichnen sie auch eine Karikatur von Multikulti im Sinn der britischen „3S": Samosas, Stahltrommeln, Saris. Multikulti ist indes mehr als ein Gemisch aus exotischen Gerüchen, Tönen und Farben, nämlich ein Gebot der Menschenrechte. Multikulti lässt sich folglich auch nicht mit dem Argument aus dem Weg räumen, das Zurschaustellen des Anderen porträtiere das Zurschaugestellte als das Ewig-Gleiche, fossiliere so die Kulturen und zementiere dadurch Ungleichheit. Denn wenn das Andere nur nahe genug bei uns ist, darf es zur Schau gestellt werden. In der Bundesrepublik Deutschland, zum Beispiel, hat nicht nur niemand etwas dagegen, dass Dänen, Ost- und Nordfriesen sowie Sorben ihre Sprachen pflegen, separate Schulen oder Schulklassen benutzen, ihre Sitten, Gebräuche und Dresscodes pflegen, kurz ihre kulturelle Identität bewahren; sondern es gilt zu Recht als Ausweis von Liberalität und praktiziertem Minderheitenschutz, der keineswegs Angelegenheit des privaten Raums, sondern als öffentliche Aufgabe ist und aus den allgemeinen Menschenrechten folgt. Im deutschen Sprachraum, man weiß es, gilt zudem religiöse Toleranz seit dem Augsburger Reichstag von 1555 als Grundrecht. Alle dürfen ihre Religion im öffentlichen Raum praktizieren, wie sie wollen, solange sie keine Gesetze brechen. Multikulti für „tot" erklären kann nur, wer die Pluralität der Kulturen in Europa sowie die bestehenden Menschen- und Grundrechte ignoriert.

Und genau so verfahren die Normenchauvinisten. Sie behaupten – und da liegen ihre Aussagen fast immer mindestens an der Grenze von Rassismus –, es komme bei der Anwendung der Menschen- und Grundrechte darauf an, wer wann woher gekommen sei. Leute, die erst vor kurzem, ungefähr drei bis dreißig Jahren, irgendwoher aus Afrika, Asien oder der Karibik gekommen sind, sollen sich dem Zwang zur Integration unterwerfen, und das bis zur Unterwerfung unter bestimmte

Dresscodes. Leute hingegen, die schon vor mehr als dreihundert Jahren kamen, wie die nonkonformistischen Hugenotten nach Kassel, oder vor 600 Jahren, wie die revolutionären Waldenser ins Kleine Walsertal, oder die, wie die Friesen, schon seit der fernen Vergangenheit da gesessen zu haben scheinen, wo sie heute sitzen, dürfen ihre kulturelle Identität oder was sie dafür ausgeben, mit behördlichem Privileg pflegen. In den USA nennt die Kultur- und Sozialwissenschaft diese Einstellung Nativismus. Soll heißen: Wer einmal im Land angekommen ist, schließt die Tür hinter sich zu. Nachzügler mögen dann draußen bleiben, da sie die Einheit der Nation stören könnten. Schließlich sei die Nation die Gesamtheit derjenigen, die sich auf die Einhaltung von Normen verpflichtet fühlten. Die Nachzügler müssten sich folglich in die Integration fügen oder verschwinden.

Die Normenchauvinisten postulieren Verfassungsnormen, die es nur selten gibt. Wer nach Singapur blickt, findet dort in der Tat Normenchauvinismus als offizielle Regierungspolitik umgesetzt. Denn die Regierung von Singapur erklärt offiziell religiöse und ethnische kulturelle Identität zur Privatsache und tabuisiert jede öffentliche Debatte über sie. In abgeschwächter Formen besteht Normenchauvinismus auch in Malaysia. Aber jenseits dieser beiden Staaten sind Verfassungen selten, die Regierungen von Staaten zur Tabuisierung von Debatten über ethnische kulturelle Identität ermächtigen. Insbesondere in der Bundesrepublik Deutschland ist für mindestens ein Bundesland das genaue Gegenteil der Fall. Dort hat ethnische kulturelle Identität sogar Verfassungsrang, behauptet doch die Verfassung des Freistaats Bayern von 1946, dass „das bayerische Volk" seit tausend Jahren bestehe. Die Normenchauvinisten übersehen zudem mindestens eine wichtige Konsequenz ihrer Logik der Ausschließung: „Personen mit Migrationshintergrund", die mit behördlichem Druck in die Integration gezwungen werden, müssen in ihrer Erwartung enttäuscht werden, dass im Zielland ihrer Migration die Menschenrechte gelten. Sie müssen den Zwang zur Integration als Beeinträchtigung ihrer Sicherheit wahrnehmen und sich mit der Wahrnehmung ihrer Unsicherheit in ethnische Sondergesellschaften flüchten, die Schutz gegenüber dem Integrationszwang zu bieten scheinen. Migrationspolitik, die auf Multikulti pfeift, ist daher kontraproduktiv, indem sie Desintegration fördert, obwohl sie Integration will.

Der Wohlfahrts- und Normenchauvinismus, dem Politik, Verwaltung und Sozialwissenschaften huldigen, ruht nicht zuletzt in dem Glauben, Migration sei ein in jüngster Zeit rasch zunehmender Vorgang. Auch hier stehen Politik und Verwaltung in der Gefahr, Meinungen zu propagieren, die alles andere als abgesichert sind. Das beginnt mit der für die Gegenwart weltweit angenommenen Zahl von Migranten und Migrantinnen und endet mit Vorhersagen für die Zukunft. Die Vereinten Nationen geben vor, derzeit wohnten ungefähr 200 Millionen Menschen nicht in dem Staat, in dem sie geboren wurden. Das wären drei Prozent der Weltbevölkerung. Diese Zahl folgt aus der Migrationsdefinition, die die Vereinten Nationen ihrer Zählung zugrunde legen. Sie ist indes zu klein. Zuzufügen wären nicht nur die ungefähr siebzehn Millionen Flüchtlinge, die die Vereinten Nationen anerkennen, sondern auch alle diejenigen, die sich als Migranten und Migrantinnen fühlen, ohne unter die Migrationsdefinition der Vereinten Nationen zu fallen. Beispielsweise „Personen mit Migrationshintergrund", die in dem Staat geboren sind, in dem sie gerade leben. Die Vereinten Nationen zählen sie nicht, die Statistiken vieler Staaten aber zählen sie. Hinzukommt, dass die Vereinten Nationen Migrationen innerhalb der Grenzen eines Staats nicht zur Kenntnis nehmen. Seien wir also großzügig und setzen wir 300 Millionen Migranten und Migrantinnen an. Das wären dann sechs Prozent der Weltbevölkerung. Anders gesagt: Auch wer die Gesamtzahl der Migranten und Migrantinnen weltweit hoch ansetzt, kommt nicht an der Tatsache vorbei, dass 94 Prozent der Weltbevölkerung sesshaft sind oder nicht migrieren können.

Ist dieser Anteil im Lauf der letzten einhundert Jahre gestiegen? Zum Vergleich zieht die Migrationsforschung gern Zahlen heran, die Sozialwissenschaftler für die USA in den 1920er Jahren ermittelt zu haben glaubten. Damals hieß es, ungefähr 55 Millionen Menschen seien seit den 1870er Jahren in die USA migriert. Das schien, absolut gesehen, eine sehr hohe Zahl. Für die Welt insgesamt wäre sie ohnehin nur bedeutsam gewesen, wenn die USA derjenige Staat der Welt gewesen wären, der die meisten Migranten und Migrantinnen angezogen hätte. Das war aber nicht der Fall. Denn Migrationsziele waren ebenso Kanada, die südamerikanischen Staaten, Australien und Neuseeland sowie Südafrika. Gleichwohl bleibt es dabei, dass in dem Zeitraum zwischen den 1870er und den 1920er Jahren die meisten aus Europa kommenden Migranten und Migrantinnen das Ziel hatten, in die USA zu gehen, ohne dieses Ziel immer zu erreichen. Problematisch hingegen wird die Zahl durch zwei Faktoren: einerseits berücksichtigen die Bevölkerungsstatistiken der USA für diesen Zeitraum nicht die Zahl der Rückwanderer, das heißt derjenigen, die aus den USA in ihre Herkunftsländer zurückkehrten, und ebenso wenig diejenigen, die in andere Länder weiterzogen. Es gab also für diesen Zeitraum für die USA keine „Auswanderungsstatistik". Die Forschung schätzt, dass etwa ein Viertel aller „Einwanderer" in die USA dort wieder zu „Auswanderern" wurden. Daraus folgt, dass die Gesamtzahl der in den USA verbliebenen Migranten und Migrantinnen in diesem Zeitraum um etwa 25 Prozent niedriger war als die geschätzte Zahl von 55 Millionen „Einwanderern". Andererseits leidet die Zahl daran, dass sie nur einen Teil der transatlantischen Migration erfasst, nicht aber Migrationen in oder zwischen anderen Weltteilen. Sie ist also nicht mit der Schätzung der Vereinten Nationen vergleichbar, die Migration weltweit erfassen soll. Wer behauptet, Migration habe sich im Verlauf des 20. Jahrhunderts weltweit vervielfacht, bewegt sich auf unsicherer Datenbasis und demonstriert einen Mangel an Fähigkeit, Statistiken zu deuten.

Zuzugestehen ist, dass Statistiken einen steigenden Anteil der Fernmigration an Migration überhaupt messen. Aber dieser Anstieg ist schwach. Nicht mehr als fünf Prozent der weltweiten Migration ist Fernmigration mit Ziel Europa. Damit könnte die Politik ihre Behauptung begründen, eine Migrationspolitik, die auf Abschreckung möglicher Migranten und Migrantinnen abziele, sei erfolgreich. Doch wird, wer immer bereit ist, Migranten und Migrantinnen als entschlossene, gut informierte und nicht notwendigerweise arme Leute anzuerkennen, diese Behauptung schnell zu den Akten legen und statt ihrer erwarten, dass Leute, die sich ein Migrationsziel gesetzt haben, es auch erreichen wollen werden. Die Geschichte der auf Abschreckung zielenden Migrationspolitik ist die Geschichte ihres zumindest langfristigen Scheiterns. Wenn Europa nur für fünf Prozent der aus anderen Weltteilen kommenden Migranten und Migrantinnen Ziel ist, sagt dies etwas aus über die Attraktivität Europas. Wenn im Jahr 2009 trotz ausdrücklicher Werbemaßnahmen der deutschen Regierung nur wenig mehr als 900 hochqualifizierte Fachkräfte ihren Weg nach Deutschland gefunden haben, sagt auch dies etwas aus über die Attraktivität Deutschlands.

Weltgeschichtlich gesehen, ist die Bevölkerung der europäischen Staaten in den letzten 200 Jahren außergewöhnlich stabil gewesen. Im selben Zeitraum hat europäische Kolonialherrschaft Migrationen wie auch Flüchtlingsbewegungen bewirkt in Südostasien, speziell in die Malaiische Halbinsel, aus Indien und China, im heutigen Namibia Genozid, in Sibirien und Australien Benachteiligungen, die in Genozid übergingen. Zuvor waren in Europa selbst bis ans Ende des 18. Jahrhunderts durchschnittlich etwa zehn Prozent der an einem Ort Anwesenden Migranten und Migrantinnen, in Zeiten von Pest- und anderen Epidemien konnten es 30 bis 40 Prozent sein. Kein Herrscher und keine Regierung fanden etwas dabei. Allenfalls ließen sie nicht ortsansässige Bettler und Bettlerinnen im Wortsinn in Karren „abschieben". Im deutschen Sprachraum bestanden unter Migranten und Migrantinnen Subkulturen, die ihre eigene Sprache redeten, das Rotwelsch, das für Außenstehende unverständlich war. Für diesen Grad an Desintegration gibt es heute nirgends in Europa die geringsten Anzeichen. Gleichwohl besteht das Risiko, dass Migranten und Migrantinnen versuchen könnten, forciertem Integrationsdruck durch Ghettoisierung und Bildung von Sondergesellschaften entgegen zu wirken.

Versuchen wir also, die Debatte um Migration und Integration zu versachlichen durch Blicke in die vielfältigen Geschichten von Migranten und Migrantinnen in der ferneren und näheren Vergangenheit, Geschichten von Leuten, die unterwegs waren und Zeugnisse über ihr Tun hinterlassen haben. Sie folgen dem Zeitpfeil. Die ersten drei Kapitel thematisieren Allgemeines. Kapitel 2 beschreibt den Gegensatz zwischen Migrationstheorien, die Migration als außergewöhnliches Verhalten kategorisieren und Erklärungen bieten, und Quellen aus der Vergangenheit, die das Unterwegssein großer Teile der Bevölkerung bis ans Ende des 18. Jahrhunderts belegen. In Kapitel 3 geht es um den Wandel des Fremdheitsbegriffs und die Notwendigkeit, zwischen unterschiedlichen Wahrnehmungen von Fremdheit zu unterscheiden. Kapitel 4 erklärt die Rolle von Nachbarschaftsgruppen als Bereitsteller von Hilfe, als Ordnungshüter, aber auch als Organisatoren von Protest und Widerstand. Kapitel 5 zeigt an einem Beispiel aus dem 11. Jahrhundert die Abschwächung der Aufgaben der Nachbarschaftsgruppen. Kapitel 6 schildert am Beispiel der Schwaben in Britannien die Wirkung von Integration auf den offenbar überwiegend freiwillig vollzogenen Wechsel der kollektiven Identität während des frühen Mittelalters. Kapitel 7 folgt mit einer Beschreibung der Folgen von Zwangsintegration großer Gruppen am Beispiel der Kolonisierung Amerikas. Kapitel 8 stellt am Beispiel einiger Afrikaner, die der hessische Landgraf am Ende des 18. Jahrhunderts nach Kassel deportieren ließ, die fatalen Folgen von Zwangsmigration für das Leben der Betroffenen dar. Kapitel 9 zeichnet die Erfahrungen eines in die Ferne reisenden Ulmer Barbiers aus dessen Perspektive nach und kontrastiert diese Perspektive mit der Wahrnehmung der damaligen Obrigkeiten. Kapitel 10 fragt am Beispiel James Cooks nach den Folgen einer Reihe regierungsamtlich angeordneter Reisen in den Südpazifik für die Veränderungen des europäischen Weltbilds und die daraus folgenden Prozesse der Entstehung europäischer Kolonialherrschaft am Ende des 18. Jahrhunderts. Kapitel 11 weitet diese Fragestellung am Beispiel des Abenteurers John Hanning Speke aus auf Afrika und das 19. Jahrhundert. Kapitel 12 untersucht die Irrfahrt dreier japanischer Schiffbrüchiger um die Welt von 1834 bis 1837 und beleuchtet anhand deren Schicksals die Bedeutung der Sicherheitsgewährung für Reisende und Migranten. Kapitel 13 behandelt die Entstehung und das Scheitern der Politik der Auswanderungsförderung der britischen Regierung um die Mitte des 19. Jahrhunderts und deren Folgen für die Ausbreitung britischer Kolonialherrschaft im Südpazifik. Kapitel 14 schließt die Geschichten ab mit einem Blick auf Migration nach Singapur als das seltene Beispiel eines Staats, dessen Bevölkerung nur aus Migranten und Migrantinnen sowie Nachfahren von Migranten und Migrantinnen besteht und bestimmt die Bedingungen, unter denen in Singapur Interaktion stattfindet. Kapitel 15 versucht, Lehren aus den Geschichten zu ziehen.

Quellen

Albihai-Brown, Yasmin: After Multiculturalism. London 2000.

Banting, Keith G., und Will Kymlicka: Multiculturalism and the Welfare State. Setting the Context, in: Multiculturalism and the Welfare State. Recognition and Redistribution in Contemporary Democracies, hg. von Keith G. Banting und Will Kymlicka, Oxford 2006, S. 1-45.

Bommes, Michael, und Jost Halfmann: Migration in nationalen Wohlfahrtsstaaten, Osnabrück 1998.

Childe, Vere Gordon: Prehistoric Migrations, Oslo 1949.

Joppke, Christian, und Ewa Morawska: Integrating Immigrants in Liberal Nation-States. Policies and Practices, in: Towards Assimiliation and Citizenship. Immigrants in Liberal Nation-States, hg. von Christian Joppke und Ewa Morawska, Basingstoke 2003, S. 1-35.

Joppke, Christian: The Retreat of Multiculturalism in the Liberal State, in: British Journal of Sociology 55 (2004), S. 237-257.

Kluge, Friedrich, Hg: Rotwelsch. Quellen und Wortschatz der Gaunersprache und der verwandten Geheimsprachen, Straßburg 1901 [Nachdruck, Berlin 1987].

Kymlicka, Will: Multikulturelle Staatsbürgerschaft, in: Differenzen anders denken. Bausteine zu einer Kulturtheorie der Transdifferenz, hg. von Lars Allolio-Näcke, Britta Kaischeuer und Arne Manzeschke, Frankfurt und New York 2005, S, 157-185.

–: Multicultural Odyssees. Navigating the New International Politics of Diversity, Oxford 2007, S. 27-59, 61-85.

–: The Rise and Fall of Multiculturalism? New Debates on Inclusion and Accommodation in Diverse Societies, in: International Social Science Journal 199 (2010), S. 97-112.

Moltmann, Günter, Hg: Aufbruch nach Amerika, Tübingen 1979.

Simon, Julian Lincoln: The Eoncomic Consequences of Immigration, Oxford 1989.

Kapitel 2

Gebunden an die Scholle?
Migration und Reisen im Wandel

Wir leben heute in einer mobilen Welt. Nicht nur Reisen, also Fahrten, die an den Ausgangsort zurückführen sollen, nehmen beinahe täglich zu und, so scheint es, werden immer länger. Auch Migrationen, also dauerhafte Wohnsitzverlagerungen über eine Grenze hinweg, finden etwas häufiger statt. Die Statistiken gerade von Ländern, zum Beispiel Japan, die nicht zu den sogenannten „klassischen Einwanderungsländern" wie die USA, Kanada, Brasilien, Argentinien, Australien oder Neuseeland zählen, verzeichnen einen Anstieg der legalen wie illegalen Einwanderung. Umgekehrt ist häufig der Auswanderungswille großer Teile von Bevölkerungen zumal afrikanischer Staaten stärker als die Aufnahmekapazität, die die Regierungen von Zielländern bereitstellen wollen, die diese Migranten außerhalb Afrikas anstreben. Die Migrationsbereitschaft ist in der Regel höher als die Migrationsmöglichkeit.

Diese Erfahrung hat die Ansicht verfestigt, dass Reisen und Migration spezifische Erscheinungen des 20., allenfalls auch des 19. Jahrhunderts, jedoch davor in Europa bis zurück ins frühe Mittelalter unbedeutend gewesen seien. Zwar sind einzelne Migrationsbewegungen wie etwa die Wikingerzüge und die sogenannte deutsche Ostsiedlung sowie auch berufsständisches Reisen wie etwa bei Kaufleuten und Handwerkergesellen stets im Bewusstsein verankert geblieben. Aber man maß diesen Vorkommnissen einen Sonderstatus bei, der die Regel zu bestätigen schien, dass die bei weitem größte Mehrzahl der Bevölkerung Alteuropas an die Scholle gebunden gewesen sei. Diese Vorstellung ist aber angesichts neuer Erkenntnisse über Reisen und Migration im Mittelalter und in der frühen Neuzeit unhaltbar geworden. Im Gegenteil sehen wir heute, dass sowohl Migrationen wie auch Reisen feste Bestandteile des Lebens in Mittelalter und Neuzeit waren, darin aber verschiedenen Mustern folgten.

Was Migrationen angeht, so können wir verschiedene Strukturen der sozialen Organisation der Migranten einerseits und verschiedene Arten der Kontrolle der

Migration andererseits unterscheiden. Die sogenannte Völkerwanderungszeit des 4. bis 6. Jahrhunderts war geprägt von zumeist kleineren Migrantengruppen, die in der Regel autonom agierten. Das bedeutete, dass diese Gruppen selbst über die Dauer und die Ziele ihrer Migrationen entschieden. Sie entzogen sich folglich nicht nur weitgehend der Kontrolle durch Institutionen der Herrschaft, solange sie Migranten blieben, sondern benötigten auch eine Gruppenstruktur, die flexibel genug war, um die Anpassung an unterschiedliche Bedingungen der Migration und der Ansiedlung zu ermöglichen. Die Migranten wählten Gruppennamen, die darauf schließen lassen, daß sie dabei unter verschiedenen Typen von Gruppen wählen konnten. Da die Migrationen in dieser Zeit nicht selten mit Kriegen einhergingen, überwog ein Gruppentyp, der als Grundlage für militärische Organisation wie auch für gemeinsame Siedlungsunternehmen dienen konnte. Er umfasste vertraglich organisierte Gefolgschaften von Leuten, die einzelne Herren um sich scharten. Diese Gefolgschaften blieben in der Regel klein, konnten aber, wenn sie militärisch erfolgreich waren, auch zu größeren „Wanderlawinen" anschwellen, die Heere beträchtlicher Größe bildeten. Die meisten dieser Gefolgschaften sind heute nur noch in denjenigen Ortsnamen erkennbar, die sie ihren Siedlungen nach Abschluß der Migrationen gaben. Diese Ortsnamen sind oft von Personennamen abgeleitet. Insgesamt bestand also während der Völkerwanderungszeit, das heißt bis ins 7. Jahrhundert, eine verwirrende Vielzahl sich immer wieder neu konstituierender Gruppen und Gruppentypen. Ganze „Völker" hingegen migrierten im allgemeinen nicht.

Diese Vielfalt nebeneinander bestehender Typen von Migrantengruppen ist bis in das 7. Jahrhundert belegt. Sie zeigt, daß autonome Migration über weite Entfernung praktisch nur in Gruppen stattfand. Angesichts der Häufigkeit militärischer Konflikte, der Unsicherheit der Wege, der Bedrohung durch eine als menschenfeindlich wahrgenommene natürliche Umwelt, der Entfernungen, die es zu überwinden galt, und der langen Dauer vieler einzelner Migrationen war es für die einzelnen Migranten unerläßlich, sich in Gruppen zusammenzuschließen. Deren Ziel war fast immer das Römische Reich. Hingegen sind Migrationen einzelner Personen nur sehr selten belegt. Ausnahmen waren Eremitenmönche und Missionare, die im 7. und 8. Jahrhundert nach Mitteleuropa und im 9. und 10. Jahrhundert nach Nord- und Osteuropa migrierten, sowie Spezialisten für bestimmte Handwerke, etwa Schmiede.

Möglicherweise schon im 7., spätestens aber im 8. Jahrhundert beobachten wir einen Wandel der sozialen Organisation der Migranten, der zusammenfiel mit ihrem Autonomieverlust. Migranten zogen weniger weit und strebten andere Zielgebiete an. Der neue Typ von Migration richtete sich auf nahegelegene Waldzonen, in die Lichtungen für Siedlungen und für Ackerbau gerodet wurden. Manche dieser Vorgänge mögen zunächst autonom stattgefunden haben, das heißt, die Migranten können selbst Zeitraum und Ziele dieser Unternehmungen bestimmt haben. Aber es sind für das 8. Jahrhundert bereits Migrationen in Wälder nachgewiesen, die unter der Kontrolle von Königen und anderen Herrschern standen. Im Jahr 811 erteilte Kaiser Karl der Große einem Sachsen namens Asig, dessen Bruder Bennid und deren Vater Hiddi ein Privileg zur Rodung von Waldland im Kaufungerwald bei Kassel. Nach dem Wortlaut dieses Privilegs erhielt die Verwandtengruppe vom fränkischen König das Recht zur Siedlung in dem unter Kontrolle Karls stehenden Forst, nachdem sie aus ihrer sächsischen Heimat vertrieben worden war. Wenn diese Angabe zutrifft, waren Hiddi und seine Verwandten zwar Landeigner in Sachsen gewesen, aber in der Zeit der Sachsenkriege Karls im sächsischen Adel nicht stark verwurzelt, sondern gehörten, da sie sich unter Karls Schutz stellten, einer den Franken nahestehenden Partei des sächsischen Adels an. Voraussetzung für die Erteilung des Privilegs war, dass Herrscher eine Art Weisungsbefugnis über Waldsiedlungen, ein Waldregal also, für sich geltend machen und so Migrantengruppen Gebiete zur Rodung zuweisen konnten. Die Namen Asigs und Bennids sind noch heute in den Ortsnamen Escherode und Benterode bei Kassel erhalten. Also belegen diese Ortsnamen, dass die Migranten ihre neuen Siedlungen nicht mehr als autonome Einheiten ohne Unterwerfung unter eine übergeordnete Herrschaft zu begründen suchten oder in der Lage waren. Dem Separatismus, dem die Migrantengruppen der vorigen Jahrhunderte gehuldigt hatten, schworen diese Migranten ab. Dabei blieb jedoch die Vielfalt der Gruppentypen erhalten, zu denen die Migranten sich zusammenfanden. Statt allgemeiner Autonomie scheinen die Migranten nunmehr spezielle Privilegien angestrebt zu haben, die ihnen von Herrschern genehmigt werden und Möglichkeiten zum Erwerb von erblichem Eigentum an Grund und Boden gewähren sollten. Denkbar ist, daß die Migranten diese Privilegien als Gegenleistung für die Rodung und das Leben im Wald gewannen, wobei aber jedenfalls die Herrscher ihre Kontrolle über die Neusiedler aufrechterhielten. Diesem Muster der herrscherlich gesteuerten Migration in nahegelegene Neusiedlungen folgten zwischen dem 8. und dem 15. Jahrhundert nur die Wikingerzüge und die deutsche Ostsiedlung nicht. Diese entsprachen dem früheren Migrationsmuster, indem sie weitgehend autonom und auf fernliegende Gebiete gerichtet waren. Diese beiden Migrationen wichen also von den in ihrer Zeit üblichen Migrationsmustern ab.

Seit dem 12. Jahrhundert nahmen Zahl und Umfang der Migrationen noch einmal zu. Die Verselbständigung bestehender und die Gründung neuer städtischer Siedlungen mit eigenen Rechten erweiterte das Spektrum an Migrationsmöglichkeiten für Bewohner bäuerlicher Siedlungen wie auch für den Adel. Angehörige bäuerlicher Bevölkerungsgruppen suchten in den Städten nach Freiheiten, die ihnen sozialen Aufstieg und wirtschaftliche Besserstellung ermöglichten. Adlige nahmen Migration als standesgemäße Tätigkeit an, zogen von Hof zu Hof, ließen sich von Fürsten und anderen Herrschern in Dienst nehmen und suchten die Städte auf, um am dortigen Wirtschaftsleben und Bildungsangebot zu partizipieren. Die Städte füllten sich auf mit Migranten aus nah und fern, und die Zahl der Städte wie auch ihrer Bewohner stieg gewaltig an. Im hohen und späten Mittelalter gab es mehr als 4000 Städte. Archäologisch, insbesondere durch Mauererweiterungen, wie auch durch demografische Quellen nachweisbare Stadterweiterungen belegen, das die städtische Bevölkerung wuchs. Auch die Krisen des 14. Jahrhunderts, verursacht durch Pestepidemien, Erdbeben, Kriege und das Bewußtsein der Unsicherheit, trugen nicht zur Minderung der Migration bei. Im Gegenteil, die Verwüstung ganzer Landstriche in der zweiten Hälfte des 14. Jahrhunderts erhöhte die Zahl der permanenten Migranten, die mitunter 20 Prozent der seßhaften Bevölkerung ausmachten. Insgesamt: Von Gebundenheit an die Scholle kann für das Mittelalter keine Rede sein.

Jedoch wurden im hohen und späten Mittelalter die Migrationen in die Städte und die permanenten Migrationen in der Regel nicht mehr durch Gruppen, sondern nunmehr durch Einzelne organisiert und durchgeführt. Zudem war die Immigration in die Städte strengen Regeln unterworfen, an die die Stadträte die Aufnahme von Neubürgern knüpften. Kontrollierte Einzelmigration trat also im Verlauf des hohen und späten Mittelalters an die Stelle autonomer oder privilegierter Gruppenmigration.

Erst im Gefolge der Expeditionen des Kolumbus an der Wende vom 15. zum 16. Jahrhundert trat Gruppenmigration wieder stärker hervor. Die von Europa ausgehenden und sich auf den amerikanischen Kontinent erstreckenden Migrationen großer Bevölkerungsgruppen, besonders aus der Iberischen Halbinsel, wurden jedoch nicht mehr autonom durch die Migranten organisiert, sondern auf Anordnung und mit beträchtlicher Unterstützung der Könige von Spanien und Portugal durchgeführt. Die größte Zahl derjenigen ungefähr 60.000 aus der Iberischen Halbinsel emigrierenden Siedler, die bis in die zweite Hälfte des 16. Jahrhunderts nach Amerika gingen, stand während der Migration unter herrscherlicher Kontrolle. Als Kolonisten verblieben sie dort in Abhängigkeit von den Herrschern über ihre Heimat.

Im Gegensatz zur Migration trug das Reisen im Frühmittelalter die Zeichen des Außergewöhnlichen. Das lag daran, daß in der Regel Einzelne Reisen unternahmen. Den reisenden Einzelnen wurden besondere Kräfte zugeschrieben. Zwar haben wir davon auszugehen, dass, zumal in der Frühphase der Bekehrung zum Christentum, auch Gruppen zu Reisenden werden mußten. Der Grund dafür war, dass zunächst nicht in jeder Siedlung eine Kirche mit einem residenten Priester verfügbar war und somit viele Gläubige gezwungen waren, zur Sonntagsmesse die nächstgelegene Kirche aufzusuchen. Doch werden sich diese Reisen schon aus praktischen Gründen der geringen Reisegeschwindigkeit nicht über größere Entfernungen erstreckt haben. Zudem unternahm die Kirche beträchtliche Anstrengungen, die Kirche ins Dorf zu bringen und dadurch die religiös motivierte Reisetätigkeit zu reduzieren. Belegt ist zudem an der Wende zum 9. Jahrhundert wirtschaftlich motivierte Reisetätigkeit von Wanderarbeitern, von denen manche in Gruppen gereist sein werden. Schließlich sind aus dem Zeitraum zwischen dem 8. und dem 12. Jahrhundert archäologische Funde und schriftliche Zeugnisse überliefert, die Reisen von Händlern belegen, die in Gruppen auftraten. Es handelte sich offenbar um Angehörige politischer Gruppen, die die Nord- und Ostsee sowie die nordeurasiatischen Ströme befuhren und auf diesen Wegen bis nach Bagdad gelangt zu sein scheinen. Einige dieser Gruppen scheinen in schriftlichen Quellen als Friesen auf, andere als Wikinger, deren Reisetätigkeit sich auch in Migration verwandeln konnte.

Gut überliefert sind für das Frühmittelalter Reisen von einzelnen Priestern und höheren kirchlichen Amtsträgern sowie weltlichen Herrschern und Vermittlern mündlicher Traditionen. Unter den Kirchenleuten, die im 7. und 8. Jahrhundert lebten und zu Heiligen wurden, fanden sich viele, die als Bischöfe emsig reisten in der Seelsorge, der Mission sowie zur Gründung und Überwachung von Bistümern und Klöstern. Die Heiligenleben, in denen über die Reisenden berichtet wird, heben immer wieder hervor, dass die Reisenden über außergewöhnlich starken Willen und hohe Körperkraft verfügten, die es ihnen erlaubten, die ungewöhnliche Leistung des Reisens zu vollbringen. Das bestätigt, dass Reisen insgesamt eine seltene Tätigkeit war. Derselbe Befund ergibt sich aus den Herrscherreisen. Die zeremonielle Umfahrt im Ochsenwagen gehörte zur Herrscherweihe der fränkischen Könige bis in die Mitte des 8. Jahrhunderts, und auch sonst waren die Herrscher zumeist auf Reisen. Zwar gab es feste Plätze, die sie immer wieder anfuhren, und einzelne Herrscher, wie etwa Theoderich der Große oder Karl der Große, ließen sich nach dem Vorbild der römischen Kaiser in Byzanz permanente Residenzen bauen. Diese entwickelten sich indes nicht zu permanten Hauptstädten. Im Gegenteil, Reisen war Herrscheraufgabe, zeichnete den Herrscher als herausgehobenen Menschen vor allen anderen aus.

Über die einzeln reisenden Kaufleute des Frühmittelalters wissen wir wenig. Der Fall des Samo ist bekannt, der als wohl fränkischer Kaufmann sich im 7. Jahrhundert am Sklavenhandel beteiligte und zum Herrscher der slawischen Wenden wurde. Auch sind an den Küsten des Mittelmeers durch das ganze Frühmittelalter hindurch Märkte belegt, die von reisenden Kaufleuten bedient wurden. Schließlich sind Reiseberichte arabischer Kaufleute erhalten, die in Zentralasien und Westeuropa Handel trieben. Aussagen darüber, dass die Reisetätigkeit der Kaufleute als außergewöhnlich bewertet wurde, sind aber nicht möglich. Schließlich sind in Niederschriften ursprünglich mündlicher Traditionen aus Skandinavien und den Britischen Inseln Berichte erhalten, die von Reisen von den Sängern solcher Traditionen handeln. Dabei wird gelegentlich hervorgehoben, daß die reisenden Sänger ein überaus hohes Alter hatten, was das Außergewöhnliche dieser Reisenden zu bestätigen scheint.

Zudem konnten einmalige Reisen, die aus besonderem Anlass unternommen wurden, herausragende Wirkung haben. Die berühmteste Reise dieser Art war zweifellos die Alpenüberquerung Kaiser Heinrichs IV. im Winter 1076/77, als er Papst Gregor VII. in der Burg Canossa aufsuchte, um sich vom päpstlichen Bann zu lösen. Der im tiefsten Winter barfuß und im Büßergewand vor der Burg erscheinende und um Einlass bittende, sich so als machtlos gebende Kaiser zwang den Papst, ihn vom Bann zu lösen und wieder (wenn auch nur vorübergehend) in seine vollen Rechte einzusetzen. Bereits im Jahr 1000 hatte Kaiser Otto III. einen aufwendigen Zug nach Polen unternommen, um das Bistum Gnesen als Missionsstätte zu begründen. Hinzukamen Pilgerreisen, die vor allem Könige aus Britannien im 7. und 8. Jahrhundert nach Rom führten. Andere Pilger wie etwa der Heilige Willibald, Bischof von Eichstätt, gelangten als Einzelne bis nach Palästina. Hingegen gab es im Frühmittelalter kein organisiertes Pilgerreisewesen, das ganze Gruppen an die heiligen Stätten in Rom und ins Heilige Land führte.

In der Zeit des Städteausbaus und der Städtegründungen nahm die Reisetätigkeit stark zu. Das belegen zunächst einige indirekte Zeugnisse seit dem 10. Jahrhundert, nämlich die Verbesserung der Straßennetze, besonders durch intensivierten Brückenbau sowie Ausbau straßennaher Herbergen und Hospitäler, und eine Revolution des Transportwesens, die es gestattete, öfter Pferde für Spanndienste einzusetzen als Ochsen und so die Transportgeschwindigkeit zu steigern. Hinzukommen direkte Zeugnisse, die seit dem 11. Jahrhundert die Einrichtung immer zahlreicherer und immer öfter stattfindender Märkte aufzeigen. Immer öfter treffen wir immer mehr Kaufleute an, die Orte in Europa über ihre Kollegen aus Arabien, Afrika und Südasien mit der übrigen Welt jenseits des Mittelmeers vernetzten. Für die Kaufleute war das Reisen ebenso Teil ihres Berufslebens wie für die Gesellen, die in vielen Handwerken dem Wanderzwang unterworfen wurden. Stadträte ließen es sich nicht nehmen, für die Sicherheit der an- und abreisenden Kaufleute zu sorgen, und bestellten Bewaffnete, die ihnen im Umkreis um die Stadt Geleit und Schutz boten. Krieger verdingten sich in Diensten verschiedener reicher Städte und Landesherrn und zogen von Ort zu Ort. Das deutsche Wort „Reise" stand zunächst für Lateinisch „expeditio" und kam in Gebrauch als Bezeichnung für diese Fahrten professioneller Krieger, die man Reisige nannte. Zudem traten im 11. Jahrhundert größere Pilgergruppen auf den Plan, die nach Rom und Palästina reisten. Auf dem ersten Kreuzzug begleiteten radikalisierte Pilgergruppen die Ritterheere in der Absicht, an der Eroberung des Heiligen Lands teilhaben oder sie zumindest miterleben zu können. Seit dem 13. Jahrhundert kam es zu einem organisierten Wallfahrtswesen mit einer regelrechten touristischen Infrastruktur, die sich in geschriebenen Reiseführern und Landkarten für Pilger sowie einer Devotionalienindustrie manifestierte. Schließlich war schon schon im 15. Jahrhundert die Erholungsreise keine Seltenheit. Aus der Zeit des Konstanzer Konzils (1414 – 1418) berichtete Bracciolini von der Badereise eines italienischen Konzilsbesuchers, und auch andere Badereisen sind aus dem 15. Jahrhundert nachgewiesen. Dass bereits im 14. Jahrhundert eine eigenständige Reiseliteratur entstand, die fiktive Erzählungen wie auch Berichte über tatsächliche Reisen umfaßte, versteht sich fast schon von selbst.

Im 16. Jahrhundert nahmen die Reisen an Zahl und Dauer noch einmal zu. Sie erstreckten sich nicht nur auf den amerikanischen Kontinent, sondern auch nach Afrika und Asien. Nicht allein Kaufleute waren unter den Reisenden, sondern auch Abenteurer und Wissbegierige, die es an ferne Gestade zog. Aber auch das Reisen wurde Regeln unterstellt. Schon im 16. Jahrhundert bestanden für Leute, die was auf sich hielten, Normen für das Reisen. Es handelt sich um die in der frühen Neuzeit ausufernde Literatur zur Apodemik oder Reisekunst. Die Normierung des Reisens hatte das Ziel, den Ertrag der Reisen auszuwerten. Man erwartete also, dass Reisen nützlich zu sein hätten und in Berichten dokumentiert werden müßten. Der Ertrag konnte im Erwerb von Erfahrung und Bildung liegen. Was man durch Reisen im Wortsinn erfuhr, sollte zur Bildung der Person beitragen, wie der niederländische Philologe und Ethiker Justus Lipsius (1547 – 1606) am Ende des 16. Jahrhunderts schrieb. Das waren die Bildungsreisen, die zumal Leute von Adel unternahmen. Der Ertrag konnte aber auch im Erwerb von Kenntnissen liegen. Was man durch Reisen erkannte, sollte der Erweiterung des allgemeinen Wissens von der Welt dienen. Das waren dann Gelehrtenreisen, die entweder in Bibliotheken oder in ferne Winkel der Welt zu unbekannten Völkern führten. Die so erworbenen Kenntnisse galten als wissenschaftlich und sollten in ausführlichen Berichten niedergelegt werden. Am Anfang des 19. Jahrhunderts erschien eine zusammenfassende Bibliographie solcher Reisebeschreibungen. Sie erfaßte in zwei Bänden mehr als tausend Titel. Allerdings, es gab auch Kritik an der Reiserei. Die Kritiker, unter ihnen wiederum Lipsius, glaubten, daß exzessives Reisen gefährlich sei für den Leib und verderblich für die Seele. Doch sie standen auf verlorenem Posten.

Der Überblick ergibt einen Gegensatz zwischen der Perspektive der Theoreriker der Migration des 20. Jahrhunderts und den Aussagen von Quellen aus der ferneren Vergangenheit. Während die Theoretiker des 20. Jahrhunderts wie etwa Stephen Castles davon ausgingen, dass Massenmigration für ihr Jahrhundert bestimmend gewesen sei, zeigen die Quellen aus der Vergangenheit, dass Bevölkerungen nicht nur in Europa, sondern in weiten Teilen der Welt in früheren Jahrhunderten sehr viel mobiler waren als während des 20. Jahrhunderts. Die in den Sozialwissenschaften häufig zu findende Aussage, Migration sei im Verlauf der Menschheitsgeschichte zunehmend stärker angestiegen, ist durch Quellen aus der Vergangenheit nicht belegbar. Das genaue Gegenteil ist der Fall: Migrationen großer Gruppen haben im Verlauf der vergangenen zwei Jahrhunderte abgenommen.

Quellen

Beckmann, Johann: Litteratur der älteren Reisebeschreibungen, 2 Bde, Göttingen 1808-1810.

Berchthold, Leopold Graf: An Essay to Direct and Extend the Inquiries of Patriotic Travellers, London 1789.

Bracciolini, Poggio di Guccio: Lettere, hg. von Helene Harth, Bd 1, Florenz 1984.

Gail, Jörg: Ein newes nützliches Raissbüchlein. Augsburg 1563, hg. von Herbert Krüger, Das älteste deutsche Routenhandbuch, Graz 1974.

Jacob, Georg: Arabische Berichte von Gesandten an germanische Fürstenhöfe aus dem 9. und 10. Jahrhundert (Quellen zur Volkskunde 1), Berlin 1927.

Köhler, Johann David: Anweisung für reisende Gelehrte, Bibliothecken, Münz-Cabinette, Antiquitäten-Zimmer, Bilder-Säle, Naturalien- und Kunstkammern u.a. m. mit Nutzen zu sehen, Frankfurt und Leipzig 1762.

Lipsius, Justus: De ratione cum fructu peregrinandi et praesertim in Italia. Epistola ad Ph. Anoyum, in: ders., Epistolarum selectarum tres centuriae, Antwerpen 1691, S. 23-29.

Mandeville's Travels ... from Ms. Cotton Tiberius C XVI, hrsg. von P. Hamelius, 2 Bde (Early English Text Society, Original Series, Bd 153-154), New York und London 1919-1923 [Nachdrucke, London 1961, New York 1973].

Mudersbach, Julie Baronesse von: Plan pour faire servir les voyages à la culture de jeunes gens, Wien 1797.

Die Urkunden Pippins, Karlmanns und Karls des Großen, Nrn 213 (1. Dez. 811), 218 (9. Mai 813), hg. von Engelbert MÜHLBACHER (Monumenta Germaniae Historica. Diplomata. Die Urkunden der Karolinger 1), Berlin 1906.

Posselt, Franz: Apodemik oder die Kunst zu reisen, Leipzig 1795.

Schlözer, August Ludwig von: Entwurf zu einem Reise-Collegio (Göttingen 1775-1796), hg. von Wilhelm Ebel, Vorlesungen über Land- und Seereisen, gehalten von Herrn Professor Schlözer, Gottingen, Berlin, Frankfurt und Zürich, 1962.

Vita Willibaldi, hrsg. von von Charles H. Talbot, The Anglo-Saxon Msisisionaries in Germany, London 1981.

Literatur

Andre, Elsbeth: Ein Königshof auf Reisen. Der Kontinentaufenthalt Edwards III. von England 1338 – 1340, Köln, Weimar und Wien 1995.

Baaken, Gerhard, Roderich Schmidt: Königtum, Burgen und Königsfreie. Königsumritt und Huldigung in ottonisch-salischer Zeit. 2. Aufl., Sigmaringen 1981.

Bernhardt, I. W.: Itinerant Kingship and Royal Monasteries in Early Medieval Germany, Cambridge 1993.

Black, Jeremy: The British Abroad. The Grand Tour in the Eighteenth Century, Stroud 1992 [Nachdruck, London 1999].

Wissensliteratur im Mittelalter und in der frühen Neuzeit, hg. von Horst Brunner, Wiesbaden 1993.

Castles, Stephen, und Mark Miller: The Age of Migration. Basingstoke 2003 [Nachdruck. Basingstoke 2009].

Reisen und Reiseliteratur im Mittelalter und in der frühen Neuzeit, hg. von Xenia von Ertzdorff und Dieter Neukirch, Amsterdam und Atlanta 1992.

Historische Wanderungsbewegungen, hg von Andreas Gestrich, Harald Kleinschmidt und Holger Sonnabend, Münster und Hamburg 1991.

Herbers, Klaus: Der Jakobsweg, Tübingen 1986.

Migration in der Feudalgesellschaft, hg. von Gerhard Jaritz und Albert Müller, Frankfurt und New York 1988.

Langdon, John: Horses, Oxen and Technological Innovation, Cambridge 1986.

Unterwegssein im späten Mittelalter, hg. von Peter Moraw, Berlin 1985.

Ohler, Norbert: Reisen im Mittelalter, München und Zürich 1986.

Peyer, Hans Conrad: Von der Gastfreundschaft zum Gasthaus, Hannover 1987.

Fernreisen im Mittelalter, hg. von Folker Reichert (Das Mittelalter, Bd 3, Heft 2), Berlin 1998.

Reichert, Folker E.: Erfahrung der Welt. Reisen und Kulturbegegnung im späten Mittelalter, Stuttgart 2001.

Salmen, Walter: Der Spielmann im Mittelalter, Innsbruck 1983.

Die deutsche Ostsiedlung des Mittelalters als Problem der europäischen Geschichte, hg. von Walter Schlesinger, Sigmaringen 1975.

Schwinges, Rainer Christoph: Deutsche Universitätsbesucher im 14. und 15. Jahrhundert, Stuttgart 1986.

Stancliffe, Claire: Kings who Opted Out, in: Ideal and Reality in Frankish and Anglo-Saxon Society. Oxford 1983, S. 134-167.

Les migrations de l'Antiquité à nos jours, hg. von Bernard Vogler, Strasbourg 1996.

Wesoly, Kurt: Lehrlinge und Handwerksgesellen am Mittelrhein, Frankfurt 1985.

Anerkennung und Integration, hg. von Herwig Wolfram und Alexander Schwarcz (Denkschriften der Österreichischen Akademie der Wissenschaften, Philos.-Hist. Kl., Bd 193 = Veröffentlichungen der Kommission für Frühmittelalterforschung 11),Wien 1988.

Kapitel 3

„Fremd ist, wer heute kommt und morgen bleibt."
Wandlungen des Fremdheitsbegriffs

Der Satz des Philosophen Georg Simmel (1858 – 1918) drückt ein Paradoxon aus. Ein Mensch muß dasein, und sei es nur als Abbild, um fremd sein zu können. Fremde sind also gleichzeitig da und nicht da, gehören dazu und gehören nicht dazu. Ein Widerspruch, der sich nur in der täglichen Praxis löst. Man ist nicht „an sich" fremd, sondern wird fremd im Kontakt mit anderen am Ort. Fremdheit ist kein Zustand, sondern ein Prozess, den die Wechselwirkungen hervorbringen zwischen den Identitäten derjenigen, die kommen, und derjenigen, die schon vorher da waren. Der Prozess der Kommunikation zwischen den Fremden am Ort mit denen, die immer schon am Ort waren, schafft tagtäglich neue Befindlichkeiten. Es entstehen mehr oder weniger fein abgestimmte Grade der Fremdheit, die meist an Äußerlichkeiten wie Sprache, Sitte, Körpermerkmalen und Kleidung festgemacht werden. Auch ist das Urteil über Fremdheit eine Sache der Wahrnehmung. Eine kann fremd sein, auch wenn sie genau so lebt und aussieht wie alle anderen am Ort, aber irgendwie abweichende Neigungen hat. Ein anderer kann anders aussehen, aber leben wie alle anderen am Ort und daher dazugehören. Fremdheit ist wandelbar, nicht nur von Person zu Person, sondern auch in der Zeit und von Raum zu Raum, bezeichnet heute dies und morgen jenes und bedarf der Etikettierung. Fremde sind und bleiben Fremde, solange ihnen von anderen das Etikett des Fremdseins angehängt wird oder sie es von sich aus benutzen.

Die Mittel der Bestimmung von Fremdsein und, damit einhergehend, die Auffassung davon, was Fremdsein ausmacht, haben sich im Lauf der europäischen Geschichte gewandelt. Dabei können wir drei Phasen unterscheiden, zuerst die Phase des Nebeneinanderseins von Siedlergruppen unterschiedlicher Herkunft im frühen Mittelalter, danach die Phase, in der sich im hohen und späten Mittelalter der Status des *resident alien*, des ortsansässigen Fremden, herausbildete, und schließlich die Phase, in der im Verlauf des 17. und 18. Jahrhunderts Ansätze einer fremdenpolizeilichen Verwaltung entstanden, die Vorphase der heutigen amtlichen Migrationsverwaltung.

In der ersten Phase bildeten soziale Gruppen die Grundlage der Organisation von Herrschaft. Anders gesagt: Herrschaft war Herrschaft in erster Linie über Gruppen. Das war zweckmäßig in Zeiten, in denen Migration über lange Strecken häufig war oder noch nicht lange zurücklag. Denn die Überwindung großer Räume ohne ausgebaute Verkehrsinfrastruktur erforderte den Zusammenschluß der Migranten in größeren oder kleineren Gruppen. Diese Gruppen mussten ihre herrschaftliche Organisation beibehalten können, auch wenn sie und solange sie unterwegs waren. Oft behielten sie ihre herrschaftliche Organisation auch nach Beendigung der Migration bei. Die Siedlungen, in denen sie sich niederließen, erhielten oft Namen, die die Gruppenzugehörigkeit und herrschaftliche Organisation der Siedler reflektierten, sei es in der Weise, wie die Siedler sich selbst identifizierten, oder in der Weise, wie sie von den umwohnenden Gruppen wahrgenommen wurden. So gesellten sich in manchen Teilen Kontinentaleuropas und Britanniens Siedlungen neben Siedlungen, ohne daß notwendigerweise übergeordnete, raumordnende herrschaftragende Institutionen bestehen oder entstehen mussten. Nur im Herrschaftsbereich der römischen Kaiser in Byzanz folgten die Migranten, nicht durchweg, aber doch nicht ganz selten, den Anweisungen der herrscherlichen Verwaltung, wenn sie sich nicht gleich von letzterer in Dienst nehmen ließen.

In der Regel wurde somit die Identität der Migranten als Siedler fremder Herkunft im Namen der Siedlung manifest. Das konnte dadurch geschehen, dass der die Herkunfts- oder Abstammungstradition der Siedler tragende Name zum Bestimmungswort des Siedlungsnamens wurde (Typus: Sachsenheim), oder dass der Siedlungsname von Naturphänomenen abgeleitet wurde, wenn die dort siedelnden Migranten verschiedenen Gruppen zugehörten (Typus: Stendal, aus Steintal; Steyning, Sussex, England, = [Siedlung von] Leuten bei den Steinen). Solange die Siedlungen mehr oder weniger autonom nebeneinander bestanden, ohne dass die Bewohner wechselseitig immer auf den Austausch von Leistungen und Produkten angewiesen waren, ergab sich weder die Notwendigkeit noch die Möglichkeit zur Bewahrung oder gar Neuerrichtung übergeordneter administrativer Institutionen, die die Gruppen unterschiedlicher Herkunft und Identität hätten in eine neue Samtidentität absorbieren können. Eine Ausgrenzung von Fremden war weder praktisch möglich noch theoretisch angemahnt. Fremd waren für eine gewisse Zeit diejenigen, die von jenseits des Walds oder des Meers neu hinzugekommen waren und sich in einer neu angelegten oder anders benutzten Siedlung einrichteten.

Überall dort, wo regelmäßige Handelsbeziehungen gepflegt wurden, traten zusätzlich Händler als gewissermaßen berufsmäßige Fremde auf den Plan und in

Aktion. Im Mittelmeerraum waren durch das ganze Frühmittelalter hindurch die Händler Einzelpersonen, die die Routen befuhren, die schon während der Antike genutzt worden waren. Damals hatte ihr Status als professionelle Fremde letzten Endes im römischen Bürgerrecht geruht, das durch den Kaiser garantiert worden war. Die Tätigkeit der Händler war gebunden gewesen an die beiden Voraussetzungen, dass der Status der Händler auch außerhalb der Grenzen des Römischen Reichs in der Regel anerkannt worden war und dass es dort einen Markt für Produkte römischen Ursprungs gegeben hatte. Seit dem 5. Jahrhundert war die erste dieser Voraussetzungen im Okzident weggebrochen und nur noch im östlichen Mittelmeerraum gegeben, während sich der Aktionsradius römischer Kaufleute in der westlichen Hemisphäre immer mehr auf einige Küstenorte wie Marseille oder Ravenna als Handelszentren beschränkte. Seit dem ausgehenden 7. Jahrhundert traten überdies zunehmend arabische Kaufleute als Konkurrenten auf und bereisten das gesamte Mittelmeer, das Schwarze Meer, die nordeurasiatischen Ströme wie auch Mittel- und Westeuropa. Dort entstand seit derselben Zeit ein neues System von Handelsrouten, die die Nordsee, die Ostsee, die nordeuropäischen Ströme und das Schwarze Meer miteinander vernetzten. Auf denselben Routen war zudem ein neuer Typ von Händlern aktiv, die weder als Einzelne noch ausschließlich als Handel Treibende auftraten, sondern in Gruppen, die bewaffnet und ihre Interessen auch mit Mitteln militärischer Gewalt durchzusetzen in der Lage sein konnten. Hierbei handelte es sich um Personen, die Angehörige von Gruppen berufsmäßiger Fremder waren oder sein konnten.

Im Zusammenhang mit dem Auftreten dieser Kaufleute sind die ältesten frühmittelalterlichen Vorschriften überliefert, die den Rechtsstatus von Fremden regelten. In seinen Gesetzen vom Jahr 694 schrieb König Ine von Wessex vor, daß im Fall der Tötung eines Auswärtigen die Hälfte der fälligen Buße vom Täter an den König zu zahlen sei und die andere Hälfte nicht an die Verwandten des Getöteten, sondern an diejenige politisch aktive Gruppe, der der getötete Fremde angehört hatte. Das Gesetz kann nur dann sinnvoll gewesen sein, wenn die Fremden unter dem Schutz weder ihrer Verwandten noch irgendeines Herrschers oder sonstigen Amts- oder Befehlsträgers der Gegend ihrer Herkunft standen, sondern einerseits einer politisch aktiven Gruppe und andererseits desjenigen Herrschers, der den Ort kontrollierte, an dem das Verbrechen geschah. Solche Orte erkennen wir in den Handelsplätzen, die unter anderem von Ine an der Südküste von Wessex in Southampton, von den fränkischen Königen beispielsweise in Dorestad und Quentovic, von skandinavischen Herrschern in Birka im Mälarsee angelegt und organisiert wurden. Wir haben es also an diesen Orten mit reisenden Fremden zu tun, die auf eigene Rechnung und Gefahr auftraten und durch Handelsbeziehungen die nebeneinander bestehenden Gruppen von Siedlern miteinander auch über größere Entfernungen vernetzten.

Gleichwohl kamen diese Fremden nicht zu allen Zeiten nur in friedlicher Absicht, um Sachen gegen Sachen oder gegen Geld zu tauschen, sondern, da sie bewehrt waren, konnten sie auch versuchen, sich mit Gewalt zu nehmen, was sie begehrten. Auch dazu gibt es in den Gesetzen Ines eine Vorschrift, die bestimmt, dass Fremde als Händler stets den Nachweis zu führen in der Lage sein müssten, dass sie die in ihrem Besitz befindlichen Güter durch friedlichen Tausch, das heißt durch freien Vertrag, und nicht durch Anwendung von Gewalt erworben hatten. Die örtlichen Herrscher versuchten also, den Grundsatz, dass Handel ein friedliches Tauschgeschäft ist, durchzusetzen.

Seit dem Ende des 8. Jahrhunderts kamen immer öfter bewaffnete Gruppen in schnellen Schiffen aus Skandinavien über die Nordsee, plünderten küstennahe Orte und verheerten ganze Landstriche in Britannien und entlang der Mündungen der größeren Flüsse des Kontinents. Ihre soziale Organisation entsprach ganz derjenigen der bewaffneten Händler des späten 7. und des frühen 8. Jahrhunderts. Aber ihre Ziele scheinen anders gewichtet gewesen zu sein. Zwar trieben sie nach wie vor Handel, scheinen aber viel eher als ihre Vorläufer bereit gewesen zu sein zur Anwendung von Gewalt. Wikinger nannte man diese Leute und beschrieb sie als Landplage. Die Könige der Franken und der Westsachsen, aber auch lokale Herren, boten Truppen zur Verteidigung gegen die Wikinger auf, hatten aber während des 9. Jahrhunderts nur selten und im 10. Jahrhundert keinen durchschlagenden Erfolg, zumal die Zahl der skandinavischen Seefahrer im demselben Zeitraum anstieg. Auch änderten diese ihre Ziele und ihre Taktik. Je zahlreicher sie wurden, desto weniger waren nur Handel und Beutemachen ihre Ziele, sondern reguläre Siedlung. Aus Händlern, die auch Gewalt anwandten, wurden somit Migranten, die kamen, um zu bleiben. Schon im 9. Jahrhundert beobachten wir diesen Wandel, der sich bis ins 11. Jahrhundert zu einer regelrechten Siedlungsbewegung auswuchs, die vorwiegend den Norden und Osten der Britischen Inseln, aber auch Räume in Nordeurasien betraf, die später Russland genannt wurden. Die Könige der Franken und der Westsachsen reagierten mit einer Strategie der Ausgrenzung, nachdem militärische Maßnahmen gegen die Migranten sich als wirkungslos erwiesen hatten. In Britanien trägt noch heute das Danelaw in den nordöstlichen Midlands den Namen desjenigen Gebiets, das im späten 9. Jahrhundert als separates Rechtsgebiet Siedlern aus Skandinavien zugewiesen wurde.

Gleichwohl hatte die rechtliche Ausgrenzung keinen Bruch von Kommunikation und Interaktion zur Folge. Schon aus dem frühen 10. Jahrhundert sind in Danelaw-Gebiet Landverkäufe von Angehörigen der Vorbevölkerung an Migranten belegt, auch scheinen früh Heiratsbeziehungen bestanden zu haben. Mit der Integration Einzelner in die Siedlungs- und Rechtsgemeinschaft der Vorbevölkerung schwand schnell das Bewußtsein des Fremdseins, wobei Integration an keine bürokratischen Rechtsakte gebunden war. Schon um die Mitte des 10. Jahrhunderts beobachten wir den Aufstieg einzelner Personen skandinavischer Herkunft in hohe kirchliche Ämter, wie etwa eines Oda, der von 942 bis zu seinem Tod 958 Erzbischof von Canterbury war. Das bedeutet, dass, noch während die Immigration aus Skandinavien fortdauerte und es zu militärischen Abwehrmaßnahmen gegen weitere Immigranten kam, einzelne Personen skandinavischer Herkunft oder Abstammung zumindest in der kirchlichen Organsation vollständig akzeptiert worden waren. Der Statuswechsel vom immigrierten Fremden zum integrierten Einheimischen sowie, darauf folgend, die Integration in die Rechtsgemeinschaft der Vorbevölkerung war also leicht sowie schnell und vollzog sich auf der Ebene von Einzelfällen. Militärische Maßnahmen zur Abwehr von Immigranten sowie deren administrative Segregation in Sondergebieten schlossen die Integration einzelner Angehöriger dieser Gruppen nicht aus.

Die folgenden Jahrhunderte zwischen dem 11. und dem 16. Jahrhundert umfassen einen langwierigen Prozeß, durch den die Integration Fremder bürokratischen Prozeduren unterworfen und dadurch erschwert wurde. Ansässige und Auswärtige, Bewohner, die schon lang am Ort gesessen hatten, und Zugereiste grenzten sich nicht nur als Einheimische und Fremde gegeneinander sozial und topografisch ab, sondern markierten ihren jeweiligen Status in schriftlich geführten Registern. In den Städten, wie etwa Regensburg, legte die Bürgerschaft Bücher an, in denen der Zeitpunkt des Eintritts in die Bürgerschaft eingetragen wurde und so durch die Jahrhunderte feststellbar blieb, welche Familie wann in die Stadt gekommen war. Die in der Liste Verzeichneten hatten vollständiges Bürgerrecht und waren doch nicht gleich, da in amtlicher Erinnerung blieb, wer vor wem gekommen war. Diese Unterlagen konnten auch dazu benutzt werden, um Bewohner wieder los zu werden, die sich etwas hatten zu schulden kommen lassen oder mißliebig geworden waren. Auch Landesherren und Könige, wie etwa der König von Frankreich, ließen solche Register anlegen. Sie dienten als Unterlagen, wenn die königliche Verwaltung Maßnahmen gegen ganze Immigrantengruppen für geboten oder sinnvoll hielt. So wies der französische König beispielsweise im Jahr 1320 alle Bewohner italienischer Herkunft aus, im Jahr 1346 mußten alle Florentiner Frankreich verlassen, ebenso alle englischen Studenten die Stadt Toulouse. Dabei ging es um Personen mit festem Wohnsitz am Ort, keinesfalls um Reisende oder andere Kaufleute. Das waren Repressionsmaßnahmen politischer Art, von denen Personen ohne eigenes Verschulden lediglich aufgrund ihrer Zugehörigkeit zu einer

Fremdengruppe betroffen waren. Dass solche Maßnahmen überhaupt denk- und durchführbar waren, setzte voraus, dass die königliche Verwaltung Unterlagen besaß, aus denen die Herkunft und Gruppenzugehörigkeit der Einwohner des Königreichs hervorging.

Auf dem Land ging man spätestens im 13. Jahrhundert dazu über, den Rechtsstatus von Personen festzulegen, die als Fremde am Ort auf Dauer oder über längere Zeit ansässig, jedoch nicht in die Rechtsgemeinschaft der Vorbevölkerung integriert waren. Das Rechtsbuch des Sachsenspiegels aus dem 13. Jahrhundert schreibt vor, dass dauernd ansässige Fremde im Dorf nicht den Gesetzen des Orts, sondern dem Recht des Orts oder Lands ihrer Herkunft unterworfen seien. Hier also ist der Rechtsstatus des *resident alien*, des permanent ortsansässigen Auswärtigen belegt, der nicht nur als Fremder erkennbar ist und bleibt, sondern überdies von der Rechtsgemeinschaft der übrigen Dorfbewohner ausgeschlossen wurde oder sein wollte. Dieser Grundsatz der Personalität des Rechts besagte, daß eine Person den ihrer sozialen Gruppe (Schicht, Klasse oder Stand) zugehörigen Rechtsstatus am Ort ihrer Geburt verliehen bekam und behielt. Diesen Status trug jeder gewissermaßen am Körper, also auch auf Reisen, bei längeren Aufenthalten in der Fremde oder gar nach Wohnsitzwechsel. Jeder konnte demzufolge verlangen, nach denjenigen Rechtssätzen beurteilt oder auch verurteilt zu werden, die am Ort der Geburt, nicht am Ort des Aufenthalts, gültig waren. Dieser Grundsatz setzte voraus, dass die Herkunft und der soziale Status jedes Fremden feststellbar waren. Dies konnte durch Deklaration oder nach Ausweis äußerlicher Kriterien wie Kleidung, Sprache und Körperverhalten geschehen. Auf diese Weise wurde der Status des permanent am Ort wohnenden Fremden rechtlich ausgedrückt und festgeschrieben. Der Sachsenspiegel verdeutlichte den Grundsatz der Personalität des Rechts am Beispiel einer Szene, in der der Vorsteher eines Dorfs den Bewohnern die Gesetze vorliest. Dies war ein übliches Verfahren, das den der Schrift unkundigen Bewohnern die Kenntnis der Gesetze nahebringen und sie darauf verpflichten sollte, die Gesetze einzuhalten. Dem Vorsteher gegenüber ist eine Gruppe von vier Personen abgebildet, die dem Vortrag zuhören. Auf der linken Seite sehen wir einen abgewandten Mann stehen, der die Arme vor der Brust verschränkt hält als Zeichen dafür, dass ihn das in der Gruppe Verhandelte nichts angeht. Der Mann ist durch seine Tracht von den übrigen Dorfbewohnern unterschieden, obschon er offensichtlich zu den Siedlern am Ort zählt. Es handelt sich also um einen Fremden, der mindestens über längere Zeit am Ort wohnte, der also im Ort saß, ohne in der Gruppe der Siedler ansässig zu sein. Für diesen *resident alien* sollen die Gesetze des Orts nicht gelten.

Der Fremde wird im Text des Sachsenspiegels als „utwendic man" bezeichnet. Das Attribut „utwendic" ist aufschlussreich. Es bezeichnet einerseits einen „Auswärtigen", andererseits einen Wenden, das heißt den Angehörigen einer slawisch sprachigen Minderheit im sächsischen Gebiet. Letztere Bedeutung kann sich auf die Tracht beziehen, die der Mann trägt und wendischer Herkunft ist. Die Benutzung „ethnischer" Namen als Bezeichnungen für Fremde war damals nicht ungewöhnlich. Sie zeigt, daß es einen allgemeinen Begriff des Fremdseins im 13. Jahrhundert noch nicht gab. Im Englischen erscheint das Wort „foreigner" (aus Mittellateinisch foranus oder foraneus) im 15. Jahrhundert, im Deutschen das Wort „Ausländer" erst im 16. Jahrhundert. Gleichwohl war es möglich, am Ort zwischen Einheimischen und *resident aliens* rechtlich dadurch zu unterscheiden, daß man die Grundsätze der Personalität des Rechts als Grundlage der Differenzierung zwischen Siedlern nach den Orten ihrer Herkunft anwandte.

Der Rechtsstatus des *resident alien* blieb erhalten. Im 17. und 18. Jahrhundert gingen die Könige und andere Herrscher über größere Territorien dazu über, diesen Rechtsstatus auch bei der Förderung von Immigration aus bevölkerungspolitischen oder außenpolitischen Gründen anzuwenden. Gruppen, die, wie zum Beispiel die Hugenotten, aus ihren Heimatländern ausgewiesen worden oder geflüchtet waren, wurden in neugegründeten Orten oder neu errichteten, abgetrennten Ortsteilen angesiedelt und blieben als dauernd ansässige Fremde speziellen Regeln unterworfen. Anders jedoch als im Sachsenspiegel galt der Grundsatz der Personalität des Rechts nicht mehr, sondern der gesetzgeberische Wille des Herrschaft tragenden souveränen Landesherrn. Das galt zum Beispiel auch für diejenigen Afrikaner, die als Sklaven nach Europa verbracht und dort als Freigelassene in Dienst gestellt wurden, beispielsweise die Gruppe von afrikanischen Sklaven, die Landgraf Friedrich II. von Hessen-Kassel als Freigelassene in der eigens für sie angelegten Siedlung Mulang unterhalb des Residenzschlosses Weißenstein bei Kassel festsetzte. Diese *resident aliens* verdeutlichten ihren exotischen Charakter nicht nur als Menschen, die anders aussahen, sondern auch durch die Architektur ihrer Behausungen. Dabei spielte es keine Rolle, daß die Fassaden der Architektur Assoziationen mit China hervorriefen, mithin einem anderen Weltteil als dem, dem die Afrikaner selbst entstammten. Allein auf die Visualisierung der Fremdheit kam es an.

Die Absurdität der Kasseler Kolonie weist dennoch über sich hinaus auf den Begriff des Fremden, sowie er seither bestanden hat. Die Fremden sind seither im Sinn Georg Simmels die Anderen am Ort bestimmt worden, Zugereiste oder Leute mit dauerndem Wohnsitz, Personen, die irgendwie oder irgendwo gesondert leben. Sie sind nicht drinnen und nicht draußen. Deswegen ist ihre Integration schwierig geworden. In Europa gibt es gleichwohl nur wenige Orte, an denen alle Zugereiste sind. Irgendeiner war häufig schon da, bevor die anderen kamen. Aber das Gegenteil ist auch wahr: Es gibt nur wenige Orte, an dem nur die leben, die immer schon da gewesen sind. So gesehen, sind Fremde nahezu überall, und fast jeder ist irgendwo fremd.

Die Geschichte der Bestimmungen von Fremdheit zeigt, dass Integration auf sehr verschiedene Weise gehandhabt werden kann. Diejenigen, die schon am Ort sitzen, können Fremde behandeln wie künftige Bewohner oder wie vorübergehend anwesende Gäste. Im ersten Fall werden die Fremden nach einer gewissen Zeit integriert, wenn sie es wollen. Dieses Verfahren wird seit Beginn des 19. Jahrhunderts, außer im heutigen Singapur, kaum noch angewandt. Im zweiten Fall wird erwartet, dass die Fremden wieder gehen, und Erstaunen sowie sogar Sanktionen können folgen, wenn die Fremden, wie etwa die „Gastarbeiter" in Deutschland in den 1960er und 1970er Jahren, entgegen der Erwartung bleiben. Diese Erwartung, dass Fremde kommen, um wieder zu gehen, liegt den Migrationsgesetzen zugrunde, die seit Ende des 19. Jahrhunderts mit zunehmender Häufigkeit in europäischen Staaten erlassen worden sind. Wer die Intentionen von Migranten und Migrantinnen falsch einschätzt oder ihnen Motive unterstellt, die sie nicht oder nicht ausschließlich haben, verringert die Durchsetzbarkeit von Migrationsgesetzen und erschwert die Integration. Entscheidungsträger in Politik und Verwaltung sollten auf die Stimmen der Migranten und Migrantinnen hören, anstatt nur auf Statistiken zu vertrauen.

Quellen

Gesetze Köng Ines von Wessex, hg. von Felix Liebermann, Gesetze der Angelsachsen, Bd 1, Halle 1903.

Sachsenspiegel. Landrecht, hg. von Karl August Eckhardt, 2. Aufl. (Monumenta Germaniae Historica Fontes iuris Germanici antiqui, N. S. 1), Göttingen, Berlin, Frankfurt und Zürich 1955.

Literatur

Busch, Jörg W.: Vom Attentat zur Haft. Die Behandlung von Konkurrenten und Opponenten der frühen Karolingerzeit, in: Historische Zeitschrift 263 (1996), S. 561-588.

L'étranger, Brüssel 1958.

Geremek, Bronislaw: Les inutiles du monde. Truands et misérables dans l'Europe moderne 1350 – 1600, Paris 1980.

Jacoby, Michael: Wargus, vargr, Verbrecher, Wolf, Uppsala 1974.

Städtische Randgrupen und Minderheiten, hg. von Bernhard Kirchgässner und Fritz Reuter, Sigmaringen 1986.

Liebermann, Felix: Die Friedlosigkeit bei den Angelsachsen, in: Festschrift für Heinrich Brunner, Weimar 1910, S. 17-37.

Martin, Peter: Schwarze Teufel, edle Mohren. Afrikaner in Bewußtsein und Geschichte der Deutschen, Hamburg 1993.

Roeck, Bernd: Außenseiter, Randgruppen, Minderheiten, Göttingen 1993.

Schubert, Ernst: Fahrendes Volk im Mittelalter, Bielefeld 1995.

Zumstrull, Margret: Die Gründung von „Hugenottenstädten" als wirtschaftspolitische Maßnahme eines merkantilistischen Landesherren. Am Beispiel Kassel und Karlshafen, in: Städtewesen und Merkantilismus in Mitteleuropa, Köln und Wien 1983, S. 156-221.

Kapitel 4

Wohnen – Wandern – Laufen
Nachbarschaft im Wandel

Nachbarn sind Leute, die immer schon irgendwie da gewesen sind. Man kennt die Situation. Jemand zieht zu und folgt seiner alten Gewohnheit. Bis ihm die Nachbarin eines Tags, meistens freundlich und immer bestimmt, erklärt, dieses und jenes täte man am Ort nicht so, sondern anders oder überhaupt nicht. Bist du in Rom, tu es wie die Römer. Der Neue ärgert sich, trotzt für einige Zeit, um sich schließlich doch anzupassen. Nachbarschaften sind stark. Vor allem sind sie notwendig. Schließlich werden alle irgendwo geboren und müssen irgendwo leben. Die einsame Insel ohne Freitag mag Traum sein oder Alptraum. Jedenfalls ist sie Utopie, ein Nicht-Ort.

So ist die Frage begründet, ob Nachbarschaften auch Gruppen bilden können in dem Sinn, daß sie ihren Angehörigen Ziele gemeinsamen Handelns und eine Identität vorgeben. Die stete Klage über die Anonymität der Großstädte von heute deutet an, dass dem nicht so ist. Wer nicht einmal den Namen der Nachbarn kennt, wird kaum Träger einer auf die Nachbarschaft bezogenen oder von ihr ausgehenden Identität sein und mit den Nachbarn gemeinsame Sache machen. Es sei denn, es brennt. Gemeinsame Probleme, wenn sie nur groß genug sind, zwingen zum gemeinsamen Handeln. Nachbarschaften sind also auch heute noch gewissermaßen Gruppen im Wartestand. Sie bilden ein Potential sozialer Organisation, das genutzt werden kann, aber keineswegs immer genutzt werden muss. Dass dies derzeit nur noch selten und nur angesichts großer Katastrophen geschieht, liegt nicht zuletzt daran, daß Aufgaben, die früher von Nachbarschaften übernommen wurden, heute (oder heute noch) von Institutionen des Staats besorgt werden.

Das war früher anders. In unterschiedlicher zeitlicher Streuung konnten Nachbarschaften als Gruppen während des Mittelalters das Zusammenleben am Ort, das Wohnen also, ordnen, die Bedingungen, Verlaufsormen und Ziele des Fortziehens vom Ort oder des Umherziehens von Ort zu Ort, das heißt, das Reisen, festlegen und schließlich die Formen dessen, was man Laufen nannte, bestimmen, nämlich den verbalen Protest und den tätigen Widerstand gegen eine örtliche oder übergeordnete Obrigkeit.

Beginnen wir mit dem Wohnen. Im Mittelalter sind Nachbarschaftsgruppen als Zielgeber für Handlungen schwer nachzuweisen. Das hat zwei Gründe. Zum einen müssen für das Mittelalter außergewöhnliche, das heißt nicht alltägliche Situationen vorliegen, damit wir überhaupt wissen können, dass die Nachbarschaft als Gruppe in Aktion trat. Denn Alltägliches war damals (und es ist es heute immer noch) nicht berichtenswert. Außergewöhnlich waren damals wie heute vor allem Katastrophen, die die Lebensgrundlagen der Bewohner eines Orts vernichteten oder in Unordnung brachten, und Streit unter den Leuten. Relativ gut bezeugt ist das große Erdbeben, das im Januar 1348 vom Epizentrum in den Ostalpen aus weite Teile Südeuropas heimsuchte und bis in den süddeutschen Raum ausstrahlte. Es verwüstete ganze Städte, darunter Villach in Kärnten. Die Verwüstungen waren deswegen so stark, da die Bürger der Städte seit dem 11. und 12. Jahrhundert dazu übergegangen waren, ihre Häuser aus Stein zu bauen. Diese Bauweise war auf derlei Katastrophen nicht ausgelegt, und so brachen vieler dieser Bauten unter dem Schock der Erdstöße zusammen und begruben eine unbekannte Zahl von Bewohnern unter sich. Die Überlebenden waren gezwungen, in die umliegenden Dörfer zu flüchten oder sich vorübergehend in den Ruinen einzurichten. Hier waren also zunächst vor allen die Verwandten gefordert, die die Pflege der Kranken und die Versorgung der Überlebenden sicherstellten. Aber danach ging es um mehr. Die Städte waren nicht nur Wohnsiedlungen, sondern vor allem Orte mit Gewerbe und Handel. Sie mussten also so schnell wie möglich so wieder aufgebaut werden, damit die Bewohner ihren Geschäften in gewohnter Weise nachgehen konnten. Die dazu erforderlichen Arbeitsleistungen und finanziellen Mittel überstiegen die Kapazitäten der einzelnen Verwandtengruppen, und so traten Nachbarschaftsgruppen in Aktion. Ob es dazu einer Vorbereitung bedurfte oder ob die Nachbarschaftsgruppen sich spontan, etwa auf der Basis von Stadtvierteln, organisierten, wissen wir nicht. Jedenfalls gingen die Bewohner in den betroffenen Städten beherzt ans Werk. Der Wiederaufbau ging zügig voran. Das meiste geschah in Selbsthilfe. In Villach waren die Nachbarschaftsgruppen so wirksam und erfolgreich, dass die Stadt ungefähr innerhalb eines Jahrs wiederhergestellt war.

Für die zweite Kategorie von Umständen, unter denen Nachbarschaftsgruppen in Aktion treten konnten, gibt es im Mittelalter nur indirekte Zeugnisse. Fränkische Könige des 8. und 9. Jahrhunderts erließen wiederholt Verbote, entlaufene Sklaven zu beherbergen. Unter diesen werden zwar viele gewesen sein, die, ohne Verbrechen begangen zu haben, sich ihrer unvorteilhaften Lage durch Flucht entzogen und hier nicht interessieren. Aber wegen Kapitalverbrechen delinquent gewordene

Sklaven sollten verurteilt werden, wie aus den Gesetzestexten des 8. Jahrhunderts unzweideutig hervorgeht. Dass deswegen diejenigen, die Strafen zu befürchten hatten, das Weite suchen wollten, darf unterstellt werden. Entscheidend ist, dass für die Auslieferung derlei Delinquenten Nachbarschaftsgruppen herangezogen wurden. Das setzt voraus, daß diesem Typ von Gruppen Ordnungs- und Kontrollbefugnisse zugewiesen werden konnten. Die Nachbarn sollten aufpassen und, wenn nötig, zugreifen.

Die Wirksamkeit der Nachbarschaftsgruppen als friedensbewahrende, ordnungserhaltende und kontrollbefugte Institution ging aber seit der Jahrtausendwende zurück. An deren Stelle trat, je später, desto ausgeprägter seit dem hohen Mittelalter die über Land und Leute gebietende Obrigkeit, die im Rahmen der Landfriedensgesetzgebung Vorschriften zur Bewahrung des inneren Friedens erließ. Den Nachbarn verblieb die Möglichkeit der Ausübung sozialer Kontrolle. Ob sie diese Aufgabe auf sich nahmen oder nicht, hing vom Einzelfall ab.

Fragen wir nun nach der Rolle, die Nachbarschaftsgruppen als Ordnungs- und Kontrollinstitution gegenüber Personen ausübten, welche auf Wanderschaft waren. Die Frage erscheint auf den ersten Blick unsinnig. Wie sollen ortsgebundene Gruppen Personen kontrollieren können, die nicht ortsgebunden sind? Sie ergibt gleichwohl einen Sinn, wenn in Betracht gezogen wird, wie Gruppen entstanden, die in Bewegung kamen. Bekanntlich war dies in der sogenannten „Völkerwanderungszeit" zwischen dem 3. und dem 6. oder 7. Jahrhundert sehr oft der Fall. Zwar kam es selten vor, daß ganze „Völker" wegzogen, so daß die Bezeichnung „Völkerwanderungszeit" für diese Epoche irreführend ist. Aber an der Tatsache der Wanderungen, die wir Migrationen nennen wollen, besteht kein Zweifel. In der Regel schlossen sich die Migranten zu Gruppen von überschaubarer Größe zusammen, zwei- bis dreihundert Personen, wenn es viele waren. Manche dieser Gruppen bestanden nur für kurze Zeit, brachen auseinander, gingen in anderen auf oder blieben einfach irgendwo sitzen. Viele aber hatten beträchtliche Dauer und konnten ihre soziale Struktur und kollektive Identität bis ans Ende der Migration bewahren. In diesen Fällen erlauben häufig die überlieferten Namen derjenigen Siedlungen, in denen die Migranten schließlich verblieben, Rückschlüsse auf die Struktur und Identität der Migrationszeit. Unter den verschiedenen Typen von Gruppen, die sich auf diese Weise nachweisen lassen, sind auch Nachbarschaftsgruppen erkennbar.

Beispielsweise ist in der englischen Grafschaft Sussex der Ortsname Beverington überliefert. Sussex soll dasjenige Gebiet im Süden Britanniens gewesen sein, in dem Sachsen vom Kontinent sich niedergelassen hatten. Der Name Beverington ist zweigliederig. Das Grundwort „-ton" ist an das Bestimmungswort „Bevering" angehängt. Das Grundwort gehört zu den häufigsten Ortsnamenelementen in den

Britischen Inseln. Es ist identisch mit demjenigen gemeingermanischen Wort, das im Deutschen als „Zaun", im Englischen als „town" erhalten ist. Es bezeichnet etwas Umzäuntes, ein Gehöft. „Bevering" ist auch eine Ableitung von einem gemeingermanischen Wort, das im Deutschen als „Biber", im Englischen als „beaver" in Gebrauch steht. An dieses Wort wurde die Nachsilbe -ing- angehängt, die in Ortsnamen häufig eine Personengruppe klassifiziert. Die Siedler von Beverington waren also die Biberleute. Solche Tiernamen als Bezeichnungen für Migrantengruppen sind nicht ungewöhnlich, sagen aber über Struktur und Identität der in Beverington siedelnden Gruppe nichts. Der Name indes belegt die Herkunft der Siedler vom Kontinent. Folglich erzwingt er die Frage, woher die Leute von Beverington gekommen sein mögen. Über diese Leute wissen wir außer dem Namen ihrer Siedlung nichts, die überdies heute wüst ist. Wollen wir dennoch etwas über ihre soziale Struktur und kollektive Identität wissen, müssen wir bestimmen, woher sie kamen. Schriftquellen des 8. und 10. Jahrhunderts erwecken den Eindruck, als ob die Gesamtheit der germanischsprachigen Siedler Britanniens Migranten aus Sachsen, Angeln und sonst irgendwo in Jütland gestammt hätten. In der Tat gibt es den einen oder anderen Sachsenort in Sussex, aber es gibt sie auch anderswo, im Südosten Britanniens nämlich, wo nach diesen Quellen keine Sachsen gesiedelt haben sollen. Zudem kann ein Sachsenort kaum erklärt werden in einer Gegend, die ausschließlich von Sachsen besiedelt gewesen sein soll. Wäre dem so, wären die Orte eben alle Sachsenorte gewesen. Diese späten Schriftquellen sagen also über die Struktur und Identität der Migrantengruppen nichts aus, sondern harmonisieren im Rückblick deren Vielzahl und Vielfalt. Wollen wir dennoch wissen, woher die Leute kamen, bleibt nur die Möglichkeit, nach ähnlichen Ortsnamen auf dem Kontinent zu suchen. Im vorliegenden Fall werden wir schnell fündig, denn es ist ein Ortsname überliefert, der nicht nur ähnlich, sondern ohne das Grundwort -ton genau gleich lautet, derjenige der heute ostwestfälischen Stadt Beverungen an der Weser. Es handelt sich um denselben Namen mit derselben Bedeutung. Auch die Bewohner von Beverungen bezeichneten sich als Biberleute oder wurden von anderen so bezeichnet. Der Namen Beverington entstand also vermutlich durch Zufügung des Grundworts -ton (altenglisch -tūn) an den Namen Beverungen. Demnach können wir die Siedler von Beverington mit einiger Wahrscheinlichkeit genauer bestimmen nicht nur als Biberleute, sondern als Leute aus Beverungen. Folglich können die Siedler in Beverington eine Nachbarschaftsgruppe gewesen sein, die aus Beverungen kam und den Bibernamen von der Weser nach Britannien übertrugen. Ganz sicher ist der Schluß indes nicht. Denn ob der Name von Beverungen älter ist als der Name von Beverington, wissen wir nicht, und so wäre es immerhin möglich, daß irgendwelche Gruppen immer mal wieder auf die Idee kamen, sich Biberleute zu nennen, oder ebenso von anderen genannt wurden. Dass dies jedoch in Beverington in Sussex geschah, ist unwahrscheinlich. Denn dieser Ort liegt, anders als Beverungen, in einer Gegend ohne größeren Fluss, der Bibern Heimstatt gegeben haben konnte. Nachbarschaftgruppen können demnach hin und wieder als Migranten aufgetreten sein.

Nachbarschaftsgruppen waren also autonom Handelnde im Kontext von Migration, wenn auch in Konkurrenz mit anderen Typen von Gruppen. Die Migranten der „Völkerwanderungszeit" und des frühen sowie hohen Mittelalters hatten die Möglichkeit, zwischen verschiedenen Typen von Gruppen als Basis ihrer sozialen Organisation und kollektiven Identität zu wählen. Nicht alle wählten Nachbarschaftsgruppen, vielleicht nicht einmal viele. Aber die Möglichkeit bestand. Von ihr wurde noch im 12. und 13. Jahrhundert Gebrauch gemacht, als im Verlauf der sogenannten deutschen Ostsiedlung Nachbarschaftsgruppen zumeist aus norddeutschen Städten nach Polen und ins Baltikum migrierten und dort neue Städte nach altem Recht und gelegentlich sogar mit dem Namen ihrer Herkunfsstadt gründeten. Später traten die Nachbarschaftsgruppen als Migrantengruppen nicht mehr in Aktion, da Migrationen größerer Gruppen nunmehr von der Obrigkeit veranlaßt und gesteuert wurden. Auch hier beobachten wir im Verlauf des hohen und späten Mittelalters ein Schrumpfen des Umfangs der Aufgabenbereiche von Nachbarschaftsgruppen zugunsten einer Obrigkeit, die über Land und die dort ansässigen Leute gebot.

Damit sind wir beim dritten Aufgabenbereich der Nachbarschaftsgruppen, der Organisation von Protest und Widerstand gegen die Obrigkeit. Aus dem Frühmittelalter ist von diesem Gruppentyp im Zusammenhang mit Protest und Widerstand kaum die Rede, es sei denn, man interpretierte das Wegwandern von Nachbarschaftsgruppen als Ausdruck auch des Protests. Direkte Zeugnisse dafür, dass Protest und Widerstand auf der Basis von Nachbarschaftsgruppen organisiert wurden, stammen hingegen während des späten Mittelalters besonders aus den freien Städten, wenngleich auch Proteste auf dem Land vorkamen, wie etwa in dem Dorf Niklashausen bei Würzburg im Jahr 1476. Seit dem 12. Jahrhundert etablierten sich überdies in vielen Städten die Stadträte als Obrigkeiten, die unter der Kontrolle der Oberschicht des örtlichen Patriziats standen. Zu den Kompetenzen, die die Stadträte erhielten, gehörte die Organisation der Stadtverteidigung. Dazu zogen die Stadträte Nachbarschaftsgruppen auf der Basis von Stadtvierteln heran und geboten, dass die Bewohner jedes Stadtviertels den in ihrem Bereich stehenden Teil der Stadtmauer instandzuhalten, zu bewachen und im Ernstfall auch zu verteidigen hatten. In diesem Zusammenhang handelten die Nachbarschaftsgruppen in den Stadtvierteln also nicht autonom, sondern auf Geheiß der Stadträte. Aber die Befehlsverhältnisse konnten sich auch umkehren. Kam es zu Unzufriedenheit unter den Stadtbewohnern, etwa weil der Rat Forderungen der Bewohner nicht nachgab oder sich dem Verdacht aussetzte, das Stadtrecht zu missachten, stand mit der Verteidigungsorganisation auf der Basis der innerstädtischen Nachbarschaftsgruppen ein Instrument zur Verfügung, das eingestezt werden konnte, um den Forderungen der Bürger Nachdruck zu verleihen. Für diesen Fall gab es in der Regel ein dreistufiges Verfahren. Es sah im allgemeinen vor, dass die Bürgerschaft einen Ausschuß berief, der die Forderungen förmlich dem Stadtrat auf dem Marktplatz vor dem Rathaus vortrug und den Rat zum Einlenken aufforderte. Fruchtete dieser verbale Protest nichts, hatten die Kommandanten der militärischen Einheiten der jeweiligen Stadtviertel die Möglichkeit, die für die Einheiten geschaffenen Banner zu heben und dazu aufzurufen, dass die Einheiten ihren Bannern auf den Markplatz vor dem Rathaus folgen sollten. Dort sollten sie den Stadtrat von der Ernsthaftigkeit ihrer Forderungen überzeugen. Bannerlauf nannte man diese mittelalterliche Form der Straßendemonstration. Bewirkte auch der Bannerlauf nichts, wurde schließlich der Konflikt militärisch ausgetragen. Obsiegte die Bürgerschaft, machte man dem Rat kurzen Prozeß und verwies ihn im günstigsten Fall der Stadt. Obsiegte der Rat, wehe den Besiegten.

Kommunale Aufstände gehörten zum Leben in der mittelalterlichen wie auch der frühneuzeitlichen Stadt. Aber nicht nur die Bewohner der Städte, auch die Bauern auf dem Land griffen zu diesem Mittel des Widerstands gegen die Obrigkeit. Dennoch waren die Aufstände in der Regel gerade deswegen wenig gefährlich, weil sie auf der Basis von Nachbarschaftsgruppen organisiert waren. Diese Organisationsweise erschwerte die Koordination von Aktivitäten über den Ort hinaus und erlaubte es kooperierenden verbündeten Obrigkeiten, die Widerstandgruppen gegeneinander auszuspielen oder gegebenenfalls eine nach der anderen zu schlagen. Wenn es aber doch zu überörtlicher Koordination des Widerstands kam, war die Obrigkeit existentiell gefährdet und in der Regel zu Zugeständnissen gezwungen. Das geschah geradezu paradigmatisch im Jahr 1381 in England, als es zu einer Koalition nachbarschaftlicher Widerstandsgruppen aus Stadt und Land kam, die nur mit Mühe besiegt werden konnte. Die hussitische Revolution des 15. Jahrhunderts und der große Deutsche Bauernkrieg 1524/25 folgten diesem Muster.

Aber auch ganze Städte konnten sich als Nachbarschaftsgruppe unter Führung des Rats konstituieren und gegen ihre externe Obrigkeit oder gegen einen Machtträger am Ort, beispielsweise einen Bischof oder Erzbischof, revoltieren. Insbesondere die Bürger oberitalienischer Städte, aber auch Kölns, waren schon im 12. und 13. Jahrhundert für ihre Aufmüpfigkeit bei Herrschaftsträgern berüchtigt. Der Erzbischof von Köln hatte immer wieder seine liebe Not mit den Bürgern der

Stadt, in der er residierte. „Denn sie lieben die Freiheit so sehr", stöhnte Erzbischof Otto von Freising, der Chronist aus dem 12. Jahrhundert, über die vermeintliche Widerspenstigkeit der Bürger oberitalienischer Städte gegen Kaiser Friedrich I. Immer wieder brachten Bewohner oberitalienischer Städte nicht nur politische Initiativen Friedrichs I., des Neffens Ottos, zu Fall, sondern zwangen ihn auch militärisch in die Knie. Noch im 15. Jahrhundert hatten die mächtigen Herzöge von Burgund oft ihre liebe Not mit den flandrischen Städten, die den Aufstand gegen ihre Herren probten.

Den Nachbarschaftsgruppen verblieb die Aufgabe der Artikulation des Protests und der Organisation des Widerstands gegen die Obrigkeit bis ins 18. Jahrhundert. Zuerst in England trat an ihre Stelle schon im Verlauf dieses Jahrhunderts die reguläre parlamentarische Opposition als institutionalisierter Protest. Damit waren die Nachbarschaftsgruppen ohne spezifische Aufgabe und wurden zu dem, was sie heute sind, ein selten genutztes Instrument des Krisenmanagements. Aber noch zu Beginn des 19. Jahrhunderts konnten Migrationsbereite in Nachbarschaftsgruppen Vorbereitungen zur Auswanderung treffen. Dies ergibt sich aus Befragungen, die Friedrich List im Auftrag des Königs von Württemberg in der Gegend um Heilbronn im Jahr 1816 durchführte. Damals entstand der Wille zur Migration aus dem unter Nachbarn verbreiteten Ärger über die örtlichen Obrigkeiten, denen die Nachbarn Willkür und Korruption vorwarfen, wie List erfuhr. Heute jedoch fallen die Nachbarschaftsgruppen aus als Plattform für die Organisation von Migration. Leute, die migrieren wollen, müssen sich zu neuen Gruppen zusammenfinden oder gegen Entgelt die Dienste von Spezialisten der sogenannten Migrationsindustrie in Anspruch nehmen, die Migrationen außerhalb der Legalität und unter Umgehung der geltenden Migrationsgesetzgebung zu organisieren bereit und in der Lage ist. Das Verschwinden der Nachbarschaftsgruppen als Plattform für die Organisation von Protest und Migration trägt indes weder zur Stabilisierung der Gesellschaften noch zur Erhöhung des Integrationspotentials noch zur Verbesserung der Durchsetzbarkeit der Migrationsgesetzgebung bei, sondern steigert nur die Gewinne der Migrationsindustrie.

Quellen

Arnold, Klaus: Niklashausen 1476, Baden-Baden 1980.

Dobson, Richard Barrie: The Peasants' Revolt of 1381, London 1970 [Nachdruck, London 1983].

Annales Frisacenses, hg. von Ludwig Weiland, Monumenta Germaniae Historica Scriptores Bd 24, S. 67.

Die Kärntner Geschichtsquellen 1335 – 1414, hg. von Hermann Wiessner (Monumenta historica ducatus Carinthiae 10), Klagenfurt 1968.

Otto von Freising: Chronica sive historia de duabus civitatibus, hrsg. von Adolf Hofmeister (Monumenta Germaniae Historica, Scriptores rerum Germanicarum in usum scholarum separatim editi 45), Hannover 1912.

Moltmann, Günter, Hg: Aufbruch nach Amerika, Tübingen 1979.

Literatur

Bader, Karl Siegfried: Dorfgenossenschaft und Dorfgemeinde. 2. Aufl., Köln und Wien 1972.

–: Ausgewählte Schriften zur Rechts- und Landesgeschichte, Sigmaringen 1984.

Revolte und Revolution in Europa, hg. von Peter Blickle, München 1975.

Aufruhr und Empörung? Studien zum bäuerlichen Widerstand im Alten Reich, hg. von Peter Blickle, Peter Bierbrauer und C. Ullrich, München 1980.

Blickle, Peter: Deutsche Untertanen, München 1981.

–: Unruhen in der ständischen Gesellschaft 1300 – 1800, München 1988.

Boshoff, Egon: Untersuchungen zur Armenfürsorge im fränkischen Reich des 9. Jahrhunderts, in: Archiv für Kulturgeschichte 58 (1976), S. 265-339.

Dilcher, Gerhard: Bürgerrecht und Stadtverfassung im europäischen Mittelalter, Köln, Weimar und Wien 1996.

Franz, Günther: Der Deutsche Bauernkrieg, 8. Aufl., Hamburg 1969.

Graus, František: Struktur und Geschichte. Drei Volksaufstände im mittelalterlichen Prag, Sigmaringen 1971.

Hilton, Rodney Howard: Bond Men Made Free. Medieval Peasant Movements at the End of the Thirteenth Century, Cambridge 1976.

Holenstein, André: Die Huldigung der Untertanen, Stuttgart 1991.

Migration in der Feudalgesellschaft, hg. von Gerhard Jaritz und Albert Müller, Frankfurt und New York 1988.

Karras, Ruth M.: Slavery and Society in Medieval Scandinavia, New Haven und London 1988.

Keen, Lawrence: The Outlaws of Medieval Legend, London 1977.

Mollat, Michel, und Philippe Wolff: Ongles bleus, Jacques et Ciompi. Les révolutions populaires en Europe aux XIVe et XVe siècles, Paris 1970.

Mollat, Michel: Die Armen im Mittelalter, München 1980.

Oexle, Otto Gerhard: Armut, Armutsbegriff und Armenfürsorge im Mittelalter, in: Soziale Sicherung und soziale Disziplinierung, Frankfurt 1986, S. 73-100.

Olberg, Gabriele von: Freie, Nachbarn und Gefolgsleute. Volkssprachliche Bezeichnungen aus dem sozialen Bereich in den frühmittelalterlichen Leges, Frankfurt, Bern und New York 1983.

Pelteret, David A. E.: Slavery in Early Medieval England, Woodbridge 1995.

Rösener, Werner: Bauern im Mittelalter. 2. Aufl., München 1986.

Grundherrschaft und bäuerliche Gesellschaft im Hochmittelalter, hg. von Werner Rösener, Göttingen 1995.

Schulz, Knut: „Denn sie lieben die Freiheit so sehr". Kommunale Erhebungen in mittelalterlichen Städten, Darmstadt 1992.

Struve, Tilman: Die Entwicklung der organologischen Staatsauffassung im Mittelalter, Stuttgart 1978.

Tanz, Sabine: Jean d'Arc. Spätmittelalterliche Mentalität im Spiegel eines Weltbildes, Weimar 1991.

Würgler, Andreas: Unruhen und Öffentlichkeit, Tübingen 1996.

Kapitel 5

Folgen einer Lust
Wie Verwandtschafts- und Nachbarschaftsgruppen an Bedeutung verloren

Es geschah am Heiligen Abend wohl des Jahrs 1020. Bewohner des Dorfs Kölbigk, heute Kreis Bernburg, Sachsen-Anhalt, versammelten sich gerade in der Kirche des Dorfs zum Gottesdienst. Doch dreizehn junge Männer und drei junge Frauen, unter ihnen die Tochter des Priesters, hatten anderes vor. Sie kamen zusammen auf dem Hof vor der Kirche, stellten sich im Kreis auf und faßten einander an. Dann begannen sie, eine Ballade zu singen und einen Reigen zu tanzen. Die Ballade bestand wohl aus mehreren Strophen. Jede Strophe hatte drei Verse. Zwei Verse sang ein Vorsänger, die dritte sangen alle Tänzer im Refrain. Eine Balladenstrophe ist überliefert. Sie lautete:

Bodo ritt durch den grünen Wald.
Er führte mit sich die schöne Merswind.
Warum stehen wir? Warum bewegen wir uns nicht?

Der Reigen war vermutlich ein betulicher Ländler, allerdings mit teilweise kräftigen, wenn man so will, temperamentvollen oder ekstatischen Bewegungen und Sprüngen. Ein Schelm, wer Böses dabei denkt. Doch der Tanz endete tragisch.

Kaum hatte das Spektakel begonnen, so wollen es die später aufgezeichneten Berichte, griff Gott selbst ein und bannte die singenden Tänzer und Tänzerinnen. Der Bann war furchtbar. Die Tanzenden durften nicht mehr aufhören zu singen und zu tanzen, weder essen noch trinken noch schlafen oder sich verschnaufen. Erst als ein Bischof Fürbitte leistete, ließ Gott sich erweichen und löste den Bann am Heiligen Abend des folgenden Jahrs. Die Tanzenden fielen in einen tiefen Schlaf. Einige wachten nicht wieder auf, die übrigen wurden, von Krämpfen geplagt, aus dem Ort gewiesen. Mehrere Jahre lang irrten sie ziellos durch die Lande auf der Suche nach neuen Wohnsitzen. Einer könnte bis nach England gekommen sein, wo ihn die Nonnen des Klosters der Heiligen Edith zu Wilton aufgenommen zu haben scheinen. Berichte über die Tanzenden aus Kölbigk finden sich weit verstreut, vom Trierer Land bis nach Schweden.

So wie es übereinstimmend berichtet wird, kann das Ereignis von Kölbigk kaum stattgefunden haben. Keiner kann über Jahr und Tag ohne Unterbrechung singen und tanzen, ohne auch nur eine Minute zu schlafen, ohne etwas zu sich zu nehmen. In den Berichten steckt somit ein Element von Fiktion, das Übertreibung sein mag. Da aber alle erhaltenen Berichte dieses Element wiederholen, ist es im Rückblick unmöglich, den Realitätsgehalt der Berichte jenseits der Übertreibungen zu bestimmen. Es lohnt sich also nicht, darüber zu rechten, was an den Berichten wahr gewesen sein könnte. Hingegen sind die Berichte Zeugnisse für eine vorgestellte Wirklichkeit. In dieser vorgestellten Welt hielten Menschen es für möglich, dass Balladensingen und Reigentanzen, an sich eher harmlose Tätigkeiten, den Zorn des Allmächtigen heraufbeschwören sowie Krankheit und Tod bewirken konnten. Wie kann man diese Vorstellungen erklären?

Man kann sich darauf beschränken, was die Tanzenden aus Kölbigk taten. Dann rücken Singen und Tanzen als Handeln in den Vordergrund. Man kann die Berichte über den Vorfall so ausdeuten, daß sie übertreibend eine ekstatische Form des Tanzes beschrieben, die im Bereich des Pathologischen liegt. In der Tat sind schon seit dem 14. Jahrhundert Vorkommnisse überliefert, in denen Einzelne oder Gruppen ekstatische Tanzbewegungen in der Öffentlichkeit ausführten sowie als Kranke beurteilt und behandelt wurden. Der Straßburger Stadtrat beispielsweise veranlaßte im Jahr 1418 eine Prozession zur nahegelegenen Veitskapelle, wo der Heilige einige Personen von einer Krankheit heilen helfen sollte, die diese zum Tanzen zu zwingen schien und die man Veitstanz nannte. Der Stadtrat ging hingegen mit der vollen Strenge einer Ordnungsmacht gegen Leute vor, die sich der Gruppe der Tanzenden anschlossen, nur um ein Tanzvergnügen zu haben, ohne ernsthaft krank zu sein. Die Vergnügungssüchtigen wurden bestraft. Auch Pieter Brueghel stellte im Jahr 1564 Brüsseler Tänzerinnen so dar, als seien sie Epileptikerinnen.

Im 17., 18. und 19. Jahrhundert geriet der Kölbigker Vorfall zum Gegenstand wissenschaftlicher Abhandlungen, und man trug allerlei medizinische Erklärungen zusammen, vom sprichwörtlichen Biss der Tarantel bis zu prosaischen Störungen des Nervensystems. Das Problem bei dieser Zuwegung an die Berichte ist jedoch, dass sich aus den Berichten nirgends ein Hinweis darauf ergibt, daß die Tanzenden aus Kölbigk pathologisch waren. Im Gegenteil: Die in den Berichten angeprangerte Strafwürdigkeit des Tanzens setzt den Glauben an vorsätzliches Handeln voraus und schließt damit eine medizinische Deutung aus.

Wollen wir dichter an den Quellen bleiben, liegt es nahe, darauf zu achten, was über die Interaktionen der Tanzenden mit ihrer Umwelt berichtet wird. Der

Ort des Geschehens gibt den Rahmen ab: Der Kirchhof bestimmt den Interaktionsrahmen als das Beziehungsgefüge zwischen den Tanzenden und der Kirche. Dazu treten die Dorfbewohner als diejenige Gruppe, die auf das Handeln der Tanzenden antwortet. Beginnen wir mit den Interaktionen zwischen den Tanzenden und der Kirche.

Wir wissen nicht, ob die Tanzenden auf den Kirchhof gingen, um dort zu singen und zu tanzen, oder ob sie auf dem Weg zur Christmesse von einer plötzlichen Neigung zum Singen und Tanzen ergriffen wurden. Aus der Sicht der Berichterstatter war demnach nicht das Motiv für die Tat wichtig, sondern deren Hergang. Alle Berichte stammen aus Federn von Geistlichen, geben also kirchliche Ansichten wieder. Wir kennen folglich zwar nicht die Motive und Ziele der Tänzer und Sänger, wohl aber nehmen wir die Tatsache zur Kenntnis, dass kirchlich gebundene Autoren dem Tanzen und Singen im allgemeinen sehr reserviert gegenüberstanden und im besonderen Tanzen und Singen auf Kirchhöfen für verabscheuenswürdige Taten hielten. Warum war das so?

Schon die alte Kirche übte Kritik am Tanzen, wohl in der Absicht, den christlichen Kult gegen andere Kultformen der Antike abzusetzen, in denen Tänze zum Ritus gehörten. Die Kirche begründete ihre Kritik mit moralischen Argumenten, indem sie Tanzen als lasziv beschrieb und als unsittlich brandmarkte. Tanzen war daher in der Sicht der christlichen Kirche Teufelswerk sowie heidnischer Brauch und hatte folglich als verderbliche Sitte in sowie vor Kirchengebäuden keinen Platz. Diese Einstellung setzte sich im Mittelalter fort. Schon im 7. Jahrhundert berichtete das Leben des Heiligen Eligius, Bischof von Noyon, er habe in einem Gebet um Gottesstrafen für Tanzende nachgesucht. Auch das Singen auf Kirchhöfen war verpönt. Im 9. Jahrhundert schrieb der Gelehrte Hrabanus Maurus Attacken gegen das Tanzen und Singen, und im 11. Jahrhundert verbot Bischof Burchard von Worms die Aufführung „unsinniger Gesänge" über Gräbern, mit denen rhythmische Körperbewegungen verbunden gewesen sein werden. Es wird deutlich, dass das Singen und Tanzen auf Kirchhöfen in der Sicht kirchlicher Autoren etwas mit dem nicht-christlichen Totenkult zu tun haben musste.

Wir wissen aus archäologischen wie auch schriftlichen Quellen, dass im Abendland seit dem 7. Jahrhundert die Kirche gewissermaßen ins Dorf kam, das heißt Kirchengebäude immer öfter an zentraler Stelle innerhalb der Siedlungen errichtet und von Gräberfeldern umgürtet wurden. Das bedeutet, dass die Amtskirche den Totenkult dadurch ihrer direkten Kontrolle zu unterstellen versuchte, dass sie die Toten im Innenraum oder in der unmittelbaren Nähe der Kirchengebäude bestatten ließ. Das war sinnfälliger Ausdruck des Glaubens, dass die Toten in die Obhut der Kirche gelangten und, anders als in vorchristlicher Zeit, weder direkt auf ihre lebenden Verwandten wirken konnten noch von diesen versorgt werden mußten. Singen und Tanzen auf Kirchhöfen waren folglich aus kirchlicher Sicht deswegen strafwürdige Handlungen, weil sie die Ruhe der Toten störten und die Aufsicht der Kirche über den Totenkult missachteten. Die besondere Schärfe, mit der kirchliche Autoren im Mittelalter gegen Tanzen und Singen über Gräbern einschritten, folgte also aus dem kirchlichen Anspruch auf alleinige Kontrolle des Totenkults. Die Kölbigker Tanzenden verstießen somit gegen das kirchliche Verbot des Singens und Tanzens auf Kirchhöfen, die in der Regel Friedhöfe waren, und suchten offenbar auf ihre eigene Weise mit den Toten in Verbindung zu treten. In Bildern ist die Kölbigker Tanzszene folgerichtig auch stets vor dem Hintergrund eines Friedhofs dargestellt.

Warum taten dies so viele Menschen, obschon ihnen diese Verbote am Beginn des 11. Jahrhundert doch hinreichend bekannt sein mussten? Auf der Suche nach einer Antwort müssen wir uns zunächst vergegenwärtigen, dass uns die Kölbigker Berichte wie kaum eine andere Quelle aus dem 11. Jahrhundert in eine bäuerliche Lebenswelt führen. Diese Welt erscheint geprägt von unterschiedlichen Verhaltensnormen, die nicht immer miteinander vereinbart werden konnten. Wir suchen diejenigen Normen, aus denen das gegen kirchliche Gebote verstoßende Handeln des Singens und Tanzens auf Friedhöfen gerechtfertigt werden konnte.

Der Inhalt der Gesänge ist mit Ausnahme der einen überlieferten Balladenstrophe unbekannt. Aber die Berichte sagen etwas aus über die Art des Singens. Der Vortrag eines Wechselgesangs folgt wenigen, aber klaren Regeln. Dazu gehört die Verteilung der Rollen des Vorsängers und des Chors. Den Singenden müssen nicht nur diese Rollen als solche bekannt gewesen sein, sondern es muß auch, spätestens auf dem Kirchhof selbst, Einvernehmen unter ihnen erzielt worden sein, wer welche Rollen übernehmen würde. Die Improvisation des Gesangs war also nur möglich, weil den Tanzenden die zugrundeliegenden musikalischen Muster und Konventionen vertraut waren. Da es sich um Landbewohner handelte, die wahrscheinlich nicht schriftlich kommunizierten, darf vermutet werden, dass sie diese Konventionen untereinander mündlich weitergaben. Die Kölbigker Tanzenden bildeten also offensichtlich eine mündlich kommunizierende Gruppe. Solche Gruppen sind aus dem Frühmittelalter recht gut bekannt, als Verwandtengruppen, Nachbarschaftsverbände oder Einungen (Vertragsgruppen), die das Leben ihrer Mitglieder transzendieren konnten. Denn sie alle und besonders die Verwandtengruppen umfaßten, solange sie bestehen blieben, auch die verstorbenen Angehörigen und boten so jedem Mitglied die Zuversicht, auch nach dem Tod Angehöriger der Gruppe bleiben zu können. Wahrscheinlich war dies der Grund dafür, dass in der Frühphase der Christianisierung Mittel- und Westeuropas zahlreiche Kirchen mit Grablegen auf Eigentum von Verwandtengruppen gebaut wurden, die auf diese Weise die Kommunikation zwischen Lebenden und Toten innerhalb der Gruppe aufrechterhalten und deren fortdauernde Verbundenheit sinnfällig dokumentieren wollten. Mit der Verlagerung der Grablegen auf die Kirchhöfe in dem allen Dorfbewohnern zugänglichen Zentrum der Siedlung wurde das Band zwischen lebenden und toten Verwandten durchtrennt und konnte nurmehr durch die geistliche Fürbitte für die Seelen der Verstorbenen vermittelt werden. Gleichwohl beobachten wir noch zu Beginn des 11. Jahrhunderts, zum Beispiel in Worms, wie Verwandtengruppen in Aktion treten, um totgeschlagene Angehörige zu rächen. Das Bewusstsein, daß Verwandtschaft Lebende und Tote umschließt, war also noch zu Beginn des 11. Jahrhunderts geläufig. Es ist denk-, aber nicht nachweisbar, dass die Kölbigker Tanzenden auf den Kirchhof zogen, weil sie dort nach alter Sitte unmittelbar mit den Toten zu kommunizieren gedachten, auch und gerade aus Anlaß der Vorbereitung auf die Heilige Nacht. Jedenfalls waren Singen und Tanzen auf dem Kirchhof weder Jux noch Tollerei, sondern orale und rituelle Kommunikation, die Wirkungen erzielen sollte. Singen und Tanzen waren Bestandteile eines integrierten kommunikativen Handlungsablaufs, der im vorliegenden Fall womöglich die Fortdauer der Beziehungen zwischen Lebenden und Toten bewirken helfen sollte.

Dass Singen und Tanzen kalkulierte Wirkungen erzielen sollte, wusste man auch in der Kirche. Schon am Ende des 7. Jahrhunderts machte sich Abt Aldhelm von Malmesbury in England diese Vorstellung zunutze. Um die frisch bekehrten Gläubigen eines Dorfs daran zu erinnern, dass sie zur sonntäglichen Messe ein Kirchengebäude aufsuchen mussten, stellte er sich strategisch günstig auf eine Brücke, die die Bewohner dieses Orts immer auf ihrem Weg zur Feldarbeit passieren mussten. Dort sang Aldhelm Lieder christlichen Inhalts in der Hoffnung, auf diese Weise die Bewohner an ihre Christenpflichten erinnern zu können.

Derlei Erinnerungswerk war im 11. Jahrhundert weder in Kölbig noch anderswo im Abendland mehr nötig. Die Kirche war im Dorf, und der Gottesdienst an Sonn- und Feiertagen war fester Bestandteil des Lebens, wie die Kölbigker Tanzenden ja unfreiwillig bestätigten. Und das Singen war in den Gottesdienst integriert. Aber das gemeindliche Singen in der Kirche diente der Preisung Gottes und folgte den kirchlichen Gesangsvorschriften. Es war weder improvisiert noch sangen unterschiedliche Stimmlagen. Es war weder auf Kommunikation unter Menschen bezogen noch gar (in dieser Zeit) von Tänzen begleitet. Daher war das, was in Kölbig geschah, ungeheuerlicher Frevel. Die Tanzenden riefen vor Beginn des Gottesdiensts und vor der Kirche den Teufel, indem sie sich anheischig zu machen schienen, mit ihren Toten über den Gräbern kommunizieren zu wollen.

Doch standen sie nicht nur gegen die Amtskirche, sondern auch gegen die Leute im Dorf. Das zeigte sich spätestens, nachdem sie von dem Bann, unaufhörlich tanzen und singen zu müssen, schließlich erlöst worden waren. Die Überlebenden fanden keine Versorgung im Dorf, obwohl sie vom Singen und Tanzen krank geworden waren. Selbst oder gerade diejenigen, die unter Krämpfen und allerlei anderen Gebrechen litten, wurden in die Emigration gezwungen. Das bedeutete, dass, anders als in Worms, die Kölbigker Verwandten- und Nachbarschaftsgruppen ihren kranken Angehörigen nicht nur nicht beistanden und keine medizinische Versorgung zuteil werden ließen, sondern darüber hinaus auch keinen Schutz mehr gewährten. Die ortsansässigen Verwandtschafts- und Nachbarschaftsgruppen lehnten es also ab, den Verpflichtungen gegenüber ihren erkrankten Mitgliedern nachzukommen, und überließen sie der Fürsorge der Kirche. Verkehrte Welt: Die Kirche hatte sich schließlich um diejenigen zu kümmern, die sich gegen Gottes Gebot und ihren Willen gestellt und um den Fortbestand der Verbindungen zwischen lebenden und toten Gruppenangehörigen bemüht zu haben scheinen. Die Krise der Verwandten- und Nachbarschaftsgruppen konnte kaum deutlicher auch und gerade im dörflichen Lebensbereich zum Ausdruck kommen.

Doch dabei blieb es nicht. In einzelnen Verwandtengruppen hatte es immer wieder Existenzkrisen gegeben, die die Mitglieder gefährden konnten. Auch war es immer wieder vorgekommen, dass einzelne Angehörige einer Verwandtengruppe im Streit ausschieden oder wegen schwerer Vergehen ausgeschlossen wurden. Auch Nachbarschaftsgruppen hatten sich aufgelöst. Die betroffenen Einzelnen hatten aber in diesen Fällen die Möglichkeit gehabt, in andere Typen von Gruppen auszuweichen. Am häufigsten sind aus dem Frühmittelalter Fälle bekannt, in denen Einzelne sich Gefolgschaften oder Einungen als Vertragsgruppen anschlossen, die sich zusammenfanden, um verabredete Ziele auch militärischer Art zu erreichen. Das bedeutete, dass selbst der völlige Verlust der Verwandtschaft in dieser Zeit nicht mit Notwendigkeit die völlige Isolierung der betroffenen Person zur Folge haben musste. Den Begriff einer umfassenden, normsetzenden, horizontal stratifizierten Gesellschaft gab es im Frühmittelalter nicht, sondern verschiedene, vertikal koordinierte und so nebeneinander bestehende und miteinander konkurrierende Typen von Gruppen, die in sich allerdings hierarchisch geordnet sein konnten. Jede dieser Gruppen war durch Normen eigener Art bestimmt, die durchaus im Widerspruch mit den Normen anderer Typen von Gruppen stehen und Einzelne bei zeitgleicher Mitgliedschaft in mehreren Typen von Gruppen in tragische Konflikte bringen konnten.

In Kölbigk finden wir nichts mehr von dieser Welt. Seit der Jahrtausendwende gerieten nicht nur die Verwandtengruppen in eine Krise, die zur Neubestimmung von Verwandtschaft als Begriff führte, sondern auch andere Typen von Gruppen, besonders die Nachbarschaftsgruppen sowie die militärisch organisierten Gefolgschaften oder Einungen als Vertragsgruppen. Ihre Autonomie stand dem nunmehr deutlicher von kirchlicher wie weltlicher Seite artikulierten Bedürfnis nach Integration der verschiedenen Gruppentypen am deutlichsten entgegen. Man versuchte zunächst, das Privileg autonomen Waffengebrauchs auf diejenigen Personen zu begrenzen, die für ihre Ausrüstung selbst aufkommen konnten und diese Fähigkeit als ein Kriterium zur Bestimmung des Adelsstands anführten. Das trug in vielen Teilen Europas zunächst dazu bei, dass die militärisch aktiven Gefolgschaften oder Einungen wie auch die sich selbst organisierenden Nachbarschaftsgruppen unter die stärkere Kontrolle überörtlicher Herrscher gerieten. Nur nachdem dieser Prozeß so weit fortgeschritten war, daß die bäuerlichen Bewohner eines Dorfs wie Kölbigk ihre aus der Sicht der Kirche straffällig gewordenen Mitbewohner und Verwandten nicht mehr betreuen konnten oder wollten, wurde es möglich, zusätzlich zur göttlichen Bannstrafe noch die weltliche Strafe der Ausweisung zu verhängen.

Das bedeutete zweierlei: Da der Urheber des Banns, den erhaltenen Berichten zufolge, Gott war und keine von Menschen geformte oder kontrollierte Institution, reichten die Kompetenzen solcher Institutionen in Kölbigk an der Jahrtausendwende nicht aus, um normabweichendes Verhalten auf dem Kirchhof zu verhindern oder, wenn es geschah, zu bestrafen. Wir müssen uns also Kölbigk am Beginn des 11. Jahrhunderts als Dorf vorstellen, in dem einerseits die dortigen Verwandten- und Nachbarschaftsgruppen zu schwach geworden waren, um ihren Mitgliedern effektiv Schutz gewähren und sie kontrollieren zu wollen oder zu können, in dem andererseits für ausgegrenzte Verwandte oder Nachbarn andere Typen von Gruppen nicht mehr offen standen, in die sie hätten überwechseln können, und in dem drittens die Kompetenzen gruppenunabhängiger Institutionen wie eines Herrschers oder der Kirche nicht zur Kontrolle eines Verhaltens ausreichten, das von eben dieser Institution als strafwürdig angesehen wurde.

Was also tun mit Bewohnern, die in einer Weise handelten, die aus ihrer Sicht offenbar gut und richtig, aber aus der Sicht einer Institution wie der Kirche inakzeptabel war? Die einzige Lösung war Ausweisung, das heißt die Erklärung der Rechtlosigkeit derjenigen, die am Ort nicht mehr toleriert werden sollten. Die Lösung war neu. Im Frühmittelalter hatten Herrscher wie Könige keine oder nur sehr geringe Befugnis gehabt, unliebsam gewordene Personen für rechtlos zu erklären und auszuweisen. Selbst ein Wort für solche Leute fehlte. Im Englischen sind die mittelalterlichen Vorformen des Worts *outlaw* als Bezeichnung für Angehörige dieser Personengruppe zuerst im frühen 11. Jahrhundert in den Gesetzen König

Knuts von Dänemark und England (1016-1037) belegt. Anstelle einer herrscherlichen Ausweisungsbefugnis hatte das Recht der Verwandtengruppen bestanden, Angehörige auszuschließen. Das wird bestätigt durch zwei Wörter für den Frieden, die im Altenglischen bis ins 11. Jahrhundert am weitesten verbreitet gewesen waren, nämlich *frith* und *sib*. Beides waren Verwandtschaftsbezeichnungen, die ausdrückten, daß Friede mit dem von der Verwandtengruppe gewährten Schutz und der durch sie geförderten Freundschaft identisch war. Deswegen waren Personen, die aus der Verwandtengruppe ausgestoßen worden waren, auch als *wineleas*, freundlos, gekennzeichnet worden, und man hatte gesagt, die einzigen, diesen Personen verbliebenen Freunde seien die Wölfe. Die Wolfsfreunde waren also Personen gewesen, die in der Wildnis lebten und deren Gefahren schutzlos ausgeliefert waren.

Die beiden altenglischen Friedenswörter gerieten im 11. Jahrhundert außer Gebrauch und wurden durch das aus dem Lateinischen über das Normannisch-Französische entlehnte Wort *pees* ersetzt, aus dem sich das neuenglische Wort *peace* entwickelte. Dieses Wort bedeutete aber nicht mehr den durch die Verwandtengruppe bewahrten, sondern denjenigen Frieden, der durch Gesetze hergestellt und geregelt sowie vom Herrscher über Land und die darauf sitzenden Leute durchzusetzen war. Es ist derjenige Friede, der unter maßgeblicher Förderung durch die Kirche seit dem 11. Jahrhundert auch auf dem Kontinent entstand und sich bis ins 15. und 16. Jahrhundert als Begriff des nicht mehr auf bestimmte Typen von Gruppen, sondern auf das bewohnte Land bezogenen Friedens durchsetzte. Friedensbrechern, so sie dingfest gemacht und verurteilt wurden, drohte, je nach Schwere des Verbrechens, Hinrichtung, Einkerkerung oder Ausweisung. Der Wolfskopf wurde zur Bezeichnung für den Galgen, Gefangene wurden zu Leibeigenen der Könige und anderer Herren, die über sie zu Gericht sitzen konnten und sie oft in Verließe unterhalb der Privatgemächer ihrer Burgen einsperrten, und Ausgewiesene wurden in die Migration gezwungen.

Wer in Kölbigk die Ausweisung der Tanzenden verfügte, bleibt unklar. Den Berichten zufolge waren die Ausgestoßenen auf die Hilfe der Kirche angewiesen, fanden also auch durch Verwandte außerhalb Kölbigks keine Unterstützung. Das erlaubt den Schluss, dass die Verwandtengruppen zumindest nicht gegen die Ausweisung einschritten. Allein die Kirche verhalf ihnen zu einer Art Statussurrogat, indem sie sie als Kollektanten anerkannte, das heißt ihnen die Möglichkeit zum legalen Betteln um Almosen gab.

Es ist angesichts der weiten Verbreitung der Berichte zudem nicht auszuschließen, dass unter denjenigen, die als Kölbiger Tanzende auftraten, einige Trittbrettfahrer waren. Wenn das so gewesen sein sollte, spricht das nicht nur nicht gegen die Authentizität der Berichte in den wesentlichen, ihnen zugrundeliegenden

Vorstellungen, sondern bestätigt geradezu, dass die Vorgänge, die den Kölbigker Tanzenden widerfahren waren, nicht nur diejenigen Geistlichen überzeugte, die über die Vorgänge berichteten und den Kollektantenstatus gewähren konnten, sondern auch letztlich die Almosengeber und diejenigen, die sich fälschlich als Kölbigker ausgaben. Kurz, die in den Berichten aufscheinende Situation passte in den Alltag des 11. Jahrhunderts.

Das Schicksal der Kölbigker Tanzenden wirft somit ein Schlaglicht auf die bäuerliche Welt des frühen 11. Jahrhunderts und zeigt sie im Umbruch. Alte, durch mündliche Kommunikation vermittelte Traditionen verloren an Gültigkeit, traditionale Verwandtschaftsstrukturen und andere Arten von Gruppenbindungen gingen zu Bruch. Verwandtschaftsgebundene Handlungsweisen wurden diskreditiert, diejenigen, die sie praktizierten, nicht nur zu Außerseitern erklärt, sondern aus Verwandtschafts- und Nachbarschaftsgruppen ausgewiesen. Neue, auf Land bezogene und von Herrschaft über Land und Leute getragene Ordnungen und andere, auf Beobachtung, Analyse und Erklärung der Dinge in der Welt abzielende und nicht durch Tradition vermittelte Wahrnehmungsweisen bildeten sich heraus, ohne schon sofort bestimmend zu sein.

Das Schicksal der Kölbigker Tanzenden weist über das 11. Jahrhundert hinaus. Es zeigt: Integration und Integriertsein setzt starke Einbindung in Verwandtschaft und Nachbarschaft sowie Zugehörigkeit zu weiteren Typen von Gruppen voraus. Migranten und Migrantinnen wissen nur zu gut, dass staatliche und gesellschaftliche Institutionen ihnen nur bedingt und begrenzt helfen können. Sie versuchen daher, sich in Netzwerke einzuklinken und darin eingeklinkt zu bleiben. Verwalter, Politiker und Sozialwissenschaftler, die Migranten und Migrantinnen dennoch einzureden versuchen, sie seien Entwurzelte, reden an ihnen vorbei.

Quellen

Annales Quedlinburgenses, hg. von Georg Heinrich Pertz, in: Monumenta Germaniae Historica, Scriptores, Bd 3, Hannover 1839, S. 31.

Burchard von Worms: Libri decretorum XX, in: Patrologiae cursus completus. Series Latina, hg. von Jacques-Paul Migne, Bd 140, Sp. 577, 579.

–: Lex familie Wormatiensis ecclesie, hg. von H. Boos, Urkundenbuch der Stadt Worms, Worms 1886, S. 43-44.

Goldmeyer, Andreas: Strassburgische Chronik, Straßburg 1636.

Horstius, Georgius: Observationum medicinalium singularum libri IV priores, Ulm 1628.

Hrabanus Maurus: De magicis artibus, in: Patrologiae cursus completus. Series Latina, hg. von Jacques-Paul Migne, Bd 110, Sp. 1102-1103.

Kleinlawel, Michael: Strassburgische Chronik, Straßburg 1625.

Königshoven, Johann von: Die aelteste teutsche so wol allgemeine als insonderheit elsassische und straßburgische Chronicke, hg. von Johann Schilter, Straßburg 1698.

Lambert von Deutz: Vita Heriberti. Miracula Heriberti, hg. von Bernhard Vogel (Monumenta Germaniae Historica, Scriptores rerum Germanicarum in usum scholarum separatim editi 73), Hannover 2001.

Lampert von Hersfeld: Lamperti monachi Hersfeldensis opera, hg. von Oswald Holder-Egger (Monumenta Germaniae Historica, Scriptores rerum Germanicarum in usum scholarum separatim editi 38), Hannover 1894.

Die Gesetze der Angelsachsen, hg. von Felix Liebermann, Bd 1, Halle 1903.

Paracelsus, Theophrastus Bombardus: Artzney, in: ders., Opera, Bd 1, Straßburg 1616.

Rem, Walter: Chronika newer Geschichten, hg. von F. Roth, Die Chroniken der deutschen Städte, Bd 25, Leipzig 1896.

Schröder, Edward: Die Tänzer von Kölbigk, in: Zeitschrift für Kirchengeschichte 17 (1897), S. 94-164.

Sydenham, Thomas: Schedula monitoria de novae febri ingressu, London 1686.

Wilhelm von Malmesbury: De gestis pontificum Anglorum, hg. von Nicholas Esterhazy Stephen Armytage Hamilton, London 1870 [Nachdruck, New York 1964].

Willis, Thomas: Pathologiae cerebris et nervosi generis specimen, Genf 1680.

Witkowski, Ludwig: Einige Bemerkungen über den Veitstanz des Mittelalters und über psychische Infection, in Allgemeine Zeitschrift für Psychiatrie und psychisch-gerichtliche Medizin 35 (1879), S. 594.

Literatur

Andresen, Carl: Altchristliche Kritik am Tanz, in: Zeitschrift für Kirchengeschichte 72 (1961), S. 27-50.

Baesecke, Georg: Kleine Schriften zur althochdeutschen Sprache und Literatur, Bern und München 1966.

Busch, Gabriele Christiane: Ikonographische Studien zum Solotanz im Mittelalter, Innsbruck 1982.

Czerwinski, Albert: Die Tänze des XVI. Jahrhunderts und die alte französische Tanzschule vor Einführung des Menuetts, Danzig 1878.

Ekenberg, Anders: Cur Cantatur? Die Funktion des liturgischen Gesanges nach den Autoren der Karolingerzeit, Stockholm 1987.

Franko, Mark: The Dancing Body in Renaissance Choreography, Birmingham, AL 1986.

Kätner, W.: Das Rätsel des Tarentismus, Berlin 1956.

Kyll, Nikolaus: Tod, Grab, Begräbnisplatz, Totenfeier, Bonn 1972.

Langini, Alex: La procession dansante d'Echternach, Echternach 1977.

Mellinkoff, Ruth: Outcasts. Signs of Otherness in Northern European Art, 2 Bde, Berkeley und Los Angeles 1994.

Metzner, Ernst Erich: Zur frühesten Geschichte der europäischen Balladendichtung, Frankfurt 1972.

Naunyn, Bernhard: Anschauungen der modernen Wissenschaft über die sogenannte Nervosität, in: ders., Gesammelte Abhandlungen 1862-1902, Bd. 2, Würzburg 1909, S. 1243-1258.

Sahlin, Margit Rigmor: Etude sur la carole médiévale, Uppsala 1940.

Schneider, Markus: Geschichte der Mehrstimmigkeit, Tutzing 1972.

Walter, Michael: Grundlagen der Musik des Mittelalters, Stuttgart 1994.

Wiora, Walter: Historische und systematische Musikwissenschaft, Tutzing 1972.

Kapitel 6

Wie die Schwaben nach Britannien kamen

Bekannt sind sie nur aus ein paar Namen und einem englischen Gedicht des frühen Mittelalters: Schwaben aus der Gegend um die Eider im heutigen Schleswig-Holstein. Heute legt man die Wohnsitze der Schwaben gern an die Oberläufe von Neckar und Donau. Manche Archäologen setzen die Vorfahren der heutigen Schwaben vor ungefähr 2000 Jahren ins Brandenburgische, ehe einige dieser Leute zu wandern begannen. Aber Schwaben an der Eider? Aufhorchen lässt der Ortsname Schwabstedt bei Schleswig. Er bezeichnet einen Schwabenort und könnte alt sein, aber man weiß nicht, ob es ihn bereits vor der Wanderung der Schwaben gab. Ein anderer Ortsname ist Swaffham bei Cambridge in England. Auch er ist vom Schwabennamen abgeleitet. Auch er könnte alt sein, vielleicht sogar älter als Schwabstedt. In der Nähe von Swaffham gibt es ein Gräberfeld, das im 5. Jahrhundert belegt wurde. Es zeigt, dass die Verstorbenen, die dort bestattet wurden, vom Kontinent gekommen waren. Aber dass die Toten Schwaben gewesen waren, zeigt es nicht. Tote geben ihre Identität nur ungern preis.

Bleibt das Gedicht. Alles an ihm ist schwierig, vieles unklar. Überliefert ist es in einer Sammlung englischer Texte, zumeist in Gedichtform, vom Ende des 10. Jahrhunderts. Das Gedichtbuch gelangte irgendwie in die Bibliothek der Kathedrale von Exeter, wo es das ganze Mittelalter hindurch gewissenhaft aufbewahrt, aber kaum beachtet wurde. Erst neuzeitliche Gelehrte lasen die Texte und gaben sie in Druck.

Das Gedicht zu den Schwaben ist deutlich älter als seine Niederschrift in das Exeter-Buch. Das verrät sein Inhalt. Es zerfällt in drei Teile, einen kurzen Prolog, einen langen Hauptteil und einen Epilog von genau derselben Länge wie der Prolog, jeweils 9 Verszeilen. Der Prolog führt einen Sänger ein mit dem Namen Widsith. Er soll den Hof des Gotenkönigs Ermanarich besucht haben, der im 4. Jahrhundert lebte. Im Hauptteil lesen wir, dass der Widsith durch weite Teile Europas reiste und Herrscher traf, die im Zeitraum von mehr als zweihundert Jahren lebten. Im Gedicht reiste Widsith also nicht nur viel, sondern wurde auch geradezu atembe-

raubend alt. Kein Wunder: sein Name ist sprechend und bedeutet „weite Reise".
Der Widsith, der Langlebige, war auch der Weitgereiste. Als Sänger, vielleicht
nur als solcher, durchbrach er im Gedicht die Grenzen von Raum und Zeit. Der
Epilog bietet dann folgerichtig einen Kommentar auf die Vergänglichkeit der Zeit.
Im Prolog und Epilog spricht eine namentlich nicht bekannte Dichterperson, im
Hauptteil redet Widsith selbst. Das Widsith-Gedicht berichtet also vom Dichten
und Reisen, von der Figur eines professionellen Sängers, der weit herumkam und
mündlich vortrug. Die Mündlichkeit des Vortrags, so wie ihn das Gedicht berichtet, legt den Schluss nahe, dass das Gedicht selbst zunächst Teil der mündlichen
Traditionen war, die vielleicht über längere Zeit in Britannien umliefen, ehe sie in
Schriftform gegossen wurden. Seine Verschriftung verdankte das Gedicht demnach dem Zufall, das jemand, der den Text im Kopf hatte, schriftkundig war, es
für die Zukunft bewahren wollte und dies in Schriftform tat. Diejenige Person,
die das Gedicht niederschrieb, lebte also in zwei Welten, kannte die mündlichen
Traditionen ebenso wie die Kunst des Schreibens. Die Angst dieser Person vor dem
Erlöschen der mündlichen Traditionen erhielt das Gedicht. Das Gedicht könnte
im 7. oder 8. Jahrhundert entstanden sein, jedenfalls lief es in Britannien um und
wurde dort niedergeschrieben.

Der Widsith nannte viele Namen von Personen und von Gruppen. Manche sind
heute noch bekannt aus anderen Zusammenhängen. Von vielen anderen wusste nur
noch der Widsith, später hingegen nannte sie niemand mehr. Offenbar gerieten
sie später in Vergessenheit. Im Widsith-Gedicht fand also wohl alte mündliche
Tradition ihren Niederschlag. Die Leute, deren Bekanntschaft der Widsith gemacht
haben will und die von anders woher bekannt sind, saßen auf dem Kontinent, oder
genauer gesagt: auch dort. Der Widsith dokumentierte sein Wissen von diesen Leuten in knapper Weise durch zwei Namenlisten, die dem Werk in der Wissenschaft
die wenig schmeichelhafte Bezeichnung „Kataloggedicht" eingebracht haben. Im
ersten Abschnitt seiner Rede reihte der Widsith Personen- und Gruppennamen
aneinander nach der Formel A herrschte über B, wobei jeweils A für einen Personennamen, B für einen Gruppennamen steht. Im dritten Abschnitt seiner Rede
verfuhr der Widsith, ebenso kurz und bündig, nach der Formel Ich war bei C,
wobei C häufig ein Gruppenname ist. In der Herrscherliste lesen wir, dass Meaca
über die Myrginge, Witta über die Schwaben und Offa über die Angeln herrschte.
Im zweiten Teil der Rede wurde der Widsith etwas gesprächiger und bot kurze
Geschichten. Eine davon berichtet von einer Schlacht am „Fifeldor". Dort hätten
die verbündeten Angeln und Schwaben die Myrginge besiegt und Offa habe die
Grenzen seines Herrschaftsgebiets bestimmt. Der Ortsname „Fifeldor" ist eine alte
Form des heutigen Namens der Eider.

Woher wusste die Dichterperson, die den Widsith erfand, von der Schlacht? Die Antwort ist verblüffend einfach. Denn die Dichterperson stellte in ihrem Prolog den Widsith als Myrging vor. Da das Gedicht in Britannien vorgetragen wurde, gab es folglich Myrginge dort. Myrginge müssen das Wissen von der Schlacht nach Britannien getragen haben. Dort muss dieses Wissen Bestandteil der umlaufenden Traditionen geworden sein, die die Dichterperson kannte. Wir wissen nicht genau, wie und wann die Myrginge nach Britannien kamen. Aber die Vermutung liegt nahe, dass die Myrginge die Gegend um die Eider verließen, nachdem die verbündeten Angeln und Schwaben sie dort aufs Haupt geschlagen hatten. Jedenfalls gehörten Krieg und Migration zum Repertoire an Handlungsweisen des 4., 5. und 6. Jahrhunderts. Gruppen Bewaffneter durchzogen in dieser Zeit den Kontinent, lieferten sich hier und da Schlachten und zogen weiter, gleich ob sie obsiegten oder unterlagen. Mitunter änderten sie ihre Namen, insbesondere wenn sie eine Niederlage erlitten hatten. Wer aber waren die Myrginge? Da der Widsith sich als Myrging outete, müssen es Leute gewesen sein, derer er sich nicht zu schämen brauchte, auch wenn sie als seine Vorfahren den verbündeten Angeln und Schwaben unterlegen gewesen waren. Seltsam aber ist, dass der Widsith von der Niederlage seiner Vorfahren mit der Trockenheit eines außen stehenden Chronisten berichtete, der Papier mit der Feder des Gelehrten beschreibt; ohne den geringsten Ausdruck der Trauer oder sonst einer Form von Anteilnahme; so wie man Tatsachen berichtet, die nicht betroffen machen. Statt vom Schicksal seiner Myrginge zu erzählen, besang er die verbündeten Angeln und Schwaben. In der mündlichen Tradition, die der Widsith verkörperte, hatte sich die Perspektive der Angeln und Schwaben über diejenige der Myrginge geschoben.

Das konnte in Britannien erst geschehen sein, nachdem dort auch Angeln und Schwaben zu siedeln begonnen hatten. Dass Angeln vom Kontinent nach Britannien kamen, berichtete schon der Mönch Beda im frühen 8. Jahrhundert. Der zählte sich selbst zu den Nachfahren der Angeln. Von Schwaben und Myrgingen schrieb Beda aber nicht nur nichts, sondern bestand geradezu darauf, außer Angeln, Sachsen und irgendwelchen, nicht weiter bekannten *Iutae* seien keine weiteren Gruppen vom Kontinent nach Britannien gekommen. Dennoch muss das Bündnis aus Angeln und Schwaben auch nach der Schlacht an der Eider so stabil gewesen sein, dass beide Gruppen – oder Teile von ihnen – im Verbund nach Britannien zogen und sich dort im Osten, zunächst in der Nähe der Nordseeküste, niederließen. Das ergibt sich aus einem Zufallsfund. Wohl im späten 8. Jahrhundert legten Geistliche eine Sammlung von Herrschergenealogien an, darunter derjenigen der Könige von Ostanglien, das heißt der Herrscher über Teile derjenigen Region, die zwischen dem Mündungsgebiet der Themse und der Wash-Bucht dem Kontinent gegenüber liegt. In diese Genealogie trug eine geistliche Schreiberperson den Namen des Schwabenherrschers Witta als einen Ahn der ostanglischen Könige ein. Im Verlauf von mehreren Jahrzehnten, nachdem das Widsith-Gedicht entstanden zu sein scheint, war der Name des Schwabenherrschers Witta in die ostanglische Königsgenealogie eingefügt worden. Schwabentraditionen figurierten also nicht nur im Widsith-Gedicht, sondern fanden auch ihren Weg in schriftliche Herrschergenealogien. Das wäre kaum geschehen, wenn Angeln nicht gemeinsam mit Schwaben nach Britannien gezogen wären und letztere ihre Identität dortselbst zunächst noch bewahrt hätten. Den Ort Swaffham als Siedlungsstätte von Schwaben im Umkreis von Ostanglien zu deuten, entbehrt also nicht der Plausibilität.

Zudem sang der Widsith von Schwaben, nicht von Sueben. Der Wechsel von -e- zu -a- in der ersten, der Stammsilbe, des Namens zeigt auf, woher Widsith von den Schwaben wusste. Denn die Form Sueben ist die in der spätantiken Schriftüberlieferung gebräuchliche, die auch im Mittelalter bekannt war. Sie fossilierte den Lautstand des Schwabennamens aus der römischen Kaiserzeit. Irgendwann in den ersten nachchristlichen Jahrhunderten senkten die Schwaben in ihrem eigenen Sprachgebrauch den Vokal -e- in der Stammsilbe ihres Namen ab zu dem -a-, ohne dass römische Autoren davon Notiz nahmen. Dieser Laut -a- blieb dem Namen bis heute erhalten, wurde aber in der schriftlichen Überlieferung aus der Antike nicht berücksichtigt, die die römisch-kaiserzeitliche Lautung des Namens weiter schleppte. So geisterte der Suebenname durch die gelehrte Literatur bis in die Frühe Neuzeit. Da der Widsith über Schwaben (altenglisch Swæfe) sang, erhielt er Kunde von ihnen nicht durch gelehrtes Wissen, sondern aus der mündlichen Tradition der Schwaben selbst. In Britannien müssen also Leute gesiedelt haben, die den Schwabennamen mit dem -a- führten.

Die Geschichte der Schwaben in Britannien ging weiter. Aus dem späten 7. Jahrhundert kennen wir, hauptsächlich aus der Geschichtsschreibung Bedas, einige Angehörige der ostsächsischen königlichen Dynastie, die über das Gebiet zwischen Themsemündung und dem Gebiet der Ostanglier herrschten. Einer hieß Swæfred und hatte einen Sohn Swæfheard. Ein anderer hieß Sebbi, wahrscheinlich ein Kosename, das aus dem Element Swæf- gebildet worden war. Ein Swæfheard fand um 690 einige Jahre Anerkennung als König in Kent südlich der Themse im Südosten Britanniens. Wahrscheinlich war er identisch mit dem Sohn Swæfreds. In kentischen Urkunden des ausgehenden 7. Jahrhunderts sind weitere Träger von Schwabennamen nachgewiesen. Offenkundig waren sie adlige Landeigner in der Umgebung kentischer Könige, insbesondere Swæfheards. Außerhalb des Widsith-Gedichts aber traten Schwabennamen in Britannien nach der Wende zum 8. Jahrhundert nur noch für Personen, nicht mehr für Gruppen auf. Träger schwäbischer Traditionen waren also hauptsächlich einzelne Personen, keine Gruppen mehr. Schwabentraditionen konnten zwischen den königlichen Dynastien in Britannien wandern, besonders häufig durch Weitergabe bei Eheschließungen. Frauen scheinen besonders häufig Traditionen übertragen zu haben. Die Heilige Seaxburh, zum Beispiel, Tochter König Annas von Ostanglien, nahm die Traditionen der ostanglischen Dynastie mit, als sie in der ersten Hälfte des 7. Jahrhunderts König Earconbehrt von Kent heiratete. Seither figurierte der Name des Schwabenherrschers Witta auch in der Genealogie der kentischen Könige. Durch gute Partien konnten Dynastien, die nur mit wenig Ahnen ausgestattet waren und somit in Herrscherkreisen sozusagen Arme Leute waren, ihren Fundus an Ahnen aufbessern.

Diese Traditionen reisten also im geistigen Gepäck von Personen, die sie als Bestandteile ihrer Identität in sich trugen. Der Widsith, der Sänger, und die schöpferische Dichterperson konnten Traditionen also nur durch ihre Träger kennen lernen. Es gab in seiner Zeit keinen freien Markt, auf dem Traditionen als Ware für Dichter, gewissermaßen wie auf einer Buchmesse getauscht werden konnten. Deswegen konnten der Widsith und die Dichterperson auch damit rechnen, dass ihre Zuhörer wussten, wovon sie sangen. Eine Anspielung mit einem oder zwei Namen genügte, um bei den Zuhörern Erinnerungen an die daran geknüpften Traditionen wachzurufen. Hätte der Widsith diese Erinnerungen so genau wiedergegeben, wie wir es heute gern hätten, hätten seine Zuhörer mit Gähnen geantwortet. Folglich hatte der Widsith sich mit Namenlisten zu begnügen und zeigte seine Kunst durch das Geschick, mit dem er die Namen zu Traditionskomplexen verwob und unausgesprochen inhaltliche Bezüge zwischen den Traditionen herstellte. Der Widsith bot eine Zeitreise durch die Traditionen, die in Britannien bis ins 7. Jahrhundert umliefen.

Dort, und nur dort, war von Schwaben an der Eider die Rede, nicht auf dem Kontinent. Dass der Widsith die Niederlage der Myrgingen gegen die verbündeten Angeln und Schwaben an der Eider lokalisierte, muss nicht bedeuten, dass Schwaben direkt an der Eider siedelten. Dennoch ist kaum denkbar, dass die Schwaben, sei es aus dem Havelland, sei es aus dem Donau-Neckar-Gebiet, eigens zur Nordseeküste eilten, um dort mit den Angeln ein Bündnis zu schließen und den Myrgingen den Garaus zu bereiten. Wahrscheinlicher ist, dass eine Schwabengruppe in der Jütischen Halbinsel siedelte und im Verbund mit Angeln im Verlauf des 5. Jahrhunderts nach Britannien fortzog. Dass diese Schwaben von der Eider in der kontinentalen Überlieferung keinen Niederschlag fanden, ergibt sich dann von selbst.

Den Myrgingen erging es nicht anders. Ihr Name ist in der vorliegenden Form Myrgingas nur im Widsith-Gedicht überliefert. Er ist mehrdeutig. Er kann von einer Stammsilbe abgeleitet werden, auf die auch Wörter wie neuhochdeutsch Moor zurückgeführt werden können. Oder eine Stammsilbe kann mit Vorformen von neuhochdeutsch Mähre verbunden werden. Im ersten Fall wären die Myrginge als Sumpfbewohner bekannt gewesen, im zweiten Fall als Pferdeleute. Ersterer wäre wohl ein Spottname, letzterer erwiese seine Träger entweder als Reitergruppe oder als sonstige ranghohe Gruppe mit dem Pferd als Totemtier. Ein ähnlich lautender Name, Mauringa, ist im 8. sowie noch einmal im 9. Jahrhundert überliefert für einen Raum in Oberitalien. Es ist schwer vorstellbar, dass die Myrgingen an der Eider und irgendwelche Leute in einem Gebiet südlich der Alpen im 8. und 9. Jahrhundert dieselbe Gruppe waren. Vielmehr dürfte es sich um Ableitungen mehrerer Namen für verschiedene Gruppen und Räume von denselben Wurzeln handeln. Möglich ist, dass für mehrere Gruppen der Spottname Sumpfbewohner in Gebrauch stand. Wahrscheinlicher aber ist, dass Reiterverbände oder Pferdeleute gemeint waren. Diese Namengebung passte nicht zuletzt zu dem erkennbaren Stolz des Widsith auf seine Verwandtschaft.

Im Gedicht nannte der Widsith Meaca als Herrscher der Myrgingen. Zwar bereitet der Diphthong -ea- in diesem Personennamen lautgeschichtliche Schwierigkeiten, die aber – will man nicht auf die notorische Ungesetzlichkeit der lautlichen Entwicklung von Eigennamen rekurrieren – als kentischer Dialektalismus im Englischen erklärt werden können. Meaca ist zudem vernetzt mit einer Reihe von Ortsnamen im Osten und Süden Englands. Der bei weitem aussageträchtigste Ortsname in dieser Gruppe, nämlich Meeching, die mittelalterliche Bezeichnung für den Vorort des heutigen Kirchspiels Newhaven, unmittelbar westlich des Ouse-Mündungsgebiets in der heutigen Grafschaft East Sussex. Die herrschende Lehre führt diesen Namen auf altenglisch *mēce* (Schwert) zurück. Demnach wären die Bewohner Meechings entweder Schwertleute gewesen, Leute also, die durch ihre Fähigkeit zur Handhabung oder Herstellung von Schwertern ausgezeichnet waren, oder Leute eines *Mēce, der sich als Person durch entsprechende Fähigkeiten besonders hervorgetan hätte. Beide Deutungen sind phonologisch möglich, gleichwohl sachlich unwahrscheinlich. Denn Personennamen auf *mēce* sind äußerst ungewöhnlich, wohingegen die rivalisierende altenglische Schwertbezeichnung *ecg* zum ersten Glied von Allerweltsnamen wie Ecgberht und Ecgfrith wurde. Will man nicht auf Wörter zurückgreifen, die zum seltenen, Personennamen bildenden Wortschatz gehörten, bleibt die Möglichkeit der Ableitung von einer anderen Wurzel. Diese Möglichkeit liegt vor in dem Personennamen *Mæc(c)a, auf den die Ortsnamen Matching und Messing (Essex), Mackney (Berkshire) und Meeching zurückgeführt werden können und dem kontinental-altsächsisches Macco wie auch der im Widsith-Gedicht belegte Name Meaca und der noch im späten 10. Jahrhundert in Essex belegte Name Maccus entsprechen. Die Namen können kontinental oder auch insular gebildet worden sein.

Das Vorliegen des Widsith-Gedichts in England allein belegt dort und nur dort das Vorhandensein myrgingischer Traditionen, die nun durch die vom Personennamen *Mac(c)o abgeleiteten Ortsnamen erweitert werden. Daher ist die Annahme begründbar, dass die Leute aus Messing, Matching, Mackney und vielleicht Meeching Träger myrgingischer Traditionen waren. Gewöhnlich wird die Schlacht an der Eider in die letzte Hälfte des 4. Jahrhunderts datiert. Dieser Ansatz liegt etwas vor dem Zeitraum des Entstehens einer Siedlung in Mucking in Essex, die als oberhalb des Mündungsgebiets der Themse gelegene Kriegersiedlung aus dem frühen 5. Jahrhundert betrachtet werden kann, und der im Ouse-Cuckmere-Gebiet von Sussex belegten frühen Gräberfelder von Siedlern kontinentaler Herkunft. Es ergibt sich somit ein gewisser zeitlicher Abstand zwischen der Schlacht an der Eider und dem Erscheinen der kontinentalen Siedler an der Ost- und Südküste Britanniens. Dieser Zeitabstand reicht hin, um die These wahrscheinlich zu machen, dass die Myrgingen nach Aufgabe ihrer kontinentalen Wohnsitze als Bewohner von Messing, Matching, Mackney und vielleicht Meeching Nachfahren von Söldnern waren, die als Leute des Myrgings *Mac(c)o /Meaca im 5. Jahrhundert in die Dienste der spät- und nachrömischen Militärverwaltung eingetreten waren.

In der Übergangszeit zwischen dem Erlöschen der kaiserlichen Herrschaft in Rom am Ende des 5. Jahrhunderts und den fränkischen sowie englischen Reichsbildungen im 8. und 9. Jahrhundert bevölkerte Europa eine große Zahl zumeist kleiner Gruppen, die als Abstammungs- oder Nachbarschaftsgemeinschaften, Vereinigungen für besondere, beispielsweise militärische Zwecke oder Gruppen mit gemeinsamen politischen Institutionen und Traditionen gebildet worden sein konnten. Übergreifende nationale oder andere politische kollektive Identitäten waren selten und kaum von langer Dauer. Deswegen kam es oft zu Neubildungen von Gruppennamen, hinter denen Verschwinden und Neubildung von Gruppen verborgen gewesen sein können.

Des Widsiths Erzählungen vom Schicksal seiner Myrgingen und ihrer anglischen und schwäbischen Gegner spiegelten Normalität für die Zeitgenossen des 5., 6. und 7. Jahrhunderts. Sie waren daran gewöhnt, dass kleine Gruppen durch die Lande zogen, gehörten ihnen vielleicht selbst an, waren Nachfahren solcher Gruppen oder mussten sich mit neuen Nachbarn arrangieren, und sei es nur für überschaubare Zeit.

Schwaben und Myrginge gerieten allmählich in Britannien unter die Herrschaft der ostanglischen Dynastie als der mächtigsten der drei miteinander durch Krieg und Bündnis verquickt gewesenen Gruppen. Aus den Schwaben, den Myrgingen und anderen Gruppen, die in Gebiete nördlich der Themse kamen und in Britannien blieben, wurden seit dem 7. Jahrhundert Angeln. Im 9. Jahrhundert gaben die

Angeln ihren Namen den Engländern als Sammelbezeichnung für alle Nachfahren kontinentaler Migranten, die seit dem 5. Jahrhundert nach Britannien gekommen waren.

Das Schicksal der Schwaben des frühen Mittelalters zeigt einen, in heutiger Sicht, Extremfall von Integration. Dafür, dass sie alle massakriert worden wären, gibt es keinen Hinweis. Wenn sie dennoch im 8. Jahrhundert aus der historischen Überlieferung verschwanden, kann dies nur mit der Vermutung erklärt werden, dass sie mit ihrer Gruppenstruktur ihre Identität als Schwaben preisgaben. Welche Migrations- und Integrationsregeln in dieser fernen Zeit galten und ob diese Regeln in die Form von Gesetzen gegossen waren, wissen wir nicht. Aber wir wissen, dass solche Identitätswechsel während des früheren Mittelalters häufig vorkamen und in Europa der maßgebliche Faktor der Herausbildung jener Großgruppen gewesen zu sein scheinen, die wir heute Völker nennen. In späteren Jahrhunderten sind diese Wechsel der Identitäten ganzer Gruppen seltener geworden. Anders gesagt: Integration wurde schwieriger, geronn von einem Prozess des Wandels der Gruppenstruktur in einen durch Rechtsnormen gesteuerten Vorgang. Seit dem späten Mittelalter hat die Zahl und die Wirkkraft dieser Rechtsnormen stark zugenommen. Im Blick auf die fernere Vergangenheit ist somit die These keineswegs absurd, dass die Verringerung und Entschärfung von Migrationsgesetzen die Integration von Migranten erleichtern könnten.

Quellen

Wīdsīð, hg. von Kemp Malone, Widsith (Anglistica 13), Kopenhagen 1962 [zuerst (Poetic Texts 5), London 1936].

Beowulf, hg. von Frederick Klaeber, 3. Aufl., Lexington, MA 1950 [zuerst, London 1922].

Beda: Historia ecclesiastica gentis Anglorum, hg. von Bertram Colgrave und Roger Aubrey Baskerville Mynors, Oxford 1969 [Nachdrucke, Oxford 1991, 2003].

Dumville, David N.: The Anglian Collection of Royal Genealogies and Regnal List, in: Anglo-Saxon England 5 (1976), S. 30-34a [wieder abgedruckt in: ders., Histories and Pseudo-Histories of the Insular Middle Ages, Aldershot 1990, Nr V].

Charters of Selsey, hg. von Susan E. Kelly (Anglo-Saxon Charters 6), London 1998.

Cartularium Saxonicum, hg. von Walter de Gray Birch, 3 Bde, London 1885-1899 [Nachdruck, New York 1964].

Literatur

Bell, Martin: Saxon Sussex, in: Archaeology in Sussex to A. D. 1500. Essays for Eric Holden, hg. von Peter Ladson Drewett (Council for British Archaeology, Research Report 69), London 1978, S. 64–69.

Hills, Catherine, und Peter Wade-Martins: The Anglo-Saxon Cemetery at The Paddocks, Swaffham, in: East Anglian Archaeology, Report 2 (1976), S. 1-44.

Malim, Tim: A Romano-British Temple Complex and Anglo-Saxon Burials at Gallows Hill, Swaffham Prior, in: Proceedings of the Cambridge Antiquarian Society 95 (2006), S. 91-114.

Neumann, Günter: Der Name der Sweben, in: Beiträge zum Verständnis der Germania des Tacitus, hg. von Henning Seemann, Bd 2 (Abhandlungen der Akademie der Wissenschaften in Göttingen, Philol.–Hist. Kl., 3. F., Bd 195), Göttingen 1992, S. 153-166.

Niles, John DeWitt: *Widsith* and the Anthropology of the Past, in: Philological Quarterly 78 (1999), S. 171-213.

Opland, Jeff: Anglo-Saxon Oral Poetry, New Haven und London 1980, S. 210-216.

Schlauch, Margaret: Wīdsīth, Víthförull, and Some Other Analogues, in: Publications of the Modern Language Association of America 46 (1931), S. 969-987.

Sims-Williams, Patrick: The Settlement of England in Bede and in the *Chronicle*, in: Anglo-Saxon England 12 (1983), S. 1-41 [wieder abgedruckt in erweiterter Fassung in: ders, Britain and Early Christian Europe, Aldershot 1995, Nr II].

Welch, Martin: Early Anglo-Saxon Sussex, 2 Bde (British Archaeological Reports. British Series 112), Oxford 1983.

Welch, Martin: Late Romans and Saxons in Sussex, in: Britannia 2 (1971), S. 232-233.

Welch, Martin: Early Anglo-Saxon Sussex, in: The South Saxons, hg. von Peter Brandon, Chichester 1978, S. 13-35.

Welch., Martin: The Saxon Cemeteries of Sussex, in: Anglo-Saxon Cemeteries 1979, hg. von Philip Rahtz, Tania Marguerite Dickinson und Lorna Watts (British Archaeological Reports. British Series 82), Oxford 1980, S. 255-283.

Welch, Martin: The Kingdom of the South Saxons, in: The Origins of Anglo-Saxon Kingdoms, hg. von Steven Bassett, London und New York 1989, S. 75-83.

Kapitel 7

Nein, es kehrten keine Götter zurück
Hernán Cortés und die Anfänge
der europäischen Migration nach Amerika

Der Missionar Bernardino de Sahagún (1499 – 1590) gab die Erklärung für das Unfassbare. Ältere Leute, die er im christlichen Glauben zu unterweisen versuchte, hatten ihm die Geschichte von Quetzalcoatl erzählt, von Vorfahren, die vor langer Zeit das Land verlassen hatten, aber dereinst wiederkommen würden. Vielleicht sei das schon geschehen. Der Missionar wirkte um die Mitte des 16. Jahrhunderts in dem Gebiet, das heute Mexiko heißt und zwischen den 1470er Jahren und 1521 unter der Herrschaft der Azteken gestanden hatte. Sahagún schrieb nieder, was ihm die Leute erzählt hatten, und lieferte damit ein einzigartiges Dokument der Glaubenswelt der überlebenden Bevölkerung dieses Lands, das nun unter spanischer Herrschaft stand und in das der spanische König Karl I., den wir Kaiser Karl V. nennen, Scharen von Siedlern aus Andalusien senden ließ. Sahagún eröffnete die Möglichkeit, dass die Leute, deren Erzählungen er hörte, die Spanier für die rückkehrenden Götter gehalten haben könnten.

Was war das Unfassbare? Ein spanischer Krieger namens Hernán Cortés, Angehöriger einer in der Karibik stehenden spanischen Truppe, war im Jahr 1519 auf Befehl des dortigen Gouverneurs Velázquez zu den Ufern des eben erst vor die Augen der Europäer getretenen „neuen" Kontinents aufgebrochen mit dem Auftrag, dort nach vermissten spanischen Seeleuten zu suchen. Wohl erst nachdem er bereits auf dem Weg war, entschied er sich aber, gegen seinen Auftrag zu handeln. Gemeinsam mit ein paar Kumpanen begann er, große Pläne zu schmieden, die wie Träume anmuteten, wenn sie nicht als groteske Spinnereien gelten mussten. Einmal auf dem scheinbaren Festland gelandet, wollte Cortés nichts weniger als es erobern. Für das Festland oder den Kontinent war eben in Europa außerhalb der Iberischen Halbinsel der Name „America" aufgekommen, in Spanien selbst hieß er schlicht „Neuspanien". Von den Bewohnern des Kontinents hielten Cortés und seine Kumpane nicht viel. Gleich zu Anfang des 16. Jahrhunderts hatten

Flugblätter sie als Nackte und Menschenfresser beschimpft und Gelehrte hatten sie bezichtigt, wie Tiere zu leben. Ein schottischer Theologe namens John Major, der an der Universität von Paris lehrte, verstieg sich gar zu der Meinung, die Bewohner „Americas" seien „natürliche Sklaven" und zum Dasein in der Hölle bestimmt. Es sei daher überflüssig, sie zum Christentum zu bekehren. Cortés und seine Kumpane hofften also, die Bewohner „Americas", die sie „Indios" nannten, und das Land, das diese besaßen, würden leichte Beute werden, wenn man ihnen nur mit Härte gegenübertrat. Auf dem Festland angekommen, versammelte Cortés um sich einen Trupp von etwa 500 versprengten spanischen Desparados und begann, sie auf seinen Eroberungsplan einzuschwören. Sein Angebot an diese Leute war ebenso einfach wie einleuchtend, wenn auch gefährlich: Würden sie ihm folgen bis zum Sieg, warteten auf sie unermessliche Reichtümer aus der Beute, die sie sich würden nehmen können, und eine gehörige Portion Ruhm dazu. Das Gerücht von unermesslichen Schätzen hörte sich verlockend an, auch wenn keiner, Cortés eingeschlossen, eine Vorstellung hatte, wo diese Schätze zu finden sein würden, wohin sie gehen sollten und wer ihre Gegner sein würden.

Die Desparados waren für einen Eroberungskrieg überhaupt nicht ausgerüstet. Wohl wussten sie zu kämpfen und hatten einige Waffen bei sich. Doch von jedem Nachschub waren sie abgeschnitten, Gefallene und Verwundete waren nicht ersetzbar. Cortés und seine Kumpane schienen auf verlorenem Posten. Zudem erfuhr Gouverneur Velázquez von dem Unternehmen. Der hatte dazu keinen Befehl gegeben und ließ Cortés wegen Hochverrats verfolgen. Cortés musste also an zwei Fronten kämpfen, militärisch gegen die „Indios" und juristisch gegen seinen Vorgesetzten. Indes war Cortés nicht nur in militärischen Dingen erfahren, sondern auch in Rechtsangelegenheit bewandert. Gegen die mögliche Anklage, die zu einem Todesurteil würde führen können, traf Cortés Vorsorge. Das Risiko, dass er im Kampf gegen die „Indios" würde umkommen können, war ihm selbstverständlich. Aber am Galgen enden wollte er keineswegs. In Rechtsangelegenheiten erwies sich Cortés als nicht weniger gerissen, als er in militärischen Dingen Draufgängertum und Verwegenheit zeigte. Dass Cortés gegen alle Erwartungen gleichwohl die Eroberung des Aztekenreichs gelang, widersprach jeder militärischen Logik. Dass Cortés sich zudem noch in dem Prozess durchsetzte, der gegen ihn bei der spanischen Krone anhängig war, ist nur mit der ungeheuerlichen politischen Wirkung erklärbar, die Cortés' militärisch unerklärliche Zerstörung des Aztekenreichs sofort in Europa zeitigte.

Diese Wirkung rief Cortés selbst mit strategischem Kalkül hervor, indem er sofort über seine Kampagne ausführlich berichtete und von anderen berichten ließ. Mit diesen Berichten lieferte Cortés zwar keine Erklärung für die Eroberung, wohl aber den Versuch seiner Rechtfertigung. Bernardino de Sahagún lieferte die Erklärung nach, indem er den Mythos von Quetzalcoatl vorstellte. Der Missionar lieferte das Argument, die Herrschaft tragenden Gruppen der Azteken, einschließlich des Königs Moctezumah, hätten Cortés und seine Kumpane für Inkarnationen der rückkehrenden Vorfahren gehalten und sich zunächst ihnen freiwillig unterwerfen wollen. Deswegen seien sie den Eindringlingen zunächst mit Ehrfurcht begegnet. Dass sie einem Missverständnis aufgesessen waren, hätten sie erst bemerkt, als Cortés und seine Kumpane sich bereits im Zentrum der Macht, in Tenochtitlan, hatten festsetzen können. Doch diese fromme Geschichte wirft mehr Probleme auf, als sie löst. Zunächst ist sie nicht authentisch überliefert, sondern nur von Sahagún kolportiert. Zudem ist sie nicht zeitgenössisch zu der Eroberung niedergeschrieben, sondern im Abstand von einer Generation nach den Ereignissen. Cortés selbst, der detailliert über den Ablauf der Eroberung Rechenschaft ablegte, bot keinen Hinweis auf die durch Sahagún nahegelegte Interpretation. Auch Berichte von Cortés' Kumpanen, wie etwa die Erzählung des Diaz del Castillo, bestätigen Sahagúns Aussage nicht. Ein direktes Zeugnis im Nahuatl, der Sprache der Azteken, gibt es nicht. Schließlich geben Cortés eigene Berichte einen militärisch-politischen Kontext vor, der zu der mythologischen Interpretation Sahagúns nicht passen will.

Was also berichtete Cortés? Er legte die widrigen Umstände der Eroberung schonungslos offen: Ja, er hatte keinen ausdrücklichen Eroberungsauftrag. Ja, er hatte zu wenige und zu schlechte Waffen. Ja, er hatte zu wenige und zu schlecht ausgebildete Kämpfer. Ja, die „Indios" waren starke und gefährliche Gegner. Ja, am Anfang des Unternehmens wusste er nichts über sie. Cortés versuchte also gar nicht erst, den Supermann zu spielen. Wohl ahnte er, man hätte es ihm ohnehin nicht geglaubt. Aber Cortés kannte die intellektuelle Disziplin und die bürokratische Umständlichkeit der Amts- und Herrschaftsträger in den spanischen Königreichen seiner Zeit. Diesen Leuten musste er scheinbar handfeste juristische Argumente liefern. Diese hingen gewissermaßen vom Himmel herab, und Cortés brauchte sie nur zu greifen. Schon im Jahr 1493 hatte Papst Alexander VI. der Königin von Kastilien und dem König von Aragon die Weisung erteilt, in den von Kolumbus aufgesuchten Inselwelten im westlichen Ozean zu missionieren. Der Papst hatte zudem die Übernahme von Herrschaft über diese Inselwelten an die Bedingung geknüpft, dass die spanischen Herrscher die Missionierung förderten. Zu Beginn des 16. Jahrhunderts entsandten die spanischen Herrscher Amtsträger in die „neuen" Inselwelten, das heißt in die Karibik, und im Jahr 1512 erließen sie ein Mandat, mit dem sie die Durchsetzung herrschaftlicher Kontrolle in Verbindung mit der Förderung der Mission festschrieben. Gemäß diesem Mandat sollten die „Indios" stets gefragt werden, ob sie sich freiwillig zum Christentum zu bekehren gedächten.

Für den Fall, dass sie keine Bereitschaft zeigten, sollte ihnen Krieg angedroht werden. Den „Indios" sollte das Mandat, auf Spanisch selbstverständlich, vorgelesen werden. Die Befragung sollte ein öffentlicher Notar protokollieren. Das Mandat war Requerimiento genannt, Forderung. Cortés wusste von dem Requerimiento und setzte es, glaubt man seinen Berichten, peinlich genau um. Immer wieder ließ er die „Indios" förmlich auf ihre Bereitschaft zur Bekehrung zum Christentum befragen und, nachdem von den „Indios" keine positive Reaktion zu kommen schien, ihnen den Krieg erklären. Ein Notar soll in jedem Fall der Zeremonie beigewohnt haben. Nach dieser, seiner eigenen Scheinlogik handelte Cortés rechtlich, im Vollzug des königlichen Mandats. Er führte gar keinen Eroberungskrieg, sondern setzte lediglich das päpstliche Edikt vom Jahr 1493 um. Dieses tat er seiner Darstellung zufolge im Dienst und zum Vorteil der spanischen Herrscher.

Doch Cortés griff noch höher mit seinem Anspruch, sein Tun sei rechtlich und für die Herrscher von Kastilien und Aragon vorteilhaft. Ihm war bekannt, dass die spanischen Herrscher einen Teil der Legitimität ihrer Herrschaft sowie ihre militärische Macht aus dem jahrhundertelangen Kampf gegen Muslime in der Iberischen Halbinsel gezogen hatten. Diesen Kampf hatten sie als Kreuzzug ausgegeben und Reconquista, Rückeroberung, genannt. Zwar hatten die Herrscher Ferdinand von Aragon und Isabella von Kastilien nach dem Rückzug der Emire von Granada im Jahr 1492 die Reconquista für beendet erklärt, aber die zumeist namenlosen „Matamoros", die Maurenkämpfer, lebten als Helden in der Erinnerung weiter. Cortés und seine Kumpane erinnerten sich genau an diese Propaganda und gebrauchten für sich den Namen „Mataindios", die „Indio"-Kämpfer. Cortés schilderte folgerichtig den Kampf gegen die Azteken in den Farben eines Kreuzzugs, so wie schon Kolumbus sich als Kreuzfahrer stilisiert hatte. Beide versuchten, den Eindruck zu erwecken, als seien sie ausgezogen, um das Christentum zu verbreiten und gegen Feinde irgendwo zu verteidigen. Dass diese angeblichen Feinde, auch in Cortés' eigener Auslegung vor Beginn seiner Eroberung, sich nichts anderes hatten zu Schulden kommen lassen, als auf den Vortrag des Requerimiento nicht in einer für Cortés erkennbaren Weise zu reagieren, tat nichts zur Sache. Denn in Cortés' Sicht hatte er spanisches Recht anzuwenden. Als Kreuzfahrer war Cortés zudem nicht nur Diener der spanischen Herrscher, sondern auch Werkzeug Gottes und damit gegen alle moralischen Bedenken gefeit. Den Krieg, den er vom Zaun gebrochen hatte, aber nicht als Krieg gelten lassen wollte, gab er nicht aus als heldenmütigen Kampf auf verlorenem Posten, sondern als Suche nach dem Gottesurteil. Oft schien ihm, wie er selbst eingestand, seine und die Lage seiner Kumpane aussichtslos. Einige seiner Leute erkrankten in der für sie ungewöhnlichen Umgebung und mussten zurückbleiben. Bald gingen die ohnehin knappen

Reserven an Pulver und Munition für die wenigen Handfeuerwaffen aus, die die Truppe bei sich hatte. An Nachschub aus der Karibik auch nur zu denken, verboten die Umstände des nicht angeordneten Unternehmens. Und Cortés bemerkte schnell, dass die umständlichen, schwerfälligen und zudem auch noch schweren Arkebusen in seiner Ausrüstung bei feuchter Witterung nicht einsetzbar waren und gegen die sehr mobilen „Indios" auch kaum Wirkung zeigten. Also verließ Cortés sich in erster Linie auf Hieb- und Stichwaffen. Damit jedoch gab er den einzigen waffentechnischen Vorteil preis, den er gegenüber den „Indios" mitbrachte. Dennoch gelangen ihm, gegen alle diese Widrigkeiten, immer wieder Siege, die ihm langsam den Weg nach Tenochtitlan öffneten. Cortés gab immer wieder an, Gott selbst habe ihm die Siege geschenkt. Damit schien er, so sein Vorwand, einer gerechten Sache zu dienen.

Wo aber war Tenochtitlan? Wie weit war es dorthin? Wie sollte Cortés sich den Ort vorstellen? Ein Herrschaftszentrum sei es, das war gewiss. Aber mehr wusste er nicht. Ohne Waffen hätte er vielleicht, die Möglichkeit einer Verständigung mit den „Indios" vorausgesetzt, sich durchfragen können. Aber Cortés kam mit dem Requirimiento und bahnte sich seinen Weg mit Waffengewalt. Wieder schien Gott selbst einzugreifen, behauptete Cortés. Eine „Indio"-Frau gesellte sich zu ihm und versorgte ihn, neben manch anderem mit den nötigen Informationen. Auch andere „Indios" empfingen ihn freundlich und schlossen Allianzen. Seine Truppe schmolz nicht mehr, sondern wuchs. Der Vormarsch ging scheller und oft bergauf, bis die Truppe auf einer Hochebene an die Ufer eines großen Sees stieß. Mitten im See fanden sie eine zur Festung ausgebaute Stadt. Das sei Tenochtitlan, sagten die Verbündeten.

Die Festung schien uneinnehmbar. Selbst eine große, kampferprobte Armee schien gegen sie machtlos, Cortés' Haufe erschöpfter „Mataindios" und ihre Verbündeten dagegen verloren. Vielleicht war das auch der Eindruck Moctezumahs, der von Tenochtitlan aus das Reich beherrschte. Der schickte Kundschafter aus, die ermitteln sollten, wer die seltsamen Leute am Ufer des Sees waren. Cortés besann sich auf Diplomatie und begann zu verhandeln. Aus Gründen, die Cortés nicht überlieferte und wahrscheinlich nicht kannte, ließ Moctezumah ihn mit einigen Kumpanen in die Festung, wo Cortés sich umsehen konnte. Aber Moctezumah starb plötzlich unter Umständen, die, Cortés zufolge, ungeklärt blieben. Er selbst behauptete, er habe Order gegeben, das Leben Moctezumahs zu schonen, beteuerte seine Unschuld und setzte Gerüchte in Umlauf: Es sei ein Unfall gewesen; der König habe Selbstmord begangen; einer von Moctezumahs Leuten habe den König ermordet. Danach kam es zu gewalttätigen Auseinandersetzungen zwischen Cortés und wohl hochrangigen Persönlichkeiten in der Stadt. Im Verlauf dieser

Auseinandersetzungen kamen mehrere „Indios" um. Cortés musste die Festung verlassen, um sich in Sicherheit zu bringen. Die Verteidiger wählten schnell einen Verwandten Moctezumahs zum Nachfolger. Doch der konnte die auseinander brechende Aztekenherrschaft nicht wieder zusammenfügen. Dann, wieder am Ufer des Sees, entschied sich Cortés, alles auf eine Karte zu setzen und begann den aussichtslos erscheinenden Kampf um die Rückkehr in die Festung. Mit seinen Kumpanen rückte er auf dem Damm vor, der das Ufer mit der Festung verband. Die Verbündeten hielten ihm derweil den Rücken frei. Gegen heftige Gegenwehr aus Tenochtitlan schob sich die Truppe langsam auf die Festung zu, einige fielen, aber Cortés mit den Überlebenden erreichte die Stadt und konnte in sie eindringen. Die Verteidiger erlahmten. Cortés führte vorläufig das Kommando über die Stadt. Er hatte das Aztekenreich zerstört. Man schrieb das Jahr 1520.

Soweit Cortés selbst. Da von aztekischer Seite keine zeitgenössische Gegendarstellung überliefert ist, sind Cortés' Angaben nicht nachprüfbar. Wie glaubhaft aber kann einer sein, der schreibt, um seinen Kopf aus der Schlinge zu ziehen, die ihm die spanischen Justiz bereits um den Hals zu legen beschlossen hatte? Es gibt nur einen Weg durch das Gestrüpp von Cortés' Behauptungen und Argumenten. Nämlich den Versuch zu unterscheiden zwischen solchen Behauptungen und Argumenten, bei denen Cortés keinen Grund hatte zum Lügen und Verfälschen, und solchen, bei denen Lügen und Verfälschungen für ihn vorteilhaft hätten sein können. Zunächst gibt es keinen nachvollziehbaren Grund, warum Cortés die Hilfestellung seitens einiger „Indios" erfunden haben sollte, ohne dass es sie überhaupt gegeben hätte. Die Umstände erzwangen für jeden seiner europäischen Leser den Erwerb selbst einfachen geografischen Wissens, das nur von den „Indios" selbst kommen konnte. Cortés brauchte kollaborationswillige „Indios", auch und gerade weil er sie bekänpfen und unterwerfen wollte. Ob die romantische Geschichte mit der „Indio"-Frau zutraf, sei gleichwohl dahingestellt. Warum aber waren einige der „Indios" bereit zur Kollaboration mit jemandem, der von irgendwoher kam und sie ohne irgendeinen Grund mit Krieg überziehen wollte? Es gibt dafür nur eine denkbare Erklärung, die Cortés jedoch selbst nicht bot: die Kollaborateure benutzten Cortés als Werkzeug ihres eigenen Widerstands gegen Moctezumah. Anders gesagt: Cortés konnte nach Tenochtitlan vordringen, da ihn, ohne dass er es hätte ahnen können, außerhalb Tenochtitlans einige „Indios" als das kleinere Übel gegenüber Moctezumah einstuften. Das Aztekenreich scheint nach innen wenig gefestigt gewesen zu sein, als Cortés dort ankam. Aber auch bei dieser Annahme bleibt ein nicht erklärbarer Rest: warum ließen die möglichen Widersacher Moctezumahs Cortés nicht einfach fallen, nachdem dieser Moctezumahs Herrschaft beendet hatte? Es wäre ein Leichtes gewesen, Cortés und dessen Kumpane im Augenblick des Siegs gefangen zu setzen und, wenn nicht sofort zu massakrieren, kalt zu stellen und irgendwo auf eine unsichere Zukunft warten zu lassen. Die Frage führt zu keiner Antwort. Cortés selbst sagt dazu nichts.

Weiterhin gibt es keinen einsichtigen Grund, an Cortés' Schilderung der heftigen Gegenwehr insbesondere der Moctezumah direkt unterstellten Krieger zu zweifeln. Zwar gehört es zu den gewöhnlichen Merkmalen der Darstellungen von Kampf und Krieg, im Rückblick die Kampfstärke der Gegner zu überhöhen. Denn auf diese Weise kann der Ruhm des schließlich gewonnenen Siegs noch erhöht werden. Auch Cortés' Bekenntnis zur Ideologie der Kreuzzüge könnte ihn dazu geführt haben, die Heftigkeit der aztekischen Gegenwehr zumal vor und in Tenochtitlan zu überzeichnen. Aber gerade Cortés eigener Bericht von der Unterstützung durch einige „Indios" zwingt zu dem Schluss, dass es massive Gegenwehr aus der Festung gegeben haben muss. Cortés' Bericht steht folglich den Mythen Sahagúns entgegen. Keineswegs verharrten die aztekischen Krieger in ungläubiger Starre vor den ihnen unbekannten Angreifern. Warum Cortés und seine Kumpane sich in Tenochtitlan festsetzen konnten, bleibt militärisch unerklärbar. Cortés selbst schrieb den Sieg keineswegs seiner eigenen Leistung zu, sondern, wie gesagt, dem Willen Gottes.

Wenig Vertrauen erwecken hingegen Cortés' Angaben zu Moctezumahs Tod. Dass er vorgab, dessen Leben habe schonen zu wollen, gehört wiederum zu den Stereotypen der Kriegsberichterstattung und könnte überdies ein Lippenbekenntnis an seine spanische Leserschaft gewesen sein. Schließlich war Mord an Kriegsgefangenen nach den Lehren der spätmittelalterlichen Theologie ein Verbrechen, dessen Eingeständnis Cortés hätte den Kopf kosten können. Moctezumahs Tod verhalf Cortés vielleicht entscheidend dabei, seine Position in Tenochtitlan konsolidieren zu können. Mindestens nahm er, wie es in der Sprache der Juristen so schön heißt, Moctezumahs Tod billigend in Kauf.

Cortés hatte sich illoyal gegenüber der spanischen Herrschaft verhalten, hatte gekämpft, ohne dazu beordert gewesen zu sein, erweckte mindestens den Verdacht, blutige Hände zu haben. Nun saß er in Tenochtitlan, zunächst als Herrscher von eigenen Gnaden. Weglaufen konnte er von dort nicht. Also musste er warten, bis die spanische Herrschaft ihn dort einholte. Dass sie schnell kommen würde, war ihm bewusst. Also beeilte er sich, seine Sicht der Dinge darzulegen, bevor andere dies tun konnten. Fünf lange Berichte schrieb er an den spanischen König, den jungen Karl I., der seit 1517 über die spanischen Königreiche die tatsächliche Herrschaft trug. Dass Karl seit 1519 auch Römischer Kaiser war, wusste Cortés nicht, ahnte es aber. Der erste Bericht an Karl ist nicht erhalten, die übrigen aber offenbaren die ganze Breite von Cortés' Rechtfertigungsstrategie. Dafür verließ er sich nicht nur auf die Förderung der Mission und die Kreuzzugsideologie, sondern packte den

König Karl und dessen Amtsträger in Spanien mit dem Argument, das am besten einschlagen zu können schien: mit Geld. In Tenochtitlan hoffte Cortés, dass Karl bereits zum Kaiser gewählt worden sei, und pries die unermesslichen Reichtümer des Aztekenreichs. Diese Reichtümer, prahlte Cortés, wögen wesentlich schwerer als alles, was Karl in seinem „deutschen" Reich würde erwarten können. Diese Reichtümer lege er, Cortés, dem Kaiser und König loyal zu Füßen. Und er setzte noch ein weiteres Argument darauf, um nicht nur die Finanzleute, sondern auch die politischen Strategen in Karls Umgebung auf seine Seite ziehen zu können. Cortés wusste, dass seit dem 14. Jahrhundert eine von Bartolo von Sassoferato vertretene gelehrte juristische Theorie umlief, dernach das Kaisertum ursprünglich ein Universalkaisertum mit Rom als Zentrum gewesen sei. Später hätten jedoch nach und nach einzelne Kaiser immer wieder einigen Gruppen und deren Herrschern Freiheitsprivilegien erteilt. Durch diese Privilegien seien immer mehr Gebiete der Herrschaft der Kaiser entfremdet worden. Auch die Azteken, fügte Cortés dieser Theorie nun hinzu, hätten ursprünglich wie alle anderen Menschen römischer Herrschaft unterstanden. Er, Cortés, habe jetzt diese Herrschaft wiederhergestellt. Karl brauche die Herrschaft über seine neuen alten Untertanen nurmehr anzutreten. Cortés diente sich an als Karls Vertreter vor Ort.

Cortés' Mühen indes hatten nicht in Gänze den erwarteten Erfolg. Die spanische Justiz blieb unbeeindruckt und verurteilte ihn wegen Hochverrats. Doch Karl kassierte das Urteil und begnadigte Cortés, beließ ihn auf seinem Posten in Tenochtitlan, entsandte aber einen Aufpasser, sollte Cortés wieder unbotmäßig werden. Hingegen folgte Karl nicht den Träumen vom Kaiser der Welt. Die unter spanischer Kontrolle stehenden Inseln der Karibik sowie die von Cortés eroberten Teile des Kontinents schlug er, wie alle weiteren, in der Folgezeit noch unter spanische Kontrolle kommenden dortigen Gebiete, den spanischen Königreichen zu und beließ das Heilige Römische Reich dort, wo er es vorgefunden hatte.

Karls Entscheidung hatte weit tragende Folgen. Cortés hinterließ der spanischen Verwaltung eine Menge Aufgaben. In Spanien wussten die Amtstäger Karls so wenig von den neuen Gebieten wie Cortés am Anfang seines Unternehmens. Auch die karibische Inselwelt war bei weitem noch nicht erschlossen. Das päpstliche Missionsgebot aber galt. Deswegen blieb spanische Herrschaft in den „neuen" Gebieten, gerade wegen des Requerimiento, ohne aktive Missionstätigkeit illegitim. Da Cortés indes Fakten geschaffen und Karl als spanischer König sie anerkannt hatte, blieb den Amtsleuten nur die Wahl, Bewohner Spaniens, Bauern, Handwerker, Krieger, Verwalter und Priester, über den Ozean zu senden. Anders gesagt: Cortés' Eroberung brachte große Zahlen spanischer Kolonisatoren in die „neuen" Gebiete.

Doch woher sollten die Kolonisatoren kommen? Kaiser und König Karl benötigte Krieger für seine vielen, auf Europa und das Mittelmeer gerichteten Händel. Dass dazu aus dem Reich Hilfe kommen würde, war unwahrscheinlich. Denn dort hatte Karls Bruder Ferdinand mit der Organisation des Kriegs gegen das Osmanische Reich genug zu tun und konnte keine Krieger entbehren. Zudem stellten sich diejenigen Herrscher im Reich, die zur „Lutherischen Sekte", wie Karl die Protestanten nannte, übergetreten waren, oft taub gegenüber kaiserlichen Wünschen für militärische Unterstützung. Auch in Italien, wo Karl Herrschaft trug, gab es Streit genug, für die Krieger nötig waren. So blieb ihm oft genug nur Spanien als Reservoir für Truppen, die nach „Neuspanien" geschickt werden mussten. Aber nicht nur Truppen, sondern auch Bauern und Handwerker waren weder in Spanien noch sonst irgendwo entbehrlich. Und Verwalter hatte Karl sowieso nicht genug. Zu Karls Glück zeichnete die Katholische Kirche für den Bedarf an Priestern verantwortlich. Der Bedarf an Kolonisatoren jenseits des Ozeans aber stellte die königliche Verwaltung in Spanien vor die Wahl zwischen der Aufgabe der Cortés'schen Eroberung und der Ausdünnung der spanischen Bevölkerung. Sie entschied sich ohne Zögern für Letzteres und schob Leute en masse über den Ozean.

Sevilla wurde zum wichtigsten Abschiedshafen, obschon die Stadt nur bei Flut für seegängige Schiffe erreichbar war. Folglich kamen in den ersten drei Jahrzehnten nach Cortés' Eroberung die meisten neuen Siedler aus der Umgebung Sevillas, bis dort die Landwirtschaft zusammenzubrechen drohte. Danach, ab der Mitte des 16. Jahrhunderts, zog die spanische Verwaltung Leute von überall her in Sevilla zusammen und verfrachtete sie über den Ozean. In den 1620er Jahren spottete der englische Naturwissenschaftler Francis Bacon, damals gerade Lordkanzler König Jakobs I., Spanien sei „dünn gesät mit Menschen" und stehe der Eroberung offen für jeden, der sich dort engagieren wolle. Zu derselben Zeit, als in den Niederlanden verärgerte Adlige, Bürger und Bauern 80 Jahre lang gegen die spanische Herrschaft aufbegehrten und Krieg führten, hatten Karls Nachfolger als spanische Könige ein massives Problem mit schrumpfender Bevölkerung.

Denn die spanischen Kolonisatoren erschlossen schnell immer mehr „neue" Gebiete, indem sie immer weiter in das Innere des Kontinents nach Süden und Norden sowie gegen den Pazifik vorstießen, und zogen immer mehr Kolonisatoren nach. Der spanische König verfügte, dass die Kolonisatoren nur Landwirtschaft treiben und die dazu nötigen Geräte selbst herstellen dürften. Alle anderen Produkte, für die Bedarf bestehe, sollten aus Spanien importiert werden. Denn zunächst rechnete sich die Kolonisation für den spanischen Fiskus nicht. Die Verwaltung der „neuen" Gebiete kostete Geld, aber Cortés' großspurig angekündigte Reichtümer blieben zunächst aus. In seiner Not betraute Karl im Jahr 1528 das ihm gut bekannte

Ausgburger Handelshaus der Welser mit dem Monopol des Handels im Land des Heiligen Kreuzes, das jetzt Klein-Venedig, Venezuela, in der Nordostecke Südamerikas genannt wird. Doch die Welser gaben im Jahr 1546 das Privileg zurück. Die Erträge waren zu niedrig.

Die Finanzlage besserte sich erst mit der Entdeckung großer Gold- und Silberminen im Innern des Kontinents. Von dann ab bis zum Ende des 18. Jahrhunderts konnten die spanischen Könige die Edelmetalle rauben und über den Ozean nach Spanien verschiffen lassen. Schon Karl verpfändete die Einkünfte an Finanziers, von denen er Geld für seine Kriege in Europa borgte. Doch die Goldtransporte wurden schnell ruchbar und erregten Begierde andernorts in Europa. Da half es wenig, dass Karl und sein Sohn Philipp den Westteil des Ozeans als spanisches Meer deklarierten und Seefahrer als Piraten verfolgen ließen, wenn sie ohne spanische Lizenz dort unterwegs waren. Im Jahr 1535 kamen wohl die Bewohner von Messina in Sizilien auf die verwegene Idee, Kaiser Karl, der gerade durch Italien zog, als Herrscher zu preisen, in dessen Reich die Sonne nicht untergehe. Für Karl war das mehr Fluch als Preisung.

Dennoch trugen weder Karl noch seine spanischen Untertanen die Last des Erbes des Hernán Cortés, sondern die von ihm so genannten „Indios". Die auf Cortés folgenden Conquistadoren ließen in der Konfrontation mit den „Indios" keine Gnade walten. Viele, die sich nicht bekehren lassen wollten, starben an Folter oder wurden massakriert. Andere wurden als Arbeitssklaven auf die Plantagen der Neusiedler geschafft. Um die Arbeitssklaven am Wegrennen zu hindern, gaben die Plantagenbesitzer ihnen bunte Jacken als Erkennungsmarken. Die „Indios" nahmen den neuen Stil an und rannten dennoch weg. Schon im zweiten Jahrzehnt des 16. Jahrhunderts hatten spanische Kaufleute damit begonnen, auf dem Lissaboner Sklavenmarkt Afrikaner zu kaufen, die portugiesische Händlern dorthin deportiert hatten. Die spanischen Käufer deportierten die Afrikaner weiter in die Karibik. Afrikaner, so ihr Verkaufsargument dort, waren leichter wieder zu erkennen, wenn sie wegrannten, als die „Indios".

Der Tod kam zu den „Indios" als Meister aus Spanien. Sie wurden nicht nur Opfer von Massakern und Ausbeutung, sondern zusätzlich, wenn nicht sogar im wesentlichen, von Krankheiten wie Masern und Pocken, die die Kolonisatoren mitbrachten. Bald entstanden Berichte von Siedlungen, in denen die dort wohnenden „Indios" massenweise plötzlich starben. Um 1560 veranstaltete die Kolonialverwaltung die erste Volkszählung in den „neuen" Gebieten. Sie erbrachte, dass auf manchen Inseln in der Karibik schon damals kein „Indio" mehr am Leben war. Aus den Demütigungen, die Cortés den Azteken zugefügt hatte, erwuchs Genozid.

Die Zerstörung des Aztekenreichs sowie anderer Staaten der Native Americans im Verlauf des 16., 17. und 18. Jahrhunderts sowie die Errichtung spanischer, portugiesischer, niederländischer, französischer und englischer Kolonialherrschaft im selben Zeitraum stellt einen weiteren Extremfall von Integration dar. Er bezeugt den Versuch von Integration durch Zwang von oben. In diesem Fall kam es zu Massakern an denjenigen, die sich gegen den Integrationszwang zur Wehr setzten, und zu Vertreibungen. Die Kombination von beiden Maßnahmen führte schon am Ende des 16. Jahrhunderts zu dem noch heute an der Verteilung der Bevölkerungen Amerikas erkennbaren Ergebnis, dass in der Karibik, in Teilen Südamerikas, insbesondere im heutigen Chile, sowie in großen Gebieten Nordamerikas keine Native Americans mehr leben. In anderen Teilen, wie etwa in Brasilien, ist die kulturelle Reproduktionsfähigkeit einiger noch bestehender Gruppen von Native Americans so stark eingeschränkt, dass sie nach den Bestimmungen des Völkerrechts Opfer von Genozid geworden sind.

Quellen

America Pontificia, hg. von Josef Metzler, Bd 1, Vatikanstadt 1991.

Bacon, Francis: Notes for a Speech Considering a War with Spain [1623/24], in: The Theory and Practice of the Balance of Power, hg. von Moorhead Wright, London und Totowa 1975, S. 28.

Columbo, Fernando: Le Historie della vita e dei fatti dell'Ammiraglio Don Cristoforo Colombo, hg. von Paolo Emilio Taviani und Ilaria Luzzana Caraci, Bd 1, Rom 1990, S. 43.

Cortés, Hernán: Primera carta [10. Juli 1519], in: ders., Cartas y documentos, hg. von Mario Hernández Sanchez-Barba, Mexiko-Stadt 1963.

Díaz del Castillo, Bernal: Historia verdadera de la conquista de la nueva España, hg. von Joaquím Ramirez Cabañas, Mexiko-Stadt 1960.

Major, John: In secvndvm librum sententiarum, Paris 1519, fol. CLXXXVII[r].

Sahagún, Bernardino de: Historia general de las cosas de Nueva España (Florentine Codex), Madrid 1990.

Sassoferato, Bartolus von: In secvndvm Digesti noui partem commentaria, ad dig. XLIX/15,22, in: ders., Opera, Bd 6, Venedig 1570-1571, S. 227-228.

Literatur

Biermann, Benno: Das Requerimiento in der Spanischen Conquista', in: Neue Zeitschrift für Missionswissenschaft 6 (1950), S. 94-114.

Blanke, Fritz: Mission und Kolonialpolitik, in: Blanke, Missionsprobleme des Mittelalters und der Neuzeit, Zürich 1966, S. 89-114.

Chaunu, Pierre: Conquête et exploitation des noveaux mondes (XVIe siècle), Paris 1969.

Clendinnes, Inga: Fierce and Unmartial Cruelty. Cortés and the Conquest of Mexico, in: New World Encounters, hg. von Stephen Jay Greenblatt, Berkeley 1993, S. 1-47.

Cline, Howard F.: Hernando Cortés and the Aztec Indians in Spain, in: Quarterly Journal of the Library of Congress 26 (1969), S. 70-90.

Colin, Susi: Das Bild des Indianers im 16. Jahrhundert, Idstein 1988.

Crosby, Alfred W.: Die Früchte des weißen Mannes. Ökologischer Imperialismus. 900 – 1900, Darmstadt 1991[zuerst, Cambridge 1987].

Elliott, John Huxtable: The Mental World of Hernán Cortés, in: Transactions of the Royal Historical Society, Fifth Series, Bd 17 (1967), S. 41-58.

Falk, Tilman: Frühe Rezeption der Neuen Welt in der grapischen Kunst, in: Humanismus und Neue Welt, hg. von Wolfgang Reinhard, Weinheim 1987, S. 37-64.

Fisch, Jörg: Völkerrechtliche Verträge zwischen Spaniern und Indianern, in: Jahrbuch für Geschichte von Staat, Wirtschaft und Gesellschaft Lateinamerikas 16 (1979), S. 205-243.

Frankl, Viktor: Die Begriffe des mexikanischen Kaisertums und der Weltmonarchie in den „Cartas de Relación" des Hernán Cortés, in: Saeculum 13 (1962), S. 1-34.

–: Hernán Cortés y la tradición de las Siete Partidas, in: Revista de historia de América 54/55 (1962), S. 9-74.

Friederici, Georg: Der Charakter der Entdeckung und Eroberung Amerikas durch die Europäer, 3 Bde, Stuttgart 1925-1936 [Nachdruck, Osnabrück 1969].

Frübis, Hildegard: Die Wirklichkeit des Fremden. Die Darstellung der Neuen Welt im 16. Jahrhundert, Berlin 1985, S. 109-121.

Fuentes, Patricia de, Hg.: The Conquistadores. First-Person Accounts of the Conquest of Mexico, New York 1963.

Greenblatt, Stephen: Marvelous Possessions. The Wonder of the New World, Chicago und London 1991, S. 52-85.

Guilmartin, John F.: The Military Revolution. Origins and First Tests Abroad, in: The Military Revolution Debate, hg. von Clifford J. Rogers, Boulder, San Francisco und Oxford 1995, S. 308-318.

Hanke, Lewis: The Requerimiento and Its Interpreters, in: Revista de historia de América 1 (1938), S. 25-34.

–: The Spanish Struggle for Justice in the Conquest of America, Philadelphia 1949 [Nachdruck, Boston 1967].

–: More Heat and Some Light on the Spanish Struggle for Justice in the Conquest of America, in: Hispanic American Historical Review 44 (1964), S. 293-340.

–: Aristotle and the American Indians. A Study in Race Prejudice in the Modern World, Chicago und London 1959 [zuerst. Buenos Aires 1949; Nachdruck, Bloomington 1970].

–: The Theological Significance of the Discovery of America, in: Revista de historia 5 (Sao Paulo 1974), S. 133-45.

Hassig, Ross: Aztec Warfare, Norman, OK 1988.

–: Mexico and the Spanish Conquest, London 1994 [Nachdruck, Norman, OK 2006].

Iglesia, Ramón: Columbus, Cortés, and Other Essays, hg. von Lesley Byrd Simpson, Berkeley und Los Angeles 1969.

König, Hans-Joachim: Barbar oder Symbol der Freiheit? Unmündiger oder Staatsbürger? Indiobild und Indianerpolitik in Hispanoamerika, in: Der europäische Beobachter außereuropäischer Kulturen, hg. von Hans-Joachim König, Wolfgang Reinhard und Reinhardt Wendt, Berlin 1989, S. 102-104.

–: Verständnislosigkeit und Verstehen, Sicherheit und Zweifel. Das Indiobild spanischer Chronisten im 16. Jahrhundert, in: Die Kenntnis beider „Indien" im frühneuzeitlichen Europa, hg. von Urs Bitterli und Eberhard Schmitt, München 1991, S. 42-54.

–: Von den neu gefundenen Inseln, Regionen und Menschen. Zu den Briefen von Christoph Columbus, Amerigo Vespucci und Hernán Cortés, in: America. Das frühe Bild der Neuen Welt, hg. von Hans Wolff, München 1992, S. 103-108.

Konetzke, Richard: Christentum und Conquista im spanischen Amerika, in: Saeculum 23 (1972), S. 59-73 [wieder abgedruckt in: Konetzke, Lateinamerika. Gesammelte Aufsätze, hg. von Günther Kahle, Köln und Wien 1983, S. 607-621].

Leidinger, Georg: Die älteste bekannte Abbildung südamerikanischer Indianer, in: Gvtenberg Festschrift zvr Feier des 25jährigen Bestehens des Gvtenberg Mvsevms in Mainz, hg. von Aloys Ruppel, Mainz 1925, S. 179-181.

Mires, Fernando: Die Kolonisierung der Seelen. Mission und Conquista in Spanish America, Fribourg und Luzern 1991 [zuerst, San José 1987].

Moreno, Wigberto Jiménez: The Indians of America and Christianity, in: The Americas 14 (1957), S. 411-431.

O'Malley, John W.: The Discovery of America and Reform Thought at the Papal Court in the Early Cinquecento, in: O'Malley, Rome and the Renaissance. Studies in Culture and Religion, London 1981, S. 185-200.

Massing, Jean Michel: Early European Images of America, in: Circa 1492. Art in the Age of Exploration, hg. von Jay A. Levenson, Washington 1991, S. 514-520.

Menninger, Annerose: Unter „Menschenfressern"? Das Indiobild der Südmerika-Reisenden Hans Staden und Ulrich Schmidt zwischen Dichtung und Wahrheit, in: Kolumbus' Erben. Europäische Expansion und überseeische Ethnien im Ersten Kolonialzeitalter. 1415 – 1815, hg. von Thomas Beck, Annerose Menninger und Thomas Schleich, Darmstadt 1992, S. 63-98.

Pagden, Anthony: The Uncertainties of Empire. Essays in Iberian and Ibero-American Intellectual History, Aldershot 1994.

–: Lords of All the World. Ideologies of Empire in Spain, Britain and France. c. 1500 – 1800, New Haven 1995.

Prien, Hans-Jürgen: Christlicher Universalismus und europäischer Kolonialismus, in: 1492 und die Folgen, hg. von Hans-Jürgen Prien, Münster 1992, S. 77-102.

–: Hernán Cortés' Rechtfertigung seiner Eroberung Mexikos und der spanischen Conquista Amerikas, in: Zeitschrift für historische Forschung 22 (1995), S. 71-93.

Restall, Matthew: Seven Myths of the Spanish Conquest, Oxford und New York 2003.

Scammell, Geoffrey Vaughn: The New Worlds and Europe in the Sixteenth Century, in: Historical Journal 12 (1969), S. 389-412.

–: Indigenous Assistance in the Establishment of Portuguese Power in Asia in the Sixteenth Century, in: Modern Asian Studies 14 (1980), S. 3-11 [wieder abgedruckt in: Warfare and Empires, hg. von Douglas M. Peers, Aldershot 1997, S. 141-149].

Schuller, Rudolf: The Oldest Known Illustration of South American Indians, in: Historical Records and Studies [United States Catholic Historical Society] 9 (1917), S. 885-895.

–: The Oldest Known Illustration of South American Indians, in: Indian Notes 7 (1930), S. 484-496.

Silva, Jose Valero: El legalismo de Hernán Cortés como instrumento de su conquista, Mexico 1965.

Sixel, Friedrich Wilhelm: Die deutsche Vorstellung vom Indianer in der ersten Hälfte des 16. Jahrhunderts, in: Annali del Pontifico Museo Missionario Etnologico 30 (1966), S. 9-230 [Separatdruck, Vatikanstadt 1966].

Specker, Johannes: Missionarische Motive im Entdeckungszeitalter, in: Mission. Präsenz, Verkündigung, Bekehrung?, hg. von Horst Rzepkowski, SVD, Sankt Augustin 1974, S. 80-91.

Steiger, Heinhard: Recht zwischen Europa und Asien im 16. und 17. Jahrhundert, in: Europa im 17. Jahrhundert. Ein politischer Mythos und seine Bilder, hg. von Klaus Bußmann und Elke Anna Werner, Stuttgart 2004, S. 95-118.

Straub, Eberhard: Das Bellum justum des Hernán Cortés in Mexico, Köln und Wien 1976.

–, Hg.: Conquista. Amerika oder die Entdeckung der Menschenrechte, Köln 1991.

Sturtevant, William C.: First Visual Images of Native America, in: First Images of America, hg. von Fredi Chiapelli, Bd 1, Berkeley 1976, S. 417-454.

Wagner, Henry Raup: The Lost First Letter of Cortés, in: Hispanic American Historical Review 21 (1941), S. 669-672.

Kapitel 8

Warum Afrikaner im 18. Jahrhundert nach Kassel kamen

Das geflügelte Wort blieb manchem im Hals stecken. „Ab nach Kassel" hieß es für Napoleon III., den Kaiser der Franzosen, nach dessen Niederlage gegen die Preußen im Jahr 1870. Die Reise war nicht freiwillig, kam Napoleon doch nach Kassel als Kriegsgefangener der Preußen. Die hatten vier Jahre zuvor Kassel samt kurfürstlichem Schloss und Territorium annektiert. Dass der dritte Napoleon in diesem Schloss als Gefangener für einige Monate einquartiert wurde, ehe er ins Londoner Exil ausreisen durfte, war späte Rache der Preußen. Denn der erste Napoelon hatte dereinst im Jahr 1803 den biederen hessischen Landgrafen Wilhelm IX. zum Lohn für seine Ergebenheit in den Kurfürstenstand erhoben. Das war risikofrei gewesen. Denn zu einer Kaiserwahl, bei der Kurfürsten würden in Aktion treten müssen, würde es ohnehin kaum noch kommen. Der plötzlich zu höheren, wenn auch leeren Ehren gekommene Wilhelm, der nunmehr die Ordnungszahl I. trug, hatte bereits seit 1786 das alte Gemäuer seiner Vorfahren aus dem 15. und 16. Jahrhundert abtragen und ein zeitgemäßes Schloss im Stil des Klassizismus errichten lassen. Stolz nannte er den Neubau als kurfürstliche Residenz im Jahr 1803 Wilhelmshöhe. Doch die Freude des Kurfürsten an der neuen Residenz währte nicht lange. Nach dem Frieden von Tilsit im Jahr 1807 entschied Napoleon sich anders und bestimmte die kurfürstliche Residenz zum Sitz des von ihm geschaffenen Königreichs Westfalen. Mit dem kleineren Bruder Jérôme als König. Dessen Hofstaat bezog das neue Schloss, und Wilhelm I. ging ins Exil. In Kassel spottete man über die geringen Deutschkenntnisse des Monarchen und nannte ihn „König Lustik". Sein Name ging in die Sprache Kassels ein. Dort ist ein Schrohm ein Schlawiner, ein schräger Typ, jemand, der nicht für voll zu nehmen ist. Jérôme indes ging dem Herrschaftsauftrag des großen Bruders mit Gelassenheit nach, wenn er nicht damit beschäftigt war, sich gegen tätlichen Widerstand einiger seiner neuen Untertanen zu wehren. Im Jahr 1813 besetzten russische Truppen Kassel und beendeten das Zwischenspiel. In Stadt und Schloss änderte sich derweil wenig.

Die landgräfliche Residenz war im 18. Jahrhundert alles andere als ein Provinz-nest. Karl, der berühmteste der Kasseler Landgrafen dieser Zeit, hatte zu Beginn des 18. Jahrhunderts damit begonnen, zur Aufbesserung seiner Einkünfte eingezogene Soldaten als Söldner an andere Herrscher gegen Bahres zu vermieten. Auch hatte er Hugenotten aus Frankreich ins Land geholt und in Kassel sowie in einigen nahe gelegenen Orten im Reinhardswald und an der Weser angesiedelt. Die Hugenotten waren für ihren Gewerbefleiß und ihre Gelehrsamkeit bekannt und sollten, so erwartete Karl, der Landgrafschaft wirtschaftlichen Auftrieb geben. Karl sorgte auch für den Ausbau der Residenz und ließ am Hang oberhalb des Residenzschlosses einen riesigen Bergpark anlegen. Die Anlage folgte dem italienischen Vorbild der Villa d'Este in Tivoli bei Rom. Der Bergpark blieb indes nach Karls Tod ebenso unvollendet wie dessen groß angelegtes Kanalprojekt, mit dem er Fulda und Weser verbinden lassen wollte. Denn der natürliche Wasserweg führte durch die Stadt Münden im Hannoverschen. Karl hatte das Ziel, die Landgrafschaft an Münden vorbei direkt an die Weser und über sie an das große weite Meer anzuschließen. Von dem Plan zeugt heute noch der Hugenottenort Karlshafen. Der Landgraf ließ den Endhafen des Kanals an der Weser bauen, bevor er den Kanal selbst angelegen lassen konnte.

Karls Sohn, Friedrich I., brachte es zum schwedischen Generalissimus, wurde Gemahl der schwedischen Königstochter Ulrike Eleonore und regierte von 1720 bis 1751 als König von Schweden. Um König werden zu können, musste Friedrich vom Calvinismus, dem sich die Landgrafen im 17. Jahrhundert angeschlossen hatten, zum Luthertum konvertieren. In Friedrichs Namen schloss die schwedische Regierung den Frieden von Nystad, der den Großen Nordischen Krieg zu vielen für Schweden ungünstigen Bedingungen beendete und den Niedergang Schwedens als europäische Großmacht einleitete. Nach dem Tod Karls im Jahr 1530 wurde Friedrich auch Landgraf, ließ sich aber durch seinen Bruder Wilhelm VIII. als Regent in Kassel vertreten. Als Regent sowie von 1751 bis zu seinem Tod im Jahr 1760 als regierender Landgraf wollte auch Wilhelm sich als Bauherr profilieren. Auf sein Geheiß entstanden Park und Schloss Wilhelmstal außerhalb von Kassel. Zur Aufbesserung der landgräflichen Kassen vermietete auch er Landeskinder als Söldner an andere Herrscher. Wilhelms Sohn Friedrich konvertierte im Jahr 1749 zum Katholizismus, musste aber hinnehmen, dass sein Vater gemeinsam mit den hessischen Ständen strenge Regeln gegen den Gebrauch der katholischen Konfes-sion in der Landgrafschaft erließ. Friedrich II. regierte dann von 1760 bis 1785, zunächst mit schmalem Budget. Das versuchte er durch Einführung einer Lotterie aufzubessern und lieh wie auch die republikanischen Schweizer Kontingente der landgräflichen Truppe an die britische Kolonialmacht zum Kampf gegen die Aufständischen in Nordamerika aus. Der Soldatenhandel brachte mehrere Tausend hessischer Landeskinder nach Nordamerika. Ganz gegen Friedrichs Erwartung fanden viele unter ihnen, wenn sie den Krieg überlebten, Gefallen an der neuen Freiheit Amerikas und ließen sich dort nieder. Mit dem aus dem Soldatenhandel gewonnenen Geld präsentierte Friedrich sich als Mäzen, errichtete im Jahr 1777 eine Akademie der Künste und ließ 1779 mit dem Fridericianum das erste öffentlich zugängliche landesherrliche Museum auf dem Kontinent bauen.

Auch Friedrich II., der Aufklärer, hatte ein Hobby wie sein Ahnherr Karl, billiger zwar als das des letzteren, dafür aber schwieriger zu bewerkstelligen. Eiferte Karl der italienischen Renaissance-Architektur nach, so war Friedrich der zeitgenössischen Chinamode erlegen. Unbedingt wollte er ein chinesisches Dorf unterhalb der Residenz anlegen lassen. Eigentlich war die Chinamode eine Kopfgeburt, erwachsen aus der Bewunderung einiger europäischer Gelehrter und Missionare für das Kaiserreich im fernen Ostasien. Einige dieser Intellektuellen wie die großen Vielwisser Gottfried Wilhelm Leibniz in Hannover und der Philosoph Christian Wolff in Halle betrieben wissenschaftliche Forschung zur „Entzauberung" Chinas und stellten China wie auch Japan als „Anti-Europa" dar, mithin als ideales Gegenbild zum europäischen Alltag, den sie verbessern wollten. Landgraf Friedrich hingegen hatte es weniger auf „Entzauberung" als auf Anschauung abgesehen und folgte darin Vorbildern, die Zarin Katharina II. von Russland mit Plänen für ein chinesisches Dorf in Zarskoe Zelo und Königin Luisa Ulrike von Schweden mit einem chinesischen Pavillon in Schloss Drottningholm gesetzt hatten. Nach Friedrichs Plänen hingegen sollte die Welt nicht nur, wie in St Petersburg und Stockholm, mit ihren Bauten nach Kassel kommen, sondern auch mit ihren Menschen. Denn der Landgraf dachte wirtschaftlich, die Anlage sollte sich rechnen. In seinem chinesischen Dorf sollten vor den Augen der staunenden Kasseler Bevölkerung chinesische Bauern gewinnbringend Ackerbau und Viehzucht betreiben. Die Kasseler sollten sich unterhalb des landgräflichen Schlosses die Bauern aus fernen Landen ebenso vor Augen führen wie Kunst und allerlei Schönes in dem in der Stadt gelegenen Museum Fridericianum. Die chinesischen Bauern sollten sich begaffen lassen und gleichzeitig produktiv sein. Eine Art produktiver Menschenzoo, Modell Aufklärung.

Aber Planen war eine Sache, Ausführen eine andere. Am leichtesten war das Bauen. Auf Befehl des Landgrafen entstanden einige Wohngebäude sowie landwirtschaftliche Nutzbauten für das Vieh und die Molkerei, ein „Chinesischer Saal" für die Festlichkeiten und ein Gartenhäuschen zum Ausruhen, insgesamt siebzehn an der Zahl. Man versah die Bauwerke mit allerlei exotischen Ornamenten und ließ die Dachränder gen Himmel schwingen. Die Vorlagen entnahm man aus den Beschreibungen chinesischer Bau- und Gartenkunst des schottischen Architekten

William Chambers sowie einigen anderen Bildvorlagen, die chinesische Gebäude und Gärten zeigten oder was als solche ausgegeben wurde. Einige der Bücher mit solchen Abbildungen, auch Chambers' Werk, waren auf der Bibliothek im landgräflichen Schloss vorhanden. Die Bauten waren für das Budget des Landgrafen erschwinglich, die Bauzeit überschaubar. 1781 rückten die Bauleute an. Einen chinesisch lautenden Namen gab es für die Siedlung ab 1791: Mou-lang, abgeleitet von dem Mulan, einem Jagdgebiet nahe der Sommerresidenz der chinesischen Kaiser bei Chengdo nahe Beijing. Und ein Bächlein, das den Hang hinuntertröpfelte, hatte man vermessen Kiang genannt, nach dem Gelben Fluss. Während der Bauzeit aber stapelten sich andere Schwierigkeiten. Die Beamten des Landgrafen bemühten sich eifrigst um eine Gruppe Chinesen. Doch selbst bei aller Anstrengung reichte der lange Arm des Kasseler Aufklärers nicht bis China. So waren seine Beamten erfolglos und mussten ihrem Gebieter eingestehen, dass mit Zuwanderung aus Fernost nicht gerechnet werden könne. Nirgends in Europa gab es Chinesen, die zum Umzug ab nach Kassel hätten veranlasst werden können.

Die Kasseler Bevölkerungs- oder besser: Peuplierungspolitik der weit greifenden Art unterschied sich freilich nur graduell, nicht prinzipiell von dem, was andernorts üblich war. Nicht nur Hugenotten aus Frankreich, Leute von überall her waren grundsätzlich nicht nur willkommen, sondern sogar umworben. Viele Herrscher versuchten, sich mit Merkmalen der Attraktivität zu schmücken. Da kamen Zuwanderer aus aller Herren Länder gerade recht. Herrscher wie König Ludwig XIV. von Frankreich, der im Jahr 1685 durch den Widerruf des Toleranzedikts seines Vorvorgängers Heinrich IV. die Hugenotten aus dem Königreich gedrängt hatte, trafen harte Abwerbemaßnahmen, die auf viele andernorts gern gesehene Untertanen des französischen Königs abzielten, nicht zuletzt Soldaten und anderes kriegswillige Volk. Herrscher, die Zulauf hatten, konnten glaubhaft machen, dass ihre Herrschaft überall als gerecht anerkannt sei. Denn sonst würden die Leute ja nicht kommen. Die politische Theorie der Aufklärung begünstigte diese Strategie, leitete sie doch aus einem hypothetischen Herrschaftsvertrag die Grundlage der Legitimität von Herrschaftsträgern ab. Mit der Annahme eines freiwilligen Vertrags, durch den Herrschaft einstmals mit Zustimmung der Beherrschten errichtet worden sei, konnte diejenige Herrschaft als legitim ausgegeben werden, die den Interessen der Beherrschten entgegenzukommen schien. Wenn ein Herrscher wie Ludwig XIV. Toleranz verweigerte, handelte er, in der Propaganda seiner Gegner, gegen den Vertrag, folglich als Tyrann. Herrscher hingegen, die die Zuwanderer in ihr Land zogen, konnten geltend machen, dass die neuen Untertanen sich freiwillig ihrer Herrschaft unterstellt hätten, gewissermaßen durch Abstimmung mit den Füßen. Mit dieser Lehre konnten Theoretiker wie der preußische Bergrat Johann Heinrich Gottlob Justi ihre Forderung begründen, dass Herrscher eine aktive Zuwanderungspolitik betreiben sollten, um die Zahl ihrer Untertanen zu vergrößern und ihre Legitimität zu stärken. Besonders erfolgreich in der Konkurrenz der Herrscher um Zuwanderer war die Regierung des Russischen Reichs unter Zarin Katharina II.

Landgraf Friedrich II. beschied sich mit einer kleineren Gruppe, hatte aber gleichzeitig Höheres im Sinn als seine Kollegin in Russland. Schließlich ging es ihm nicht um irgendwelche Leute, die von irgendwoher kommen sollten, um die Legitimität seiner Herrschaft zu untermauern. Er wollte Chinesen für seinen Menschenzoo. So wie andere sich exotische Tiere hielten, die von weit her angeschafft wurden, wollte er sich Chinesen halten. Nicht nur Leibniz und Wollf, sondern viele Zeitgenossen des Landgrafs hatten eine hohe Meinung von China und Japan. Eine alte Kultur gebe es dort, mit beträchtlichem Reichtum, hehrer Wissenschaft, wohl geordneter Herrschaft und ansehnlicher militärischer Macht. Für die Aufklärung war in China und Japan schon Realität, was in Europa eben als Idealvorstellung für die Zukunft diskutiert wurde. Chinesen als Boten der Lehren des weisen Konfuzius würden Kassel zur Weltstadt machen. Aber nun gestanden die Kasseler Beamten dem Landgrafen, dass Chinesen nicht anzuschaffen waren.

Was also tun? Vielleicht erinnerten sich Friedrichs Beamte an den Fall des Hallenser Dozenten Anton Wilhelm Amo. Amo stammte aus Westafrika, aus Axim im heutigen Ghana. Als Sklave war er aus seiner Heimat deportiert worden. Anton Ulrich, Herzog von Braunschweig-Wolfenbüttel, erhielt ihn als „Geschenk" der Holländischen Westindischen Kompanie, gegen Erstattung der „Unkosten" für die Deportation, ließ ihn im Jahr 1708 taufen und ausbilden. Vom 1721 bis 1727 studierte Amo auf Kosten des Herzogs an der Landesuniversität in Helmstedt, danach in Halle. Im Jahr 1729 erhielt er von der Universität Halle den Doktorgrad für eine wissenschaftliche Arbeit über das Recht der Afrikaner in Europa. Sein Werk verfasste er, wie die meisten Doktoren dieser Zeit, auf Lateinisch. Von 1736 bis 1738 wirkte er als Dozent an der Universität Halle, wo er Vorlesungen über Philosophie hielt. Für 1740 kündigte er eine Vorlesung an der Universität Jena an. Ob er sie hielt oder nicht, ist unklar, denn um dieselbe Zeit kehrte er nach Westafrika zurück, wo er im Jahr 1753 noch lebte. Danach verlieren sich seine Spuren.

Wir wissen nicht, ob Amo in Kassel bekannt war. Aber die Beamten des Landgrafen schlugen einen Ausweg aus dem landgräflichen Dilemma vor, der auf Amo verweist, wenn auch in einer menschenverachtenden Variante. Die Beamten rieten dem Landgrafen, einige Afrikaner zu kaufen, die als Sklaven deportiert worden waren. Sie sollten im Rechtssinn freigelassen werden und sodann im landgräflichen Chinesendorf als Bauern tätig sein. Der Landgraf war entzückt von dem Plan und stimmte zu. Wenn schon keine Chinesen verfügbar waren, dann sollten eben Afrikaner kommen als Ersatz. Multikulti als Vision im Kassel des 18. Jahrhundert.

Anfang der 1780er Jahre trafen die ersten sechs Afrikaner in Kassel ein. Sklaven waren sie nicht mehr, aber frei waren sie dennoch nicht. Der Landgraf ließ sie streng bewachen. Weglaufen wäre ohnehin sinnlos gewesen. Man hätte sie überall erkannt und den Schergen des Landgrafen ausgeliefert. Mehr grimmig als willig fügten sich die Afrikaner vorläufig in ihr Schicksal. Einer beging bald Selbstmord, ein anderer erkrankte wohl wegen der feucht kalten Witterung und starb schnell. Der landwirtschaftliche Betrieb war schlecht organisiert, es mangelte an Arbeitskräften und Erträgen, das Interesse der Kasseler Bevölkerung an den exotischen Bauern vom Mou-lang war gering. Auch die übrigen Afrikaner verstarben bald. Als Landgraf Friedrich im Jahr 1785 starb, brach sein Nachfolger das Experiment mit dem Menschenzoo ab. Nach 1786 gab es keine lebenden Afrikaner mehr in Kassel. Friedrichs Nachfolger Wilhelm IX. ließ die Gebäude 1797 verpachten. Jérôme ließ den „Chinesischen Saal" neben das Schloss versetzen. Nach seiner Rückkehr aus dem Exil hatte Wilhelm, nunmehr I., nichts Eiligeres zu tun, als den „Saal" wieder dorthin tragen zu lassen, wo er dereinst gestanden hatte. 1850 wurde er abgerissen. Einige Gebäude, so die „Molkerei" und das großspurig „Pagode" genannte Gartenhäuschen, stehen noch heute.

Aber die toten Afrikaner fanden in Kassel keine Ruhe. Denn ihre Leichname erregten die Begierde des Anatomen Samuel Thomas Soemmering. Soemmering wirkte vom 1779 bis 1784 am Collegium Medico-Chirurgicum, das seit 1738 in Kassel bestand. Diese medizinische Lehranstalt war Teil des größeren Collegium Carolinum, einer Art Vorschule für das Universitätsstudium, das Studenten auf das Vollstudium der Theologie, Jurisprudenz und Medizin an regulären Universitäten wie Marburg vorbereiten sollte. Das Collegium Carolinum beherbergte einige europaweit bekannte Gelehrte. Neben Soemmering lehrte der Weltreisende Georg Forster von 1779 bis 1784 am Collegium, und der Finanz- und Staatswissenschaftler Christian Conrad Wilhelm Dohm aus Lemgo, der von 1776 bis 1779 in Kassel lebte, schrieb sich später in die Aufmerksamkeit der aufklärerischen Öffentlichkeit ein mit kritischen Vorschlägen zur „Verbesserung" von Staat und bürgerlicher Gesellschaft. Im Jahr 1779 veröffentlichte Dohm das Japanbuch seines lippischen Landsmanns Engelbert Kaempfer. Dieser war von 1690 und 1692 in Nagasaki gewesen und hatte eine umfangreiche Darstellung der Geschichte und Kultur Japans als reichen und wohl geordneten Staat hinterlassen. Dohm versah Kaempfers Text mit allerlei Anmerkungen, in denen er sowohl Kaempfers Aussagen zu Japan als auch zeitgenössische Aspekte europäischer Gesellschaft kritisch bewertete.

Soemmering interessierte sich mehr für Afrika als für Asien und mehr für menschliche Skelette als für bürgerliche Gesellschaft. Für ihn waren die Leichname der Afrikaner ein Glücksfall der besonderen Art, boten sie ihm doch Forschungsmaterial, das sonst in Europa nicht verfügbar war. Die Leichname also befügelten Soemmerings Forschergeist. Er begann zu sezieren.

Soemmering stand in der Tradition der sogenannten Vergleichenden Anatomie. Deren Ziel war es, Unterschiede und Gemeinsamkeiten zwischen den Körperformen und Skelettbildungen verschiedener Spezies von Lebewesen zu ermitteln. Schon seit dem ausgehenden 16. Jahrhundert hatte diese Forschungseinrichtung bestanden. Aber kaum einer, außer ihm und seinem Lehrer und Freund Petrus Camper in Holland, hatte Leichname von Afrikanern untersucht. Soemmering also maß, schnitt und sägte. Seine Ergebnisse lege er in einer kleinen Schrift nieder, die zuerst im Jahr 1784 in Mainz unter dem Titel *Über die körperliche Verschiedenheit des Mohren vom Europäer* erschien und im folgenden Jahr neu aufgelegt wurde. Darin variierte Soemmering Behauptungen, die knapp einhundert Jahre zuvor der englische Arzt Edward Tyson in die Welt gesetzt hatte. Tyson hatte das Skelett eines Schimpansen untersucht, aber geglaubt, er habe einen Orang-Utan vor sich. Er verglich das Schimpansen-Skelett mit dem, was er von sogenannten „Pygmäen" aus Afrika gelesen hatte, beobachtete, dass Skelette von Menschen denjenigen von Affen ähnlich waren und kam zu dem Schluss, dass der Mensch zur einen Hälfte Bestie, mithin Tieren ähnlich, zur anderen Hälfte Engel, also vom Tierreich verschieden sei. Tysons Forschungen erfuhren im ganzen 18. Jahrhundert Beachtung, beeinflussten Johann Gottfried Herder und wahrscheinlich auch Immanuel Kant. Soemmering lieferte zu Tysons Untersuchungen nach, was er für empirische Belege ausgab. Die, hoffte er, würden zeigen, dass das Menschengeschlecht nicht einheitlich sei. An den Leichen der kürzlich verstorbenen Bewohner von Friedrichs Menschenzoo konnte er Krankheiten diagnostizieren, die zum Exitus geführt hatten, und genaue Beschreibungen von Knochen, Nervenbahnen und Gehirnmasse liefern. Soemmering wollte sich nicht wie seine Vorgänger auf Äußerlichkeiten wie Gehirnfarbe, Hautfarbe und Nasenform beschränken, sondern die Unterschiede zwischen Afrikanern und Europäern „in der Grundlage des Körpers, in seinen festesten Theilen, auch im Knochen-Gerüst selbst unwiderleglich" nachweisen. Dazu vermaß er die Körper seiner Opfer, insbesondere die Schädel, und wog Gehirne. Auf diesem Weg glaubte er ermittelt zu haben, dass nicht nur Affen, die in Mitteleuropa gehalten worden waren, krankhaften Verformungen von Skeletten ebenso erlegen gewesen waren, sondern auch einige der Kasseler Afrikaner, und schloss, dass „im allgemeinen, im Durchschnitt die afrikanischen Mohren doch in etwa näher ans Affengeschlecht als die Europäer gränzen".

Soemmering erweiterte damit die schon bestehenden Rassenlehren auf Knochen und Gehirn. Während Kant in Königsberg wie auch Soemmerings Freund Johann Friedrich Blumenbach in Göttingen in Schriften zur Anthropologie „Menschenrassen" ausschließlich nach Äußerlichkeiten wie Hautfarbe bestimmt wissen wollten, war für Soemmering „Rasse" eine Sache des Innersten des Menschen. Und unveränderbar obendrein. Soemmerings Kasseler Afrikaner waren seiner Meinung nach verstorben, weil sich ihre Körper der Kasseler Witterung nicht anpassen konnten. Er verwarf also die aus der Antike überkommene Theorie, derzufolge das Klima eines jeden Orts sich in den „Charakter" einzelner Menschen einprägt und diesen verändern kann. Soemmerings Kasseler Afrikaner hingegen erschienen ihm dazu bestimmt, Afrikaner zu bleiben, wo immer sie waren.

Mit seinen Sektionen öffnete Soemmering eine Büchse der Pandora. Er beschrieb Körperformen und Skelettbildungen als genetisch bestimmte Elemente von „Rasse" und „Charakter" und positionierte sie so außerhalb derjenigen Bereiche, die dem Willen einzelner Menschen unterworfen sein konnten. Nach Soemmering war „Rasse" ein biologisch determiniertes Kontinuum, gewissermaßen eine natürliche Gegebenheit. Soemmering bastelte so nicht nur den Bausatz von Ideenschrott, mit dem ungefähr 150 Jahre später Nazi-Ideologen Genozid betreiben konnten, sondern bot obendrein seinen Zeitgenossen eine willkommene Ausrede, mit der sie die Diskriminierungen von Afrikanern, Sklaverei und Sklavenhandel rechtfertigen konnten. Wenn Afrikaner Körper zu haben schienen, die denjenigen irgendwelcher Affen näher standen als denjenigen von Europäern, konnten Soemmering und seine Leser sich erdreisten, „den Mohren eine niedrigere Staffel an dem Thron der Menschheit ausweisen" zu können.

Soemmerings Thesen ernteten sofort eilfertige Zustimmung bei dem ihm freundschaftlich verbundenen Georg Forster, aber auch Widerspruch. Der Mediziner Blumenbach, der in Göttingen über sechzig Jahre Vorlesungen zu Anatomie und physischer Anthropologie hielt, wetterte gegen Soemmerings Mehode, die er als unwissenschaftlich verwarf. Blumenbach ging, auch gegen Kant, von der Einheit der Menschheit aus. Daher stehe kein Mensch näher am Tierreich als ein anderer. Soemmerings Methode verwechsle Unterschiede im Körperbau einzelner Individuen mit denen der Spezies. Seine Aussagen seien ungenau und spekulativ. Doch Blumenbachs verbale Attacken gegen Soemmering verpufften. Sogar in Göttingen selbst fand Soemmering bald begierige Anhänger. Dort lehrte der Philosoph Christoph Meiners. Als Rationalist war Meiners fasziniert vom Gedanken einer Menschheitsgeschichte, die – darin waren sich Meiners und selbst Blumenbach mit Soemmering einig – ins Tierreich zurückführen musste. Meiners unternahm den zu seiner Zeit nicht mehr waghalsigen Versuch, den biblischen

Schöpfungsbericht aus den Angeln zu heben, dem Fossilienfunde zu widersprechen schienen. Die Fossilien schienen Teile von menschlichen Skeletten zu zeigen, die, wie der Neandertaler, keiner lebenden Spezies zuzuordnen waren. Es musste also so etwas wie eine „Naturgeschichte" der Menschheit geben. Da die Fossilien zudem ausgestorbene Spezies aus dem Pflanzen- und Tierreich zu belegen schienen, musste es eine Geschichte der Tier- und Pflanzenwelt geben. Meiners stellte sich nun die Aufgabe, die Geschichte der Menschheit einzubinden in die allgemeine Geschichte der Natur. Er historisierte die Spezies durch philosophische Spekulation und lieferte damit die schein-rationale Alternative zum Schöpfungsbericht.

Für Meiners' Projekt kamen Soemmerings Forschungen gerade recht. Soemmerings vorgeblich empirische Daten schienen die von Meiners gesuchte Brücke zwischen Menschheit und Tierreich zu bauen. Die Vergleichende Anatomie Soemmering'scher Prägung lieferte Meiners aber nicht nur die Grundlage für philosophische Rekonstruktionen der „Naturgeschichte", sondern gleich auch für die politische und soziale Diskriminierung der Afrikaner. Wie Soemmering positionierte Meiners Afrikaner am Anfang seiner Menschheitsgeschichte. Dort seien sie durch die Geschichte hindurch verharrt, deswegen „primitiv", also anfänglich geblieben. Afrikanische Kultur beschrieb Meiners als grundverschieden von der europäischen. Zwischen vorgeblichen Primitiv- und angeblichen Hochkulturen setzte der Philosoph die historische Zeit. Den Afrikanern bestritt Meiners nicht nur die Geschichte, sondern zugleich das Bestehen von Institutionen von Staat, Herrschaft und Gesellschaft, arbeitsteiligen Wirtschaftsweisen, jeder Form von Handel und Gewerbe sowie einer vom Kult dissoziierten Kunst. Den Native Americans und den gerade ins Blickfeld der Europäer tretenden australischen Aborigines erging es bei Meiners genau so. Kein Wunder, dass auch Meiners als entschiedener Befürworter des transatlantischen Sklavenhandels auftrat.

Die nach Kassel deportierten Afrikaner wurden mindestens viermal Opfer, als Gefangene europäischer Sklavenhändler, als Objekte landgräflicher Begierde in Kassel, als Samuel Thomas Soemmerings Forschungsmaterial und als schein-empirische Basis für Christoph Meiners' rassistischen Unrat. Vielerorts gab es die Schicksale von Afrikanern zu beklagen, die als Sklaven deportiert, auf Märkten in Amerika feilgeboten und dann dort als Arbeitskräfte geschunden wurden. Deren Leiden waren schlimmer als diejenigen, die die Afrikaner als lebende Bewohner des Kasseler Menschenzoos zu ertragen hatten. Aber keine andere Gruppe außer den Kasseler Afrikanern war dazu verdammt, mit ihrem Tod Geburtshelfer von Rassenklimbim und kolonialistischem Gedöns zu werden. Was als Spleen eines außer Kontrolle geratenen Duodezfürsten begann, endete als Schrecken Afrikas wie auch Europas.

Mit seinen Plänen für einen Menschenzoo überschritt der Kasseler Landgraf die Grenzlinie zwischen einer Migrationspolitik, die die freiwillige Entscheidung zur Zuwanderung in das Gebiet unter der Kontrolle eines Herrschers oder einer Regierung sowie die ebenso freiwillige Integration dortselbst zu fördern, und einer Peuplierungspolitik, die Zwangslagen von Migranten und Migrantinnen auszunutzen versucht. Solange Migrationspolitik werbend an die Freiwilligkeit der Bestimmung des Migrationsziels durch Migranten und Migratinnen appelliert, kann sie zur Stärkung der Legitimität der politischen Ordnung beitragen, in der sie stattfindet. Versuche, Migration, Integration oder Migration und Integration durch behördliche Zwangsmaßnahmen zu steuern, können kontraproduktiv sein, nämlich Migration, Integration oder Migration und Integration erschweren und so die politische Ordnunge destabilisieren.

Quellen

Antonius Wilhelmus Amo Afer of Axim in Ghana, hg. von Leonard Abraham Jones und Dorothea Siegmund-Schultze, Halle 1968.

Chambers, William: Designs of Chinese Buildings, Furniture, Dresses, Machines and Utensils, London 1757 [Nachdrucke, Farnborough 1969; New York 1968].

–: A Dissertation on Oriental Gardening, London 1772 [Nachdruck, Farnborough 1972; deutsche Ausg., Gotha 1775].

Du Halde, Jean Baptiste: Description géographique, historique, chronologique et physique de l'empire de la Chine et de la Tartarie Chinoise, 4 Bde, Paris 1735.

Edwards, George, und Matthew Darley: A New Book of Chinese Designs Calculated to improve the Present Taste, Consisting of Figures, Buildings and Furniture, Landskips, Birds, Beasts, Flowrs, and Ornaments, London 1754.

Halfpenny, William, und John Halfpenny: New Designs for Chinese Temples, Triumphal Arches, Garden Seats, Palings, 4 Teile in 1 Bd, London 1750-1752.

–: Rural Architecture in the Chinese Taste, Being Designs Entirely New for the Decoration of Gardens, Parks, Forests, Insides of Houses, London 1752.

Justi, Johann Heinrich Gottlob von: Vergleichungen der europäischen mit den asiatischen und anderen vermeintlich barbarischen Regierungen, Berlin 1762 [Nachdruck, Königstein 1978; online-Ausg., Farmington Hills, MI].

Meiners, Christoph: Geschichte der Menschheit, Lemgo 1785 [Nachdruck, Königstein 1981].

–: Ueber die Natur der afrikanischen Neger und die davon abhangende Befreyung oder Einschränkung der Schwarzen, hrsg. von Frank Schäfer, Hannover 1997 [2. Aufl., 1998, 3. Aufl., 2000; zuerst in: Göttingisches Historisches Magazin 6(1790), S. 385-456].

–: Untersuchungen über die Verschiedenheiten der Menschennaturen, 2 Bde, Tübingen 1811-1815.

Soemmering, Samuel Thomas: Über die körperliche Verschiedenheit des Mohren vom Europäer, Mainz 1784 [2. Aufl., Mainz 1785].

Tyson, Edward: Orang-Outang sive Homo sylvestris. Or The Anatomy of a Pygmie Compared to that of a Monkey, an Ape and a Man, London 1699.

Wöchentliche Hallische Frage- und Anzeigungs-Nachrichten, hg. von Johann Peter von Ludewig (28. 11. 1729) [darin: Bericht über Amo's Disputation *De iure Maurorum in Europa*].

Literatur

König Lustik. Jérôme Bonaparte und der Modellstaat Königreich Westfalen, hg. von Maike Bartsch (Kataloge der Museumslandschaft Hessen-Kassel 39), Kassel und München 2008.

Both, Wolf von, und Hans Vogel: Landgraf Wilhelm VIII. von Hessen-Kassel. Ein Fürst der Rokokozeit (Veröffentlichungen der Historischen Kommission für Hessen 27, 1 = Schriften zur hessischen Kulturgeschichte 27, 1), München 1964.

–: Landgraf Friedrich II. von Hessen-Kassel. Ein Fürst der Zopfzeit (Veröffentlichungen der Historischen Kommission für Hessen 27, 2 = Schriften zur hessischen Kulturgeschichte 27, 2), München 1973.

Brentjes, Burchard: Anton Wilhelm Amo. Der schwarze Philosoph in Halle. Leipzig 1976.

–: Ein Afrikaner in Halle vor 250 Jahren?, in: Der Beitrag der Völker Afrikas zur Weltkultur, Halle 1977, S. 3-13.

–: Anton Wilhelm Amo zwischen Frühaufklärung und Pietismus, in: Fremde Erfahrungen, Berlin 1996, S. 29-32.

Demel, Walter: Als Fremde in China. Das Reich der Mitte im Spiegel früneuzeitlicher europäischer Reiseberichte, München 1992.

–: Wie die Chinesen gelb wurden, in: Historische Zeitschrift 255 (1992), S. 625-666 [auch separat veröffentlicht als Kleine Beiträge zur europäischen Überseegeschichte, Heft 2, Bamberg 1993].

–: Verwaltung in China und Japan aus der Sicht des frühneuzeitlichen Europa, in: Staat im Wandel. Festschrift für Rüdiger Voigt zum 65. Geburtstag, Stuttgart 2006, S. 445-465.

Dougherty, Frank W. P.: Johann Friedrich Blumenbach und Samuel Thomas Soemmerring. Eine Auseinandersetzung in anthropologischer Hinsicht?, in: Samuel Thomas Soemmerring und die Gelehrten der Goethezeit, hg. von Gunter Mann und Franz Dumont, Stuttgart 1985, S. 35-56.

–: Christoph Meiners und Johann Friedrich Blumenbach im Streit um den Begriff der Menschenrasse, in: Die Natur des Menschen. Probleme der Physischen Anthropologie und Rassenkunde (1750 – 1850), hg. von Gunter Mann und Franz Dumont, Stuttgart und New York 1990, S. 89-112.

Edeh, Yawori Emmanuel: Die Grundlagen der philosophischen Schriften von Amo, Essen 2003.

Engerman, Stanley L., und Eugene D. Genovese (Hg.): Race and Slavery in the Western Hemisphere, Princeton 1975.

Geschichte und Beschreibung des kurfürstlich-hessischen Lustschlosses Wilhelmshöhe und seiner Anlagen, Marburg 1805.

Gierl, Martin: Christoph Meiners, Geschichte der Menschheit und Göttinger Universitäts-geschichte, in: Die Wissenschaft vom Menschen in Göttingen um 1800, Göttingen 2008, S. 419-433.

Glotzer, Johannes: Anton Wilhelm Amo, München 2002.

Harris, Marvin: The Rise of Anthropological Theory, New York 1968.

Heidelbach, Paul: Geschichte der Wilhelmshöhe, Leipzig 1909.

Ihle, Alexander: Christoph Meiners und die Völkerkunde (Vorarbeiten zur Geschichte der Göttinger Universität und Bibliothek 9), Göttingen 1931.

Kapp, Friedrich: Der Soldatenhandel deutscher Fürsten nach Amerika, Berlin 1864 [2. Aufl., Berlin, 1874; Nachdruck der 1. Aufl., München 1988; Nachdruck der 2. Aufl., Wolfen-büttel 2006].

Krüger, Gundolf: Johann Friedrich Blumenbach, England und die frühe Göttinger Völker-kunde, in: „Eine Welt allein ist nicht genug". England, Hannover und Göttingen. 1714 – 1837, hg. von Elmar Mittler (Göttinger Bibliotheksschriften 31), Göttingen 2005, S. 202-220.

Losch, Philipp: Soldatenhandel. Mit einem Verzeichnis der Hessen-Kasselischen Subsidien-verträge, Kassel 1933

Lotter, Friedrich: Christoph Meiners und die Lehre von der unterschiedlichen Wertigkeit der Menschenrassen, in: Geschichtswissenschaft in Göttingen, hrsg. von Hartmut Boock-mann und Hermann Wellenreuter (Göttinger Universitätsschriften. Serie A, Bd 2), Göt-tingen 1987, S. 30-75

Martin, Peter: Schwarze Teufel, edle Mohren. Afrikaner in Bewußtsein und Geschichte der Deutschen, Hamburg 1993.

Mey, Eberhard: Die Medizinische Fakultät des Collegium Carolinum in Kassel. 1709 – 1791, in: Samuel Theodor Soemmering in Kassel (1779 – 1784), hg. von Manfred Wenzel, Stutt-gart, Jena und New York, 1994, S. 25-73.

–: Der zukünftige Gelehrte und der Hofmann. Lehrangebot und Studenten am Collegium Carolinum in der Regierungszeit Friedrichs II., in: Kassel im 18. Jahrhundert, hg. von Hei-de Wunder, Christina Vanja und Karl-Hermann Wegner (Studia Casselana 10), Kassel 2000, S. 191-211.

Oehler-Klein, Sigrid: Der „Mohr" auf der „niedrigen Staffel am Throne der Menschheit"? Georg Forsters Rezeption der Anthropologie Soemmerrings, in: Georg-Forster-Studien 3 (1999), S. 119-166.

Philippi, Hans: Landgraf Karl von Hessen-Kassel. Ein deutscher Fürst der Barockzeit (Veröf-fentlichungen der Historischen Kommission für Hessen und Waldeck 34), Marburg 1976.

Preser, Carl: Der Soldatenhandel in Hessen. Versuch einer Abrechnung, Marburg 1900.

Schäfer, Wolfram: Von „Kammermohren", „Mohren"-Tambouren und „Ost-Indianern". An-merkungen zu Existenzbedingungen und Lebensformen einer Minderheit im 18. Jahrhun-dert unter besonderer Berücksichtigung der Residenzstadt Kassel, in: Hessische Blätter für Volks- und Kulturforschung, N. F., Bd 23 (1988), S. 35-79.

Strieder, Friedrich Wilhelm: Grundlage zu einer hessischen Gelehrten- und Schriftstellerge-schichte, Marburg 1819.

–: Strieder's Wilhelmshöhe, hrsg. von Alois Holtmeyer (Alt-Hessen 3), Marburg 1913.

Kapitel 9

Wohin die Wege führen
Reisen im 17. Jahrhundert

Christoph Frik, auch als Christ Fryke bekannt, wurde im Jahr 1659 in Ulm als Sohn eines Bleichers geboren. Er stieg aber nicht in das Handwerk seines Vaters ein, sondern ließ sich zum Barbier und Chirurg ausbilden. Als Barbier wurde er in die örtliche Zunft aufgenommen. Barbiere durften in Ulm schröpfen, Chirurgen hingegen gehörten zur Krämerzunft und durften nicht schröpfen. Barbierer hatten also besseres Einkommen als Chirurgen. Frik scheint zunächst in seiner Heimatstadt erfolgreich gewesen zu sein, dabei aber eine Neigung entwickelt zu haben, mehr auszugeben, als er einnahm. Das Leben über seine Verhältnisse brachte ihn schließlich in finanzielle Bedrängnis. Die wollte er offenbar dadurch überwinden, dass er Mitbürger bestach, um mehr Erfolg in seinem Handwerk zu bekommen. Über die Einzelheiten des Falls wissen wir nichts außer dem Ergebnis: Im Jahr 1677 erhielt Frik einen Eintrag ins Schwarze Buch der Stadt Ulm. Erst 1679 hören wir wieder von Frik, als er Ulm offenkundig ehrenhaft verließ, sich nach Amsterdam begab und dort als Chirurg in die Dienste der Niederländischen Ostindischen Kompanie trat. 1681 verließ er Amsterdam per Schiff nach Batavia, wo er bis 1684 blieb. Wahrscheinlich in diesem Jahr bestach er den ihm vorgesetzten Chirurg mit dem Ziel, seine Überstellung auf den Stützpunkt der Kompanie auf der Insel Dejima im Hafen von Nagasaki in Japan zu erreichen, was ihm auch gelang. Den Winter 1684 auf 1685 verbrachte er in Japan, verließ es aber 1685, um über Batavia nach Europa zurückzukehren. Aus der Kompagnie wurde er ehrenvoll entlassen und ging zurück in seine Heimatstadt Ulm. Dort legte er 1686 ein Examen als Chirurg ab, ehelichte Susanna Schelhörnin aus Memmingen und kaufte ein Haus. Aber schon im folgenden Jahr geriet er wieder mit der Obrigkeit in Konflikt und erhielt zwei Verweise, einmal weil er die Behandlung einer Körperverletzung nicht beim Rat angezeigt hatte, ein weiteres Mal wegen einer Kuppeleisache. 1688 verkaufte er sein Haus und erwarb ein Wirtshaus. Im Jahr darauf erhielt er wieder einen Verweis, dieses Mal für liederliches Leben. 1690 stieß er das Wirtshaus ab, machte Schulden und reiste umher, wohl vor seinen Gläubigern flüchtend. Die Zunft der Barbiere schloss ihn aus und ließ sein Bild aus dem Zunftbuch entfernen, seine Frau ließ sich scheiden. 1692 ließ er dennoch einen gedruckten Bericht über seine Reise nach Asien in Ulm erscheinen, wohl auf eigene Kosten und mit seinem Porträt als Titelkupfer. Im Jahr 1695 nahm ihn die Niederländische Ostindische Kompanie wieder in ihre Dienste auf und sandte ihn nach Batavia zurück. Dort blieb er bis zum Ende seines Lebens. Noch zweimal wurde er in den Protokollen des Ulmer Rats verzeichnet, der sich in den Jahren 1710 und 1714 nach seinem Aufenthaltsort erkundigte. Wann er starb, ist nicht bekannt.

Christoph Frik war ein kenntnisreicher Mann. Seine Fertigkeit als Barbier und Chirurg scheint allgemein Anerkennung gefunden zu haben, denn sonst hätte ihn die Niederländische Ostindische Kompanie nicht zweimal in ihre Dienste genommen. Seine Kenntnisse waren zudem nicht auf das Praktische begrenzt, sondern reichten weit in den wissenschaftlichen Bereich. Auf seinen Reisen sowie danach machte er sich mit der Literatur vertraut, in der über die Zielländer seiner Reisen berichtet wurde; beispielsweise las er Berichte anderer Reisender. Aber das Leben Friks glich keinesfalls dem eines gewöhnlichen Handwerkers. Er kümmerte sich wenig oder gar nicht um familiäre oder berufliche Verpflichtungen. Seine Neigung, über seine Verhältnisse zu leben, brachte ihn an den Rand des Ruins. Daher mag sein Entschluss, nach Übersee zu gehen, auch durch das Motiv herbeigeführt worden sein, fern der Heimat ein unbekümmertes Leben ohne die in der traditionsbeflissenen Reichsstadt übliche soziale Kontrolle führen zu können. Die Reintegration nach der Rückkehr von der ersten Reise scheint schwierig gewesen zu sein; es hielt ihn nichts in Ulm. So wurde Frik schließlich vom Reisenden zum Migranten. Der Zusammenhang scheint einigermaßen klar: Wer einmal wegen Bankrotts belangt worden war, hatte an Ehre eingebüßt und folglich Schwierigkeiten, sich als ordentlicher Handwerker in der Stadt zu behaupten. Gleichwohl verließ Frik Ulm beim ersten Mal auf legalem Weg. Nach dem Ende der ersten Reise stand ihm die Möglichkeit zur problemfreien Wiederaufnahme in die Ulmer Bürgerschaft offen. Aber auch in Batavia hatte er seine Probleme. Er blieb zunächst und für längere Zeit unruhig. Nach drei Jahren Aufenthalt wollte er weiterreisen, konnte diesen Wunsch aber nur unter Einsatz mindestens fragwürdiger Mittel realisieren. In Dejima gefiel es ihm offenkundig überhaupt nicht. Ein Winter genügte, um ihn davon zu überzeugen, dass es besser sei, in die Heimat zurückzukehren. Der Abschied von der Kompanie muß aber wiederum ehrenvoll gewesen sein, sonst hätte sie ihm nicht Gelegenheit gegeben, die letzten zwanzig Jahre seines Lebens in Ruhe in Batavia zu verbringen.

Die Reichsstadt Ulm war im 17. Jahrhundert ein mondäner Ort. Der städtische Patriziat bestand aus Kaufleuten, die sich in der Welt auskannten. Mit der Enge der Stadt war die Weite des Wissens um die Welt durchaus vereinbar. In der Stadt wohnten Gelehrte, die die in der Stadt bestehenden, gut bestückten Sammlungen von Büchern und exotischen Kostbarkeiten studierten. Viele der Exotika waren Stücke, die die Kaufleute von ihren Reisen mitbrachten. Einer der eifrigsten war im 17. Jahrhundert Christoph Weickmann, dessen Kuriositätenkabinett in Europa gut bekannt war. Daher war es für einen Handwerker wie Frik weder ungewöhnlich noch schwierig, den Gedanken zu fassen, nach Übersee zu reisen und sich mit den dazu notwendigen Kenntnissen vertraut zu machen. Friks Entscheidung, nach Übersee zu gehen, war überdies im 17. Jahrhundert keine Seltenheit. Die Handelskompanien, zuvörderst die Englische und die Niederländische Ostindische Kompanie, stellten Reisende in großer Zahl in ihre Dienste. Nicht alle waren arm, und nicht wenige überstanden die Strapazen der Reise, kehrten nach Hause zurück, etablierten sich – anders als Frik – als gut situierte Bürger und führten ein angenehmes Leben. Jürgen Andersen etwa, der zwischen 1644 und 1650 Ostasien bereiste, kehrte in seine Heimat zurück und wurde Vorsteher eines Dorfs in der Nähe seines Heimatorts Schleswig. Caspar Schmalkalden aus Thüringen, der von 1642 bis 1645 in Südamerika und von 1646 bis 1651 in Ostasien war, siedelte sich nach der Rückkehr in Gotha an, wo er noch im Jahr 1688 als Hausbesitzer registriert war. Andreas Josua Ultzheimer aus Württemberg, der zwischen 1596 und 1609 zunächst als Söldner gegen Türken zog und danach als Wundarzt in Diensten niederländischer Handelskompanien mehrfach nach Südamerika sowie einmal nach Südostasien fuhr, ließ sich im Jahr 1610 in Tübingen als angesehener Chirurg nieder. Der Lohn der Reise konnte hoch sein, wenn man sie überstand und haushalten konnte.

Gleichwohl gab es auch Leute, die in die Dienste der Kompanien aus wenig oder gar nicht ehrenvollen Motiven traten. Ein Fall ist aus Dithmarschen überliefert, wo ein Mann heimlich seine Familie aus unbekannten Gründen verließ und sich nach Holland begab. Die Niederländische Ostindische Kompanie hielt zwar penibel genau die Personalien derjenigen fest, die sie in ihre Dienste stellte, hatte aber selbstverständlich weder die Macht noch das Interesse, die Angaben nachzuprüfen, die ihr vorgetragen wurden. So hatten hier auch zweifelhafte Existenzen ihre Chance. Manche, die nach Holland gingen in der Hoffnung, dort Arbeit zu finden, gerieten in die Dienste der dortigen Fernhandelskompanien. Viele aus Gegenden mit struktureller Unterbeschäftigung wie dem Münsterland verdingten sich zu Wanderarbeit als Grasmäher und Torfstecher besonders in den Jahreszeiten, in denen es anderswo außerhalb der Saat- und Erntezeit wenig oder gar keine Arbeit gab. Es herrschte jedenfalls in der Bevölkerung Europas eine gewisse Unruhe, die nicht nur Tagelöhner aus der ländlichen Arbeitswelt, das städtische Handwerk und die Kaufleute, sondern auch Studenten und Gelehrte sowie den Adel erfaßte. Reisen gehörte zum Alltag, auch wenn es kritische Stimmen gab. Justus Lipsius, beispielsweise, der Moralist des ausgehenden 16. Jahrhunderts, mahnte, Probleme solle man durch Beweglichkeit des Geists, nicht durch Wechsel des Orts lösen. Doch das war auch und gerade für Lipsius reine Theorie. Denn er selbst repräsentierte den Typ des immer wieder an anderen Orten lehrenden Gelehrten, der es an der von ihm selbst geforderten Stetigkeit mangeln ließ und sogar eine Reiseanleitung schrieb.

Gleichwohl waren nicht alle Reisenden erfolgreich. Grundvoraussetzung für den Erfolg war selbstverständlich Gesundheit. Wen auf Reisen eine Krankheit befiel oder wer Pech hatte und verletzt wurde, wer in kriegerische Verwicklungen geriet oder sich an einer der zahlreichen Prügeleien beteiligte und dauerhafte Schäden davontrug, wer selbst gar als Berufskrieger auf Reisen ging und als Invalide zurückkam: ihnen allen ging es schlecht. Sie fanden keine Aufnahme mehr am Ort, sondern fristeten als Bettler ein randständiges Dasein. Sie wurden zu Vaganten, Heimatlosen, Leuten auf der Straße, die von Ort zu Ort weiterlaufen mußten oder, wenn sie dies nicht mehr konnten, auf Bettelschüben zum Nachbarort weitergereicht wurden. Denn die Versorgung der Bettler kostete Geld. Die Obrigkeiten erließen strenge Ordnungen gegen ortsfremde Bettler. Der Herzog von Bayern verkündete bereits im Jahr 1551 ein Mandat, demzufolge ortsfremde Bettler auszuweisen waren. Der König in Preußen folgte am 18. März 1701 mit dem Edikt, dass alle ausländischen Bettler und Vaganten das Land binnen vier Wochen zu verlassen hätten. Auch geistliche Herren waren nicht zimperlich. Die Fürstabtei Lübeck ordnete im Jahr 1736 an, dass keine fremden Bettler im Territorium der Abtei geduldet werden sollten, und fügte die Drohung hinzu, daß schon einmal ausgewiesene Bettler, die abermals in das Territorium der Abtei einreisten, mit schweren Strafen zu rechnen hätten. Ortsfremde Bettler waren demnach auszuweisen und, falls nötig, im Schub in den nächsten Ort zu transportieren.

Solche Bettelschübe kamen vor. Aber die Häufigkeit, mit der die Bettlerordnungen wiederholt werden mussten, spricht gegen ihre Wirksamkeit. So gab es erstaunliche Bettlerkarrieren, Fälle, in denen es einzelnen Bettlern gelang, über Jahre hinweg ihre Familien zu ernähren. Bettlerkartelle verstanden es, die obrigkeitlichen Ordnungen zu unterlaufen und autonom den Zugang zu lukrativen Standorten zu regeln, die viele milde Gaben abwarfen. Bettler schufen eine Subkultur der Selbstorganisation mit eigenen Gesetzen. Zwar gab es Zeiten, wie etwa während oder in den Jahrzehnten nach dem Dreißigjährigen Krieg, als die Not der Bettler die Spendenmöglichkeiten der Sesshaften überstieg. Aber im allgemeinen war das soziale Netz dicht genug. Obrigkeitliche Steuerung, die über den Erlass von Bettlerordnungen hinausging, war überflüssig. Nicht selten bildeten die Vaganten wie schon im späteren Mittelalter autonome Gruppen von Wegelagerern, die außerhalb jeder Ordnung standen und in der Regel eigene Sprachen entwickelten. Daher schob man Bettler ab mit dem Argument, sie seien ein Ferment der Kriminalität, und wollte nicht dulden, daß entlaufene Kriminelle oder desertierte Soldaten sich als Vaganten verkleideten. Aber die Obrigkeiten unterließen es oft, streng formulierte Befehle zur Abschiebung sogenannter „Landstreicher" umzusetzen, und beschränkten sich darauf, Personen zu bestrafen, die auf frischer Tat ertappt worden waren. Sie zögerten, Vaganten grundsätzlich zu kriminalisieren. Beispielsweise meinte Etienne Charles de Brienne, der im Auftrag des französischen Ministers Anne Robert Jacques Turgot eine Denkschrift über die Gesetzgebung verfaßte, das Vagabundieren könne zwar eine „Schule des Verbrechens sein", aber diese Möglichkeit gebe keine Rechtfertigung, jeden Vaganten zu bestrafen. Ziel der obrigkeitlichen Handlungsweise gegenüber Vaganten müsse es sein, diese zu verbessern. Das Gefährliche am Vagabundieren sei die Anonymität der Vaganten, und diese könne dadurch behoben werden, dass man Bettlern Zertifikate ausstelle. Andere überließen die Regulierung des Bettlerwesens kaltschnäuzig den Eigenkräften des Markts. So etwa berichtete Dessuslamarre in seiner Untersuchung vom Jahr 1789 über das Bettlerwesen in Frankreich, dass die professionellen Bettler selbst dafür sorgten, dass gelegenheitsbettelnde Wanderarbeiter nicht zum Zuge kämen.

Die Rechtsprechung aber behandelte straffällig gewordene Sesshafte strenger als Vaganten. Denn die Sesshaften blieben am Ort, während die Vaganten einfach ausgewiesen werden konnten. Man unterschied also peinlich genau zwischen einheimischen Bettlern, die aus Gründen der christlichen Nächstenliebe zu dulden waren, und auswärtigen Bettlern, die man ohne Einspruchsmöglichkeit einfach auswies oder abschob. Wer mittellos war, war nicht nur der Gnade der Territorialherrscher und Stadtregierungen ausgeliefert, sondern auch deren Recht unterworfen. An dieser Praxis wird deutlich, dass es im 18. Jahrhundert für Reisende keine Personalität des Rechts mehr gab, sondern dass sie, wo immer sie sich aufhielten, der Gewalt der Territorialherrscher und Stadtregierungen unterworfen waren. Diese Praxis systematisierte ältere Verwaltungsvorschriften, denenzufolge seit dem 16. Jahrhundert Migranten als verdächtige Personen eingestuft wurden, wenn sie über ihre Aufenthaltsorte keine Auskunft geben konnten. Dennoch gab es offenbar genügend orts- und landfremde Bettler, die sich über längere Zeit leidlich versorgen konnten. Obwohl in England bereits seit 1535 Personen, die wiederholt als Vaganten aufgegriffen worden waren, als Verbrecher klassifiziert worden waren, bezifferte eine englische Quelle des 17. Jahrhunderts die Zahl der Vaganten in England auf 80.000. Man schätzt, daß im 18. Jahrhundert etwa zehn Prozent der seßhaften Bevölkerung solche zu permanenten Migranten gewordenen Reisenden waren.

Nur an wenigen Orten bezog man Migranten und Migratinnen in die kommunale Armenfürsorge ein, beispielsweise in London und Amsterdam. In London errichtete der Stadtrat im Jahr 1553 ein Arbeitshaus für delinquent gewordene Immigranten. Im Jahr 1576 erging eine königliche Order, derzufolge die Gemeinden dazu verpflichtet wurden, Arbeitshäuser für arme Migranten einzurichten. In Amsterdam war man etwas weniger drakonisch und baute 1598 ein Kranken-, Armen- und Arbeitshaus, in das bettelnde Frauen zu Arbeitsdiensten eingewiesen werden konnten. Der Zweck dieser Anstalt war es, Bettlerinnen von der Straße zu holen und sie arbeiten zu lassen statt sie auszuweisen oder abzuschieben.

Was erzählen uns diese Geschichten über das Alltäglich-Allzumenschliche hinaus? Sie zeigen uns auch für das 17. und 18. Jahrhundert zum einen eine Bevölkerung in Bewegung. Allein die Niederländischen Ostindische Kompanie sandte mehr als eine Million Europäer in Gebiete östlich des Kaps der Guten Hoffnung im Verlauf nur des 18. Jahrhunderts. Die Vorstellung ist daher Mythos, Massenmigration sei eine Erscheinung des 19. und 20. Jahrhunderts und die Menschen seien zuvor an die Scholle gebunden gewesen. Im Gegenteil, der Mikrokosmos der wohl geordneten lokalen Bürgergemeinden konnte im frühneuzeitlichen Europa verschmelzen mit dem Makrokosmos der großen weiten Welt. In einer Zeit, als es die Staatsbegriffe des 19. und 20. Jahrhunderts noch nicht gab, war die Heimat der Weltbürger die Stadt. Zum anderen lassen uns die Geschichten von Frik und seinen Zeitgenossen erkennen, daß wir klare, einfach handhabbare Begriffe von Migration und Reisen dann nicht erwarten dürfen, wenn wir die subjektiven Erfahrungswelten der in Bewegung befindlichen Menschen zur Kenntnis und ernst nehmen. In Christoph Frik begegnen wir einer Person, die erst im vorgerückten Alter sesshaft wurde. Soweit wir Biografien von Migranten und Migrantinnen rekonstruieren können, war und ist dies eine häufige Erscheinung. Zwar wird man kaum so weit gehen dürfen wie der Soziologe Michael Piore, der aus einer Studie über saisonale Wanderarbeit den Schluss zog, die meisten Migrationen begännen als Reisen mit Rückkehrabsicht. Denn wir kennen genügend Migranten und Migrantinnen, die ohne Rückkehrabsicht weggingen. Wichtiger ist Piores Fehlschluss, Migrationen seien eher Zufallsergebnisse von Reisen. Mit dieser Ansicht geht Piore von der Erwartung aus, Menschen seien primär sesshaft, und Migrationen seien so etwas wie fehlgeschlagene Reisen. Derlei Residentialismus folgt aus europäischen Gesellschaftstheorien des 19. Jahrhunderts und hat weder mit den Erfahrungen und Wahrnehmungen der Migranten und Reisenden in der älteren Zeit zu tun noch mit dem, was wir heute beobachten. Für beide Zeiträume gilt, dass Migration und Reisen grundsätzlich verschiedene Typen der Bewegung von Menschen sein können. Dennoch sind Migration und Reise auch auf vielfältige Weise in einander übergehende Bewegungen. Häufig lassen sie sich nur aus der Fremdperspektive derjenigen auseinanderhalten, die befugt sind, Migration zu verwalten. Eine rigide Begrifflichkeit, die Einzelne zu Migranten abstempelt, obwohl sie sich nicht als solche wahrnehmen, oder zu Reisenden, wie zum Beispiel zu sogenannten „Gastarbeitern", erklärt, obwohl sie sich selbst als Migranten betrachten, mag simpel sein. Aber gerecht ist sie deswegen noch nicht.

Quellen

Brienne, Etienne Charles de: Esprit des Lois, Hs. Paris, Bibliothèque nationale de France, Fonds Français 8129, fol. 249v-250r.

Dessuslamarre, P. de: La mendicité en 1789, Marseille 1789.

Zunftbuch der Bader und Barbiere. Stadtmuseum Ulm. Kopie im Stadtarchiv Ulm, 3107a, S. 168-173.

Frik, Christoph: Ost-Indianische Raysen- und Krieges-Dienste, Ulm 1692. Seltener Druck [Stadtbibliothek Ulm, 6397, 2]. Neudruck, Berlin 1926. Auszüge in: Hertha von Schulz, Bibliographische Forschungen zur japanischen Kulturgeschichte im Japaninstitut zu Berlin, in: Japanisch-deutsche Zeitschrift N. F. 1 (1929), S. 50-54. Englische Ausg.: Christ Fryke, Elias Hesse, Christoph Schweitzer, A Relation of Two Several Voyages Made into the East-Indies, London 1700 [Neudruck, London 1929; Nachdruck des Neudrucks, New Delhi 1997]. Niederländische Ausgaben: Christophorus Frikius, Elias Hesse, Christophorus Schweitzer, Drie seer aanmerkelijke reysen na en door veelerley gewesten in Oost-Indien, Utrecht 1694 und Amsterdam 1705.

Haid, Johann Herkules: Ulm mit seinem Gebiete, Ulm 1786 [Nachdruck, Ulm 1984].

Köhler, Johann David: Anweisung für reisende Gelehrte, Bibliothecken, Münz-Cabinette, Antiquitäten-Zimmer, Bilder-Säle, Naturalien- und Kunstkammern u.a. m. mit Nutzen zu sehen, Frankfurt und Leipzig 1762.

Lipsius, Justus: Two Bookes on Constancie. 1584, übers. von John Stradling, London 1584. Hg. von Rudolf Kirk und Clayton Morris Hall, New Brunswick 1939.

–: De ratione cum fructu peregrinandi et praesertim in Italia. Epistola ad Ph. Lanoyum, in: ders., Epistolarum selectarum tres centuriae, Antwerpen 1691, Nr. XXII, S. 23-29 [Erstdruck, Antwerpen 1586].

Stanleyes Remedy. Or The Way How to Reform Wandering Beggars, Theeves, High-Way Robbers and Rock-Pockets, London 1646, S. 2.

Weickmann, Christoph: Exoticophylacium Weickmannium. Oder Verzeichnus Underschiedlicher Thier, Vögel, Fisch, Meergewächs ... so in Christoph Weickmanns Kunst- und Naturall-Kammer in Ulm zu sehen und von Ihme bey etlichen wenigen Jahren hero zusammen getragen, Ulm 1659.

Literatur

Avé-Lallemant, Friedrich Christian Benedict: Das deutsche Gaunertum, Bd 1, Wiesbaden 1998, S. 154-194 [Nachdruck der zweiten Aufl., München und Berlin 1914; zuerst, Leipzig 1858-1862].

Jones, Adam: A Collection of African Art in Seventeenth-Century Germany, in: African Arts 27 (1994), S. 28-43, 92-94.

Kleinschmidt, Harald: Menschen in Bewegung, Göttingen 2001.

Pfeifer, Volker: Die Geschichtsschreibung der Reichsstadt Ulm von der Reformationszeit bis zum Untergang des Alten Reiches, Ulm 1981.

Piore, Michael: Birds of Passage, Cambridge 1979.

Schmidlin, Walter: Ulmer im fernen Osten während des 17. Jahrhunderts, in: Ulm und Oberschwaben 29 (1934), S. 53-67.

Kaufleute als Kolonialherren, hg. von Eberhard Schmitt und Thomas Schleich, Thomas Beck, Bamberg 1988.

Schmitt, Elmar: Die Drucke der Wagnerischen Buchdruckerei in Ulm 1677 – 1804, Bd 1, Konstanz 1984, Nr 70.

Verletzte Ehre. Ehrkonflikte in Gesellschaften des Mittelalters und der frühen Neuzeit, hg. von Klaus Schreiner und Gerd Schwerhoff, Köln, Weimar und Wien 1995.

Stolz, Susanna: Die Handwerke des Körpers. Bader, Barbier, Perückenmacher, Friseur. Folge und Ausdruck historischen Körperverständnisses, Marburg 1992.

Ulbricht, Otto: Die Welt eines Bettlers um 1775. Johann Gottfried Kästner, in: Historische Anthropologie 2 (1994), S. 371-398.

Kapitel 10

Warum James Cook in die Südsee reiste und Sachen aus Hawaii nach Göttingen kamen

Schuld an allem war Klaudios Ptolemaios. Der Geograf aus Alexandrien folgte im 2. nachchristlichen Jahrhundert seinen Vorgängern und Zeitgenossen und beschrieb den Planeten Erde als Fixstern, umkreist von der Sonne und anderen Gestirnen. Als umfassend gebildetem Wissenschaftler war ihm aber bewusst, dass der Planet Erde nicht deswegen fest sein konnte, weil er irgendwie festgebunden wäre. Mit anderen Worten: Ptolemaios erwartete, dass der Planet Erde als Kugel im Universum schwebte, ohne sich zu bewegen. Soweit wir wissen, war es Ptolemaios, der aus dieser astronomische Theorie ein geografisches Problem ableitete, das ihn berühmt machte. Er fragte nämlich, wie es sein könne, dass der Planet Erde im Universum schwebe, ohne sich zu bewegen. Und er schloss, dass dieser Zustand nur dadurch bestehen könne, dass der Planet Erde nicht um seine eigene Achse rotiere. Aber diese Antwort warf die weitere Frage auf, wie denn verhindert werden könne, dass der Planet Erde, obzwar frei im Universum schwebend, nicht um seine eigene Achsen zu rotieren beginne. Ptolemaios wusste, dass das spezifische Gewicht von Land höher ist als das von Wasser. Wären also Wasser und Land ungleich auf der Erdoberfläche verteilt, müsste der Planet Erde unweigerlich beginnen, um seine eigene Achsen zu rotieren. Da dies Ptomelaios zufolge aber nicht geschah, mussten Land und Wasser gleichmäßig über die Erdoberfläche verteilt sein.

Als Geograf kannte Ptolemaios die drei Kontinente, von denen zwei die Namen römischer Provinzen trugen, einer den Namen einer griechischen Heroengestalt: Africa, Asia und Europa. Er wusste auch, dass das Weltbild seiner Zeit diese drei Kontinente miteinander um das Mittelmeer gruppierte und mit einem Wasserstreifen umgab, der Okeanos (Ozean) hieß. Europa und Asien wurden nach diesem Weltbild nördlich des Äquator positioniert, Afrika versah man mit einer geringen Nord-Süd-Ausdehnung, die nur unwesentlich über den Äquator in die südliche Hemisphäre reichte. Wenn diese Lehren stimmten, musste die südliche Hemisphäre ausschließlich aus Wasser bestehen mit der Konsequenz, dass Land und Wasser ungleich über die Erdoberfläche verteilt wären und folglich der Planet Erde um seine eigene Achse auf der Höhe des Äquators rotieren würde. Das aber war nach der astronomischen Theorie, die Ptolemaios für die Wahrheit hielt, unmöglich. Also nahm Ptolemaios an, dass auf der Südhalbkugel, südlich des Afrika im Süden umschließenden Ozeans, ein weiterer Kontinent liegen müsse, der den addierten Umfang der Kontinente Africa, Asia und Europa habe. Nur wenn in der südlichen Hemisphäre ein den drei bekannten Kontinenten gleich großer vierter Kontinent vorhanden sei, könne der Planet Erde als ganzer fix sein. Lateinisch formuliert hieß der vierte Kontinent *terra australis*, das Südland. Er gestaltete sich im Denken des Ptolemaios als riesige, um den Südpol wabernde Landfläche, die im Norden bis an die Südspitze von Afrika heranreiche.

Mit seiner Annahme verwarf Ptolemaios eine Hauptthese der Geografie, die bis in seine Zeit herrschend gewesen war. Danach hatte die Erdoberfläche eine geschlossene Weltinsel geformt. Alle Menschen hatten mit einander kommunizieren können, ohne größere Wasserflächen überqueren zu müssen. Die Landmasse der Weltinsel hatte als begehbarer Siedlungsraum gegolten. Das war schon die geografische Basis des biblischen Mythos des Turmbaus von Babylon gewesen. Man hatte glauben, hoffen oder befürchten können, dass dieser Siedlungsraum als ganzer irgendwann einem Weltreich unter der Kontrolle eines einzigen Herrschers unterstellt sein würde. Die *terra australis* des Ptolemaios hingegen stand derlei Spekulationen über Weltherrschaft entgegen. Mehr noch: Die Einfügung eines vierten Kontinents in das Weltbild der Antike warf schwierige Fragen nach der Einheit der Menschheit auf. Ptolemaios beantwortete diese politischen Fragen jedoch nicht, sondern überantwortete sie der Nachwelt. Diese interessierte sich zunächst und über viele Jahrhunderte kaum für die Probleme des alexandrinischen Geografen, übermittelte aber brav den Text seines Buchs. Da Ptolemaios griechisch geschrieben hatte, arbeiteten die Übermittler hauptsächlich im östlichen Mittelmeerraum, seit dem 7. Jahrhundert in der Regel in dortigen Klöstern. Im Abendland erzeugten Ptolemaios und die *terra australis* damals hingegen nur wenig Aufmerksamkeit.

Gleichwohl geriet die *terra australis* im 8. Jahrhundert in den Brennpunkt der Theoretiker der katholischen Mission. Diejenigen, die sich damals den Planeten als Kugel vorstellten, und das waren viele, rangen mit dem Problem, wie sie sich das Leben auf der dem Abendland gegenüber liegenden Hälfte des Planeten vorstellen sollten. Der heilige Augustinus etwa lehrte, dass die Menschen, die im östlichen Asien lebten, also dem Abendland gegenüber, mit ihren Füßen den Füßen der Abendländer gegenüber stünden. Mit einem griechischen Wort nannte man diese Leute Antipoden, Gegenfüßler. Der Missionsbischof Virgil von Salzburg, der irischer Herkunft war, lokalisierte im 8. Jahrhundert die Antipoden aber nicht mehr im Osten, sondern auf der Südhalbkugel und – wie Prolemaios – auf einem gesonderten Kontinent. Irische Geistliche ragten damals im Abendland durch ihre umfassende Bildung hervor, die auch Kenntnisse des Griechischen umschloss. Virgil von Salzburg könnte somit von Ptolemaios gewusst haben, hängte aber dessen Theorie nicht in einem geografischen, sondern in einem theologischen Kontext auf. Denn für Virgil stellte sich das Problem, wie die Antipoden, wenn sie denn auf einem gesonderten Kontinent außerhalb von Afrika, Asien und Europa lebten, der christlichen Mission zugänglich gemacht werden konnten. Da hatte der gelehrte Salzburger Bischof Zweifel. Aber der missionarische Universalismus der katholischen Kirche setzte sich gegen derlei Bedenken durch und gab vor, dass auch die Antipoden missionierbar seien. Und Ptolemaios geriet mit seinem vierten Kontinent wieder in Vergessenheit. Gelegentlich erschien der vierte Kontinent zwar auf Weltkarten wie etwa den Monumenten, die Abschriften des Buchs der Apokalypse des spanischen Theologen Beatus von Liébana beigefügt wurden. Aber die überwiegende Mehrheit mittelalterlicher katholischer Theologen folgte den Weltbildtraditionen der lateinischen Antike, ohne sich um die Probleme des Ptolemaios und den vierten Kontinent zu kümmern.

Bis zu Beginn des 15. Jahrhunderts. Dann tauchten plötzlich Handschriften von Originalen der Kosmografie des Ptolemaios im Abendland auf, versehen mit bunten Weltkarten. Eine davon geriet in den Besitz des gelehrten Kardinals Guillaume Fillastre, der eine Übersetzung ins Lateinische veranlasste. Die griechischen Karten zeigten die Welt in ganz anderer Gestalt als die abendländischen Weltkarten. Während abendländische Weltkarten den Osten, also Asien, in der oberen Kartenhälfte positionierten, Afrika und Europa zu gleichen Teilen der unteren Hälfte zuwiesen und die Welt als ganze als oft kreisrunden, mit dem Ozean als Wasserstreifen umgebenen Lebensraum präsentierten, gaben griechische Weltkarten ein Bild vor, das den Norden oben setzte, das Verhältnis der Größen der drei Kontinente weniger schematisch bestimmte und die Welt als rechteckigen Kasten zeigte. Zwar war in beiden Kartenbildern die bewohnbare Weltinsel vom Ozean umgürtet, aber über Einzelheiten der Gestalt von Ozean und Weltinsel bestanden verschiedene Meinungen im Osten und im Westen des Mittelmeerraums. Und so entspann sich durch das 15. Jahrhundert hindurch ein Streit zwischen griechisch und lateinisch schreibenden Gelehrten um das rechte Weltbild. Den Streit reicherten Berichte von abendländischen Indienreisenden an, die, wie etwa Niccolò de' Conti, von großen Wasserflächen im Süden Indiens berichteten. Es schien, als könnte Ptolemaios Recht haben. Wo aber war der vierte Kontinent?

Die Suche wurde spannend, nachdem Kolumbus von seiner ersten Reise zurückgekehrt war. Der Abenteurer berichtete von einer großen Zahl von Inseln, die seiner Ansicht nach der Ostküste Asiens vorgelagert sein sollten. Wenn sich diese Inselwelten nach Süden hin zum vierten Kontinent hin verdichten sollten, hatten die Könige von Portugal einerseits, Aragon und Kastilien andererseits ein Problem. Denn sie hatten den Ozean westlich von Europa im Jahr 1479 per Vertrag von Alcáçovas geteilt in eine südliche Zone, die nur Schiffe mit portugiesischer Lizenz befahren dürfen sollten, sowie eine nördliche Zone, die für Schiffe mit spanischer Lizenz reserviert war. Wenn es eine ptolemäische *terra australis* gab, denn fiel sie als ganze in die portugiesische Zone. Die portugiesischen Könige hatten seit Beginn des 15. Jahrhunderts ihr Interesse auf die Erschließung der Küstenzonen des afrikanischen Kontinents und den Seeweg nach Indien um Afrika herum gelegt. Sie überließen daher Kolumbus und dessen Inselwelten im fernen Ozean gern ihren Konkurrenten aus Spanien und stimmten dem spanischen Vorhaben zu, die ozeanische Trennlinie zu verlegen. Nicht mehr in ost-westlicher Richtung um den Globus herum sollte sie verlaufen, sondern in nord-südlicher Richtung von Pol zu Pol. Den Vertrag über die neue Linie unterzeichneten beide Parteien im Jahr 1494 in der westspanischen Stadt Tordesillas. Sollte es die *terra australis* geben, würde sie in eine portugiesische und eine spanische Hälfte geteilt.

Das war Zukunftsmusik, aber die *terra australis* begann ihre Existenz im Denken und im Kartenbild zu dokumentieren. Schon im Jahr 1513 nahm der Spanier Nuñez de Balboa auf die *terra australis* indirekt Bezug. Er überquerte die Landenge von Panama von Ost nach West und benannte die sich vor ihm auftuende Wasserfläche als Mar del Sur, Südsee. Da er nach Westen blickte, muss Balboa die *terra australis* im Sinn gehabt haben, als er den Namen wählte. Südsee sollte also die Verbindungsroute zum Südland sein, nicht nur ein südlicher Teil des Ozeans. Als im Jahr 1520 der in spanischen Diensten segelnde Portugiese Fernão de Magalhães die Südspitze des nunmehr Amerika genannten Kontinents am Kap Hoorn umfuhr, sichtete er an Backbord Land, das sich weit nach Süden zu erstrecken schien. Magalhães war sich sicher, den Nordzipfel der *terra australis* gefunden zu haben. Der Bericht von Magalhães' Reise gab sofort der *terra australis* spezifische Gestalt. Sie begann, auf Karten als Kontinent zu erscheinen, der sich von der Südspitze Amerikas um den Südpol herum bis zur Südspitze Afrikas zu erstrecken schien. Freilich verband seit Magalhães die *terra australis* nicht Afrika mit Asien, sondern durfte als separates Südland den Südpol umspielen. Das bestätigte die Erfahrungen der Portugiesen, die mit ihren Schiffen um Afrika herum Indien erreicht hatten. Also war der Indische Ozean kein Binnensee, sondern tatsächlich Teil des Weltmeers. Durch Magalhães erhielt die *terra australis* den zusätzlichen Namen *Terra Magellanica*. Als die Portugiesen gegen Ende des 16. Jahrhunderts eine große Landmasse im Südmeer sichteten, erklärten sie diese flugs zur Halbinsel der *terra australis* und benannten sie mit *Nova Guinea*. Guinea war ein in Portugal gängiger Name für ganz Afrika. Aus der angeblichen Halbinsel der *terra australis* wurde in europäischen Karten des späten 18. Jahrhunderts die Insel Neuguinea neben der *terra australis*. Als unerforschter Kontinent wanderte die *terra australis* somit durch die europäische Kartenwelt des 16., 17. und 18. Jahrhunderts, mal größer, mal kleiner, immer vielgestaltig, stets unbekannt.

Bis die britischen Kolonisten in Nordamerika in den 1760er Jahren den Aufstand zu proben begannen. Vorsorglich sann die britische Admiralität während des aus dem Aufstand resultierenden Kriegs auf Kompensation, falls die britischen Kolonien in Nordamerika nicht zu halten sein würden. Damals gab es nur noch einen weißen Fleck auf europäischen Weltkarten. Das war immer noch die *terra australis*. Also begann die Admiralität, eine Flotte mit Ziel Südsee auszurüsten. Konkurrenten aus Frankreich waren eh schon auf dem Weg dorthin. Das Königreich Frankreich hatte im Jahr 1763 seine Kolonien in Kanada und Indien an das Vereinigte Königreich abtreten müssen und suchte ebenfalls nach Kompensation. *Terra australis* und Südsee gerieten somit zum weltpolitischen Zankapfel zwischen den beiden europäischen Königreichen. Das war die Sternstunde des „Kapitäns" James Cook.

James Cook war im Jahr 1728 als Sohn eines Tagelöhners geboren und fuhr seit 1748 zur See. Seit 1755 heuerte bei der Royal Navy als einfacher Matrose an. Schon vier Jahre später erhielt er das Kommando über ein kleines Schiff. Ein lehrbegieriger Mann war er, der sich gründliche Kenntnisse in Navigation, Geografie, Astronomie und vor allem im Vermessen von Land und im Zeichnen von Karten erwarb. Als Vermesser und Kartenzeichner kam er schnell zu einem großen Namen. Nachdem im Jahr 1767 Samuel Wallis als erster Brite die Insel Tahiti gesichtet hatte, rüstete die Admiralität im folgenden Jahr eine große Expedition in die Südsee aus, gab ihr aber keinen politischen, sondern einen wissenschaftichen Auftrag. Ziel der Expedition sei es, ließ die Admiralität die britische Öffentlichkeit wissen, die Bewegungen des Planeten Venus genau zu beobachten. Das könne am besten in der Südsee geschehen. Folglich stach die Expedition in Begleitung einiger Naturwissenschaftler von Plymouth aus in See. Mit James Cook als Kommandant. Cook fuhr um um das Kap der Guten Hoffnung und drang von dort aus weiter nach Süden vor, als jemals ein europäischer Seefahrer gekommen war. Doch Skorbut und andere Beschwernisse zwangen ihn zum Kurswechsel nach Osten. Schließlich fand er zwei große Eilande. Es handelte sich um Neuseeland. Auch befuhr und kartierte er die Teile der Ostküste Australiens und kehre im Jahr 1771 nach England zurück. Im Jahr 1772 begann er seine zweite Expedition in die Südsee, die bis 1775 dauerte. Diese Expedition begleiteten zwei deutsche Wissenschaftler, Johann Reinhold Forster und sein Sohn Georg, die nach ihrer Rückkehr besonders ausführlich über ihre Erfahrungen über Geografie und Kulturen der Südsee berichteten. Schon nach einem Jahr war Cook wieder unterwegs, dieses Mal auf der Suche nach der sagenhaften Nordwestpassage. Damit war ein Durchgang durch den amerikanischen Kontinent vom Pazifik in den Atlantik gemeint. Obwohl die kontinentale Identität Amerikas seit dem Reisen des dänischen Seefahrers Vitus Bering in den 1730er Jahren belegt war, unternahm Cook noch einmal den Versuch, durch Befahrung der Westküsten des amerikanischen Kontinents in der Nordhälfte des Pazifik Anhaltspunkte für einen maritimen Durchlass in den Atlantik zu finden. Cook segelte bis hinauf nach Alaska und durchfuhr die Bering-Strasse, bis ihn Packeis an der Weiterfahrt hinderte. Auf dem Rückweg machte er im Jahr 1779 Station auf der Insel Hawaii, die er den Sandwich Inseln zuordnete, geriet in einen Streit mit der örtlichen Bevölkerung und wurde erschlagen.

Die britische Admiralität zögerte derweil immer noch, die Öffentlichkeit über ihre Ziele umfassend zu informieren. Zu verwegen erschien der Gedanke einer britischen Eroberung der *terra australis*. Außerdem sollte die Konkurrenz aus Frankreich im Unklaren gelassen werden. Dennoch war nicht Astronomie, sondern Politik die Triebkraft für die Expeditionen. Cook erhielt folglich nicht nur die veröffentlichte Instruktion zur Sternenbeobachtung, sondern eine geheime Zusatzinstruktion. Diese besagte, dass Cook so weit nach Süden vordringen sollte wie möglich. Er sollte nach Land, dessen Bewohnern und vor allem nach brauchbaren Häfen Ausschau halten. Wo immer er Land fand, sollte er die britische Fahne aufpflanzen. Der Unionjack sollte den Konkurrenten aus Frankreich demonstrieren: Wir waren schon hier. Ob der Text dieser Instruktion überhaupt in Cooks Hände gelangte, ist unklar. Vielleicht wurde sie ihm nur vor der Abfahrt vorgelesen. Jedenfalls endete der handgeschriebene Text in einer Akte ganz anderen Inhalts und blieb verschollen. Die meisten Zeitgenossen dürften zwar immer schon bezweifelt haben, dass Cook nur zum Sternegucken in die Südsee aufbrach. Aber konkrete Beweise, dass er mehr und anderes im Sinn hatte, fehlten, nicht nur den Zeitgenossen, sondern ebenso denjenigen, die sich zum Zweck historischer Forschung mit Cook im Rückblick beschäftigten. Erst in den 1920er Jahren wurde die Handschrift mit der geheimen Instruktion wieder aufgefunden und im Jahr 1928 veröffentlicht. Bis heute ist unklar geblieben, ob die Handschrift vorsätzlich in eine verkehrte Akte gelegt oder einfach verschlampt wurde. Jedenfalls blieb Cooks Auftrag rätselhaft, solange man die Suche nach der *terra australis* für sinnvoll hielt.

Cook indes folgte der geheimen Instruktion. Die Ergebnisse aller drei Expeditionen waren aber dünn. Cook hatte viel Wasser gesichtet, eine Menge Inseln und mancherlei Exotisches, aber keine *terra australis*. Dass Ptolemaios geirrt hatte, schien bewiesen. Nur interessierten diese Erkenntnisse niemanden mehr am Ende des 18. Jahrhunderts. Denn längst war das ptolemäische Weltbild dem kopernikanischen gewichen, und die Frage, warum die Erde nicht um ihre eigene Achse rotiere, als unsinnige Frage erkannt worden. Cook kam in die Südsee zweihundert Jahre zu spät.

Aber auch die britische Admiralität schwamm nicht in Kenntnissen: Sie starrte gebannt auf die konkurrierenden Franzosen, hatte aber vergessen, dass Schiffe der Niederländischen Ostindischen Kompanie, einstmals Konkurrentin der Briten im 17. Jahrhundert, bereits die Südsee befahren und Land gesichtet hatten, das größer zu sein versprach als irgendeine Insel. Die Niederländer hatten das Land Neu-Holland genannt. Abel Ianszoon Tasman, ein Angehöriger der Kompanie, war bereits im Jahr 1642 noch weiter nach Süden mit zu einer kleinen Insel gelangt war, die er als Teil der *terra australis* identifiziert und nach dem Gouverneur der Kompanie Van Diemen's Land benannt hatte. Es ist diejenige Insel im Süden Australiens, die heute Tasmanien heißt und somit Tasmans Namen trägt. Tasman war von dort nach Neuseeland gesegelt und nach Auseinandersetzungen mit den Māori nach Holland im Jahr 1643 zurückgekehrt. Cook „entdeckte" Neuseeland oder Neu-Holland für die britische Admiralität noch einmal. Nach Cooks Tod entschloss sich die britische Regierung, das größere Land, das Cook in gebührender Entfernung von Neuseeland gesichtet hatte, als Kolonie zum Abladen von Strafgefangenen zu benutzen, und führte den ptolemäischen Namen wieder ein. Die Kolonie für die Strafgefangenen hieß seit 1788 Australien.

Cooks Expeditionen wirkten dennoch weiter. Denn sie beflügelten die Phantasie der Europäer. Das geschah auf zwei Wegen, durch das geschriebene Wort und durch die Sachen, die durch Cooks Expeditionen aus der Südsee nach Europa gelangten. Insbesondere Georg Forsters Berichte waren populär. Die Bewohner der Südsee schienen ihm in paradiesisch anmutender Friedsamkeit zu leben, und Forsters größtes Problem war es zu erklären, warum derart scheinbar so friedfertige Leute so viele Waffen mit sich führten und sie für ihn überraschend wirksam zum Einsatz bringen konnten. Forsters Schilderungen wurden bestärkt durch andere zeitgleich entstandene Berichte. Louis-Antoine de Bougainville, beispielsweise, verbrachte im Jahr 1768 einige Zeit auf Tahiti und schilderte das Leben der Bewohner in den Farben des Paradieses. Das europäische Bild der Südsee erschien verklärt als Gegenbild zu Europa. Aus den Antipoden des Mittelalters wurden die netten Wilden. Der Mythos der Südsee rief Männerphantasien freier Liebe und ungezwungenen Lebens wach, beförderte in Europa Stolz und Arroganz, aber auch Sehnsüchte nach Ursprünglichkeit. Stolz auf das, was als „Zivilisation" in Europa erschien; Arroganz, da die zureisenden Europäer glaubten, die Bewohner der Südsee wie Kinder behandeln zu dürfen; Sehnsüchte, weil die Bewohner der Südsee das Prinzip der Einfachheit ins tägliche Leben umzusetzen schienen.

Die Sachen wirkten auf andere Weise. War das gedruckte Wort für die Öffentlichkeit bestimmt und daher im Grundsatz für jedermann zugänglich, waren die Sachen filigran und daher zerbrechlich. Besondere Pflege war daher angesagt. So gelangten die Sachen zu allererst in die Obhut spezieller Verwahranstalten, die bis ins 18. Jahrhundert als Kuriositätenkabinette zumeist in herrscherlichen Schlössern, mitunter auch den Wohnräumen reicher Bürger aufbewahrt oder Universitäten gestiftet wurden. Zunächst hatten die Verwahranstalten die Aufgabe, Sachen, die man für wertvoll hielt, vor Zerstörung zu bewahren. Hin und wieder gab es Gelehrte, die die Kabinette in Augenschein nahmen und Bestandslisten anfertigten. Doch kaum jemand las diese Listen. Ein Teil von Cooks Sammlungen erreichte, da sich in England niemand für sie interessierte, auf Umwegen die Bibliothek der Göttinger Universität, insbesondere ein Federumhang mit Helm aus Hawaii. Bis in die zweite Hälfte des 19. Jahrhunderts schlummerten diese Sachen zumeist vor sich hin, wo immer sie gerade waren, obschon der neugierige Goethe die hawaiischen Federarbeiten in Göttingen besichtigte, als er auf einer Badereise nach Pyrmont unterwegs war. Später im 19. Jahrhundert aber, als europäische Politiker und Intellektuelle nach Kolonien schrieen, setzte ein Rennen um die Sachen ein. Regierungen suchten, sich mit ihren Kuriositätenkabinetten zu übertrumpfen, und machten sie als Museen der Öffentlichkeit zugänglich. Sie bauten tempelartige Anlagen, in denen die Sachen wie Heiligtümer in Schreinen aus Glas zur Schau gestellt und der Verehrung ausgesetzt wurden. Egal ob das Britische Museum, das Victoria and Albert Museum und das Naturgeschichtliche Museum in London, der Pariser Louvre, das Museum für Völkerkunde in Wien, die preußischen Museen in Berlin, das Museum für Völkerkunde in München, das Linden-Museum in Stuttgart, das Überseemuseum in Bremen, das Museum in Hannover, die herzoglichen Sammlungen in Gotha oder das Stadtmuseum in Ulm – die Museen wuchsen zu Forschungsanstalten, die nicht mehr nur sammeln und sichern, sondern auch zeigen und erklären sollten. In seinen Museen glaubte Europa, die Welt im Griff zu haben. Je mehr Sachen von fern her es dort zu verwahren und zu zeigen gab, desto besser. Eine neue Wissenschaft entstand, gewissermaßen ein Ableger der Geografie, und widmete sich den scheinbar „Primitiven“. In Deutschland und den Niederlanden hieß sie Völkerkunde, im Englischen und den Romanischen Sprachen Anthropologie, die Menschenwissenschaft. Egal ob Völker oder Menschen Gegenstände dieser Wissenschaft waren, jedenfalls galten sie als Kinder, „primitiv“ und schriftlos und sollten als „Naturvölker“ scheinbar am Anfang der Menschheitsgeschichte stehen. Die Wissenschaft von den Völkern oder Menschen befasste sich also mit dem, was ihre Vertreter als den Beginn der Menschheitsgeschichte ausgaben. Cooks Sammlungen und andere Südsee-Sachen erhielten deswegen seit dem späten 19. Jahrhundert Prominenz. Sie wurden ausgegeben als stumme Zeugen einer Welt, die schon seit Urzeiten zu bestehen und vermeintlich unwandelbar in die Zukunft weiterzuführen schien. Galt im 19. Jahrhundert Europäern Europa als Hort der stets und scheinbar immer schneller fortschreitenden Geschichte, sollte die Südsee stets sich selbst gleich geblieben sein. Cooks Federumhang mit Helm geronn, wie auch andere Südsee-Sachen, zum Symbol der Ewigkeit.

Die Universität Göttingen erhielt erst spät eine Professur für „Völkerkunde". Ihr erster Inhaber was Hermann Hans Plischke, der sich auf die Erforschung der Südsee spezialisiert hatte und seit 1928 hauptamtlich in Göttingen lehrte. Doch fand er Cooks Sammlung in Göttingen in beklagenswertem Zustand vor. Sie war in die Obhut des Zoologischen Instituts gelangt, das im Jahr 1877 einen Neubau erhalten hatte, und fristete dort ein Schattendasein. Plischke gelang es schon 1927, Teile der Sammlung der Öffentlichkeit in einer gut besuchten Sonderausstellung zu zeigen. Im Jahr 1931 konnte er eine Dauerausstellung in einem frei gewordenen Teil eines Universitätsgebäudes eröffnen. Er hatte es geahnt: die Ausstellung wurde ein voller Erfolg. Die Göttinger Bevölkerung pilgerte zu Plischke. Einer fand so viel Gefallen an der hawaiischen Rarität, dass er in die Ausstellungsräume einbrechen und gezielt im März 1932 den Umhang samt Helm klauen ließ. Nun stand Plischke ohne seinen Schatz da.

Doch Plischke gab nicht klein bei, sondern nutzte den Schrecken als Gelegenheit zum Ausbau seines Fachs und zum Bau eines Museumsgebäudes. Schon vor 1933 NSDAP-Mitglied, konnte Plischke mit seinem guten Draht zu Nazi-Autoritäten seine Karriere und die Göttinger „Völkerkunde" fördern. Sofort im Jahr 1933 berief ihn die „Partei" zum Leiter des Wissenschaftlichen Amtes des NS-Dozentenbundes in Göttingen. Im Jahr 1934 wurde er Ordentlicher Professor, 1935 Dekan der Philosophischen Fakultät. Als Dekan hatte Plischke nichts Eiligeres zu tun, als jüdische Kollegen aus der Universität zu drängen. Der Lohn der „Partei" kam dann schnell. Dringend forderte Plischke ein Gebäude, damit er die Schätze der Universität würde sicher präsentieren und helfen können, Hitlers Gebot zur Wiederherstellung der deutschen Kolonialherrschaft durch Ausbildung von „Regierungsethnologen" umzusetzen. Der deutschen Kolonialherrschaft waren bis 1918 auch einige Südseeinseln zum Opfer gefallen. Die wollte Plische ins Reich zurückholen. Schon im Jahr 1937 war Plischke am Ziel. Er konnte den stattlichen Bau des Museums für Völkerkunde eröffnen, auf einem kleinen Hügel gegenüber dem Deutschen Theater. Der Hügel hieß damals Adolf-Hitler-Platz. Doch schien es, als seien der hawaiische Federumhang und der Helm unwiederbringlich verloren.

Aber der Zufall wollte es anders. Im Sommer 1945, nach Ende des zweiten Weltkriegs fanden einige sowjetische Soldaten Zeit, vor dem Berliner Stadtschloss einen bunten Gegenstand auf einer Stange mit Lehmkugeln zu bewerfen. Jemand, dem das Spiel missfiel, nahm den Gegenstand von der Stange und trug ihn ins Schloss, in dem sich damals das Museum für Kunstgewerbe befand. Dort blieb der Gegenstand bis zum Herbst 1945. Dann brachte ihn der Leiter des Museums, der in dem Gegenstand nichts Europäisches und nichts Kunstgewerbliches zu erkennen vermochte, zu seinem Kollegen von der Völkerkunde. Der stellte den Gegenstand auf einen Schrank in seinem Dienstzimmer. Dort sah ihn im Jahr 1945 der international bekannte Kunst- und Ethnographica-Händler Arthur Speyer, der sich schon 1932 in die Bemühungen um die Aufklärung des Göttinger Diebstahls eingeschaltet hatte. Speyer erkannte sofort in dem Gegenstand Plischkes Federhelm und trug ihn zurück nach Göttingen. Dort ziert er seither wieder die universitären Sammlungen. Wo der Umhang versteckt wurde, ist Geheimnis des Diebs geblieben.

Christoph Frik wusste genau, wohin er fuhr. James Cook wusste es nicht. Letzterer sollte erkunden, ersterer wollte, so scheint es, weglaufen. Friks Reisen endeten in Migration, Cooks Reisen führten jeweils an den Ausgangsort zurück, auch wenn Cook selbst in Hawaii auf dem Rückweg in Hawaii den Tod fand. Friks Reisen hatten keine Folgen außer für den Reisenden selbst. Cooks Reisen veränderten das europäische Bild der Welt, unabsichtlich, denn diese Änderungen zu bewirken, war nicht sein Auftrag gewesen. Wer Reisen, Migrationen und die Wechsel zwischen Reisen und Migrationen verstehen will, muss auf die Absichten der Reisenden und Migrierenden achten, anstatt Motive auf dem Weg der Theorie zu erarbeiten und über sie zu stülpen. Anders gesagt: Migrationsforschung kann mehr zur Kenntnis der Handlungsweisen von Migranten und Migrantinnen beitragen, wenn sie zuhört und zu verstehen versucht.

Quellen

Universitätsarchiv Göttingen, Kur. 1353.

Institut für Ethnologie der Universität Göttingen. Akten zum Diebstahl der hawaiischen Federarbeiten.

Universitätsarchiv Leipzig, Personalakte Plischke.

Institut für Ethnologie der Universität Leipzig, Schriftwechsel Hermann Hans Plischke, 1921-1923.

Augustinus, Aurelius: De civitate Dei, hg. von Alphons Kalb und Bernard Dombart, 2 Bde (Corpus Christianorum. Series Latina 47), Turnhout 1955.

Bougainville, Louis Antoine de: Reise um die Welt, Stuttgart 2006 [zuerst, Paris 1772].

Corpus documental del tratado de Tordesillas, hg. von Luis Adão da Fonseca und José Manuel Ruiz Asencio, Valladolid und Lissabon 1995.

Cristoforo Colombo et l'apertura degli spazi, hg. von Guglielmo Cavallo, 2 Bde, Rom 1992.

Cook, James: Instruction [British National Archives, Adm 2/1332], in: Naval Miscellany 3 (1928), S. 343-350.

–: The Journals of James Cook, hg. von John Cawte Beaglehole (Works Issued by the Hakluyt Society, Extra Series 34-37), London 1955-1974 [Neudruck in Auswahl, hg. von Philip Edwards, London 1999; Nachdruck dieser Ausg., London 2003; andere Ausg., Woodbridge 1999].

Forster, Georg: James Cook, der Entdecker, und Fragmente über Capitain Cooks letzte Reise und sein Ende, hg. von Frank Vorpahl, Frankfurt 2008.

–: Reise um die Welt, hg. von Frank Vorpahl, Frankfurt 2007.

–: Die Suche nach dem Südland, hg. von Hans Damm, Norderstedt 2007.

Fontes rerum Historiae Iuris Gentium, hg. von Wilhelm Georg Carl Grewe, Bd 2, Berlin und New York 1988, S. 110-116.

Göttinger Tageblatt (8.3.1932; 9.3.1932; 10.3.1932; 11.3.1932; 19./20.2.1977): Berichte über den Diebstahl der hawaiischen Federarbeiten.

Hirsching, Friedrich Karl Gottlob: Nachrichten von sehenswürdigen Gemälde- und Kupferstichsammlungen, Münz-, Gemmen-, Kunst- und Naturalienkabinetten, Erlangen 1789.

Kolumbus, Christoph: Bordbuch, Frankfurt 2006.

–: Der deutsche Kolumbusbrief (Drucke und Holzschnitte des 15. und 16. Jahrhunderts in getreuer Nachbildung 6), Straßburg 1900.

Meine, Karl-Heinz: Die Ulmer Geographie des Ptolemaios von 1482. Zur 500. Wiederkehr der ersten Atlasdrucklegung nördlich der Alpen, Weißenborn 1982.

Pigafetta, Antonio: Magellan's Voyage. A Narrative of the First Circumnavigation, New Haven und London 1969.

Plischke, Hermann Hans: Die Ethnographische Sammlung der Universität, in: Göttinger Universitäts-Taschenbuch (1929), S. 1-8.

–: Die Ethnographische Sammung der Universität Göttingen, ihre Geschichte und ihre Bedeutung (Vorarbeiten zur Geschichte der Göttinger Universität und Bibliothek 10), Göttingen 1931.

Ptolemaeus, Claudius [Klaudios Ptolemaios]: Geographia, hg. von Karl Friedrich August Nobbe, Leipzig 1843-1845 [Nachdruck, Hildesheim 1966].

Pütter, Johann Stephan: Versuch eines academischen Gelehrtengeschichte der Georg-August Universität zu Göttingen, Hannover 1820.

Tasman, Abel Ianszoon: Het journaal von Abel Tasman. 1642 – 1743, hg. von Vibeke D. Roeper, Den Haag 2006.

Literatur

Beaglehole, John Cawte: The Life of Captain James Cook, Stanford 1974.

Die Universität Göttingen unter dem Nationalsozialismus, hg. von Heinrich Becker, Hans-Joachim Dahm und Cornelia Wegeler, 2. Aufl., München 1998 [zuerst, München 1987].

Fischer, Hans: Völkerkunde im Nationalsozialismus, Berlin und Hamburg 1990.

Krüger, Gundolf: Johann Friedrich Blumenbach, England und die frühe Göttinger Völkerkunde, in: „Eine Welt allein ist nicht genug". England, Hannover und Göttingen. 1714 – 1837, hg. von Elmar Mittler, Göttingen 2005, S. 202-220.

–: Wozu die Leute eine solche Menge Waffen haben? Ist bey ihrem gutherzigen und verträglichen Charakter nicht leicht abzusehen. Reflexionen über Krieg und Gewalt in der Südsee (1772 – 1775), in: Georg-Forster-Studien 8 (2003), S. 11-18.

–: The Göttingen Cook/Forster Collection, in: Life in the Pacific of the 1700s. The Cook/Forster Collection of the Georg-August-University of Göttingen, Bd 2, hg. von Brigitta Hauser-Schäublin und Gundolf Krüger, Honolulu 2006, S. 44-98.

Kulick-Aldag, Renate: Hans Plischke in Göttingen, in: Ethnologie und Nationalsozialismus, hg. von Bernhard Streck (Veröffentlichungen des Instituts für Ethnologie der Universität Leipzig, Reihe Fachgeschichte, Bd 1), Gehren 2000, S. 103-114.

Plischke, Hermann Hans: Der Anteil der Deutschen an der Entdeckung des Stillen Ozeans (Nachrichten von der Gesellschaft der Wissenschaft zu Göttingen, Philol.-Hist. Kl., Fachgruppe II, Bd 1, Nr 5), Göttingen 1935.

–: Johann Friedrich Blumenbachs Einfluss auf die Entdeckungsreisen seiner Zeit (Abhandlungen der Gesellschaft der Wissenschaften zu Göttingen. Philol.-Hist.Kl., 3. F., Bd 20), Göttingen 1937.

Slot, Bernardus Josephus: Abel Tasman and the Discovery of New Zealand, Amsterdam 1992.

Uhlig, Ludwig: Georg Forster. Lebensabenteuer eines gelehrten Weltbürgers, Göttingen 2004.

Urban, Manfred: Die Erwerbungsgeschichte der Göttinger Sammlung, in: James Cook. Gifts and Treasures from the South Seas / Gaben und Schätze aus der Südsee, hg. von Brigitta Hauser-Schäublin und Gundolf Krüger, München und New York 1998, S. 56-85.

Kapitel 11

Warum John Hanning Speke nach Buganda kam

Jahrhundertelang verband sich die Gewissheit mit einem berühmten Namen. Keinem Geringeren als Aristoteles wurde die Erklärung für das Paradoxon zugeschrieben, dass der Nil Ägypten im heißen Sommer überschwemmte. Woher brachte der Nil sein Wasser in der heißesten Jahreszeit, wenn es überhaupt nicht regnete? Die Antwort des Philosophen lautete: Irgendwo im Innern Afrikas verdunste Wasser bei großer Hitze, das führe zu Niederschlag, der ließe die Flüsse anschwellen, die dem Nil ihr Wasser zuführten. Weil der Weg des Wassers weit sei, dauere es bis in den Sommer eines jeden Jahrs, ehe es in Ägypten feucht werde. Eine bestechende Theorie. Sie wurde bis ins 15. Jahrhundert in zahlreichen griechischen und lateinischen Handschriften überliefert und regte einige Autoren zu Kommentaren an. Doch die elegante Theorie ließ die wichtigste Frage offen, woher der Nil denn kam. Auch diese Frage trieb die Gelehrten um. Der alexandrinische Geograf Klaudios Ptolemaios meinte im 2. nachchristlichen Jahrhundert, der Nil entspringe aus den Mondbergen im südlichen Afrika in der Nähe eines großen Sees. Woher er das wusste, sagte er nicht.

Die meisten Flüsse geben ihre Quellen auf einfache Weise preis. Wer entgegen dem Wasserlauf dem Fluss mit einiger Hartnäckigkeit folgt, kommt irgendwann zu einer sumpfigen Stelle am Abhang eines Bergs, aus dem Wasser austritt und sich den Weg talwärts bahnt. Nicht so der Nil. Er durchfließt tiefe Taleinschnitte, durch die kein Weg führt, umspielt wilde, unschiffbare Stromschnellen, die großräumig umgangen werden müssen, und verhüllt so seine Herkunft. Bis in die Mitte des 19. Jahrhunderts änderte sich an diesem Befund nichts. In europäischen Weltkarten blieb das Innere Afrikas frei von geografischen Informationen. Aber die Geografie duldet auf Dauer weder Leere noch offene Fragen. Es war auf Dauer nicht hinnehmbar, dass die Quelle eines der bekanntesten Flüsse der Welt unbekannt blieb. Um die Mitte des 19. Jahrhunderts gerieten die Theorie des Aristoteles und die Meinung des Ptolemaios auch noch zum Politikum. Ungeduldige Politiker der größeren europäischen Staaten erteilten der Wissenschaft Weisung, dem Nil die

Geheimnisse seiner Herkunft zu entreißen. Die Wissenschaft habe die nationale Pflicht sicherzustellen, dass ein Landsmann als erster die Quelle zu Gesicht bekäme. Der Wettlauf um die Nilquelle war angepfiffen.

Im Vereinigten Königreich gab es in London die Geografische Gesellschaft. Das war ein Klub von Abenteurern, die gern zu entlegenen Orten unterwegs waren, meist Militärs, ein paar Adlige, ein paar Naturwissenschaftler. Seit 1830 trafen sie sich regelmäßig zum Dinner, um ihre Träume auszutauschen und neue Pläne für waghalsige Vorhaben auszutüfteln. Die Abenteuer nannten sie hochtrabend „Expeditionen" und verbanden damit den Anspruch, im Dienst der Wissenschaft unterwegs zu sein. Im Jahr 1859 erhielt die Gruppe von Königin Viktoria ein Privileg und nennt sich seither Royal Geographical Society. Schon seit der Mitte der 1850er Jahre nahm die Gesellschaft sich der Suche nach der Nilquelle an und rührte kräftig die Werbetrommel. Der Klub entschied, nicht dem Flusslauf des Nils nach Süden zu folgen, sondern per Schiff in den Indischen Ozean zu fahren, um von dort nach Westen vorzustoßen. Irgendwo musste es ein nach Norden fließendes Gewässer geben. Die Frage war nur, von welchem Punkt an der Ostküste Afrikas die „Expedition" starten sollte. Im Jahr 1856 brach ein gewisser Richard Francis Burton mit seinem Kumpel John Hanning Speke zur Insel Sansibar vor der Ostküste Afrikas auf. Burton war zuvor in der arabischen Wüste unterwegs gewesen und hatte über dortige Kaufleuten von einem ostafrikanischen „Binnenmeer" in der Nähe hoher Berge gehört. Ihn trieb der ptolemäische Gedanke um, dass der Nil dort seinen Ursprung haben könnte. Burton und Speke setzten also von Sansibar aus zum Festland über und heuerten dort Träger für ihr Gepäck an. Dann folgten sie den seit Jahrhunderten begangenen Handelswegen nach Westen. Die Wege waren beschwerlich für die beiden Briten. Burton lahmte und musste über weite Strecken getragen werden. Speke erblindete zeitweise und verlor vorübergehend sein Gehör nach dem Versuch, einen Käfer zu entfernen, der sich in seinem Ohr eingenistet hatte. Doch im Jahr 1858 erreichten sie einen langen, sich von Süd nach Nord erstreckenden See im Innern, der heute Tanganyikasee heißt. Sollte der See die Nilquelle sein? Zu krank für weitere Begehungen entschieden sie sich zur getrennten Rückkehr nach London. Speke war schneller und nutzte die Zeit bis zur Ankunft Burtons zur Propaganda für sich selbst. Er wollte sich als Entdecker der Innersten Ostafrikas feiern lassen und erregte damit Burtons Zorn. Die beiden verband seitdem eine lebenslange intensive Feindschaft. Speke gelang jedoch der Coup, den gerade königlich gewordenen Lononer Klub der Abenteuergeografen dazu zu gewinnen, eine weitere Expedition nach Ostafrika mit ihm als Leiter einzusetzen. Burton stand nicht mehr auf der Teilnehmerliste. Im Jahr 1860 brach Speke wieder auf. Sein Begleiter war dieses Mal James Augustus Grant. Dieser hatte Speke vor der Abreise schriftlich versichern müssen, keineswegs vor Speke seine eigenen Berichte über die „Expedition" zu veröffentlichen.

Schon zuvor war David Livingstone, ein britischer Missionar, vom Kap der Guten Hoffnung aus in Richtung Norden aufgebrochen. Ihm ging es um die Sammlung geografischer Fakten aus dem Innern Afrikas, die er der Verwertung durch Wirtschaft, Staat und Kirche zuführen wollte. Seit 1849 durchwanderte Livingstone Gegenden, die vor ihm noch kein Europäer betreten hatte. Livingstone verstand zu erzählen, und seine Berichte über Menschen, Tiere, Pflanzen, Gebirge, Flüsse und Bodenschätze fanden ein gieriges Publikum in Europa. Auch Livingstone erreichte den Tanganyikasee. Aber den Nil hatte er bis dato nicht gesichtet. Speke hatte Konkurrenz nicht nur in London, sondern auch vor Ort in Afrika.

An der afrikanischen Ostküste im heutigen Tanzania angekommen, gingen Speke und Grant ebenso vor wie Burton und Speke bei der ersten „Expedition". Nur wählten sie eine etwas weiter nördlich gelegene Route ins Innere Ostafrikas. Die Karawane mit Speke und Grant brach im Jahr 1862 auf und erreichte bald das Südufer eines großen Sees. Speke nannte den See Lake Victoria, in Afrika hieß er Ukerewe Nyanza. War der See die Nilquelle, musste es an der Nordseite des Sees einen Ausfluss geben. Also zog die Karawane weiter. Spekes wegekundige Führer geleiteten die Karawane in das Gebiet des Königreichs Karague unweit des Westufers des Sees. Weiter nördlich liege das Königreich Buganda, dort sei das Nordufer des Sees, sagte man Speke. Rumanika, der König von Karague, war nach Spekes Bericht bereit, ihm dorthin Geleit zu geben. Das war übliche Gastfreundschaft, die Speke als Weitgereistem zuteil wurde, obschon Rumanika nichts wusste vom Vereinigten Königreich, nichts von Viktoria, nichts von Ägypten und nichts vom Nil. Flüsse gab es viele, denn man hatte reichlich Regen. Ja, im Norden gebe es einen Ausfluss aus dem See, aber warum sollte der Wasserlauf Nil heißen? Wie schließlich sollte man glauben können, dass Speke und Grant mit ihrer Karawane von weit her gekommen seien, nur um einen Fluss zu finden? Sie mussten einen triftigeren Grund für ihre aufwendige Reise haben. Aber Speke bestand darauf, selbst mit dem König von Buganda sprechen zu wollen.

Speke hatte ein paar wunderliche Instrumente bei sich, eine Art Feuerrohre, die vielleicht als Waffen einsetzbar waren. Aber ansonsten schien die Karawane harmlos. Also ließ man sie weiter ziehen ins Zentrum der Macht, nach Mengo in Buganda unweit der Nordostecke des Sees. Speke jedoch ging von Karague aus allein weiter und ließ seinen Kumpel Grant dort zurück, da dieser mit einer Infektion daniederlag. Anders als Speke es sich vorstellte, musste er durch hügeliges Gelände weit entfernt von den Ufern des Sees wandern. Von dem See selbst sah er auf der Strecke nichts. Ohne es wahrhaben zu wollen, waren die beiden Briten Gefangene der afrikanischen Könige, in deren Gebieten sie sich bewegten und die ihnen die Reiseroute diktierten. Speke kümmerte dies zunächst wenig, wurde aber ungeduldig, als ihm in Buganda bedeutet wurde, dass er nicht sofort an das Nordufer ziehen durfte, das er schnellstmöglich erreichen wollte. Das Nordufer des Sees lag daher für Speke nahe, blieb aber zunächst unerreichbar. Wieder gesundet, traf auch Grant in Buganda ein. Es fügte sich gut für Speke, dass dort wenige Jahre zuvor, wohl 1856, ein junger Herrscher ins Amt gekommen war. Er hieß M'tesa und war Neuem und Fremdem gegenüber aufgeschlossen. Schon gelegentlich hatte er mit Arabisch sprechenden Händlern zu tun gehabt, die von Norden kamen. Sie hatten ihm Waffen angeboten, mit denen man todbringende Metallkugeln abfeuern konnte. Die Händler freilich flunkerten kräftig, denn sie brachten M'tesa alte Gurken aus europäischer Produktion des 18. Jahrhunderts mit. Als Speke in Buganda eintraf, konnte er nicht ahnen, dass M'tesa sich für Handfeuerwaffen interessierte.

M'tesa empfing die weit Gereisten gebührend, erkundigte sich, wie es üblich ist, nach deren Befinden, dem Woher und Wohin und führte seinen Hofstaat vor. Seine Macht demonstrierte er, indem er sein Gefolge aus Kriegern und Beamten antreten ließ. Hin und wieder wohnte Speke Opferritualen bei, bei denen auch, so schrieb Speke, Menschen getötet worden sein sollen. Monate vergingen, und Speke wurde ungeduldig. M'tesa aber vertröstete Speke und ließ ihn weiter warten. Er geizte nicht mit Audienzen, erklärte bereitwillig Bugandas Kultur und die Unterschiede zu den Kulturen der Nachbarn. M'tesa zeigte sich sprachgewandt, übersetzte Wörter aus dem Kiganda ins Swahili und ins Arabische. Speke notierte die Einzelheiten mit Erstaunen und fügte sich ins Warten. Bald kam das Gespräch auf die Feuerwaffen. Ob Speke solche Instrumente bei sich habe, wollte M'tesa wissen. Speke zeigte sie ihm. Dann solle er doch einen Vogel vom Himmel holen, provozierte M'tesa. Das war ein Mords Gaudi für Speke, der Schießen gelernt hatte. Er legte an, und Vögel fielen vom Himmel. M'tesa gab Anzeichen von Respekt zu erkennen. Dann wurde M'tesa krank. Er hatte eine eitrige Blase auf der Haut und wollte deswegen Speke nicht zu einer schon angesetzten Audienz vorlassen. Speke ließ sich den Fall erklären und erweckte den Eindruck, als könne er den Herrscher mit einem einfachen Schnitt sofort heilen. M'tesa ließ Speke vor, der ihm einige Grundsätze der Anatomie erklärte und dann mit der Operation beginnen durfte. Die hatte den gewünschten Erfolg und verschaffte Speke nach seinem eigenen Bericht den Ehrentitel „Doktor". Speke durfte an das Nordufer des Sees zu einem Wasserfall weiterreisen. In Begleitung von M'tesas Kriegern.

Im Juli 1862 schien der Erfolg nah. Speke war sich sicher: bald werde er an der Quelle des Nils stehen. Unter einem Vorwand schickte er Grant in das benachbarte Königreich Bunyoro auf Erkundungstour. Seine Begleitung schüttelte er ab und ging allein weiter. Es fällt schwer, dem Eindruck entgegen zu wirken, als habe Speke allein sein wollen bei seiner „Entdeckung". Zwei Tage später stand er am Wasserfall. Er nannte ihn Ripon Falls nach dem Chef der Royal Geographical Society, bestimmte das sich vor ihm gen Süden auftuende Gewässer als Lake Victoria, erkor den See zur Quelle des Nils, beobachtete Flusspferde beim Dösen und ging eine Woche lang an den Ufern des Flusses spazieren. Dann brach er auf in Richtung Norden, um sich mit Grant zu treffen. In eine Kartenskizze, die Speke offenbar vor Ort angefertigt hatte, hatte er den Verlauf des Nils zwischen dem Seeufer und dem bekannten Oberlauf des Flusses im südlichen Sudan mit gestrichelter Linie eingetragen.

Speke und Grant kehrten auf dem Landweg nach Norden zurück. Sie folgen der Route der arabischen Händler. Ziel war der nördlich am Oberlauf des Weißen Nil gelegene Stützpunkt Gondokoro im südlichen Sudan. Der Nil war oberhalb von Gondokoro nicht mehr schiffbar. Dort schlugen arabisch-türkische Händler Waffen, Sklaven und andere Waren um. Seit 1852 bestand dort zudem ein katholischer Missionsstützpunkt. Von dort aus wollten Speke und Grant den Nil abwärts nach Khartoum fahren und nach London zurückkehren. Wie geplant trafen die beiden in Gondokoro ein, erschöpft, aber wohl behalten. Nun galt es, die frohe Botschaft so schnell wie möglich zu Hause in London zu verbreiten. Von Khartoum aus telegrafierte Speke vorweg und schrieb dann seinen Bericht überwiegend in Tagebuchform nieder. Schon im folgenden Jahr 1863 erschien der Bericht im Druck. Das Buch verkaufte sich gut. Eine französische Fassung erschien bereits 1864, zwei verschiedene deutsche Fassungen 1864 und 1865. Auch Spekes Vorträge fanden donnernden Beifall. Mit Genugtuung registrierte die britische Öffentlichkeit, dass ein Brite das Geheimnis der Quelle des „alten Vaters Nil" gelüftet hatte.

So jedenfalls schien es. Doch die Royal Geographical Society reagierte zögerlich, wenn nicht sogar abweisend. Ein großer See als Quelle des Nils? Flüsse pflegen in Bergen zu entspringen. Wo war der Zufluss zum See? Waren die Gewässer, deren Süd- und Nordufer Speke gesehen hatte, derselbe See? Speke hatte es unterlassen, den See zu vermessen. Sogar der große Livingstone griff in die sich anbahnende Debatte ein. Der Ausfluss aus dem See sei viel zu klein, um als Anfang des mächtigen Nils gelten zu können, wandte er ein. Burton, Spekes Hauptgegner, war gerade auf einer „Expedition" in Westafrika unterwegs. Von dort zurückgekehrt, übergab er der Gesellschaft seine Kritik in der Form eines wissenschaftlichen Aufsatzes. Darin ritt er eine böse Attacke gegen Speke, dem er Unzuverlässigkeit vorwarf. Vielleicht gebe es die Ripon Falls. Aber Speke hatte es versäumt, dem Flusslauf zu folgen. Woher wollte er wissen, dass der Ausfluss aus dem See derselbe Fluss war wie der Nil? Der Beweiswert von Spekes Erzählungen war somit gleich Null. Dann arrangierte die Royal Geographical Society eine öffentliche Debatte zwischen Burton und Speke.

Am 16. September 1864 sollte sie in Bath im Westen Englands stattfinden. Dort sollten die beiden Kontrahenten ihre Beweise auf den Tisch legen. Am Tag vor der Debatte aber erschoss sich Speke. Zwar ließen die Behörden verlauten, es sei ein Unfall gewesen. Doch die Möglichkeit, dass es Selbstmord war, war nicht auszuschließen. Schließlich blieb der tote Speke Sieger der Debatte. Noch heute ziert seine Statue das Ufer der Ripon Falls. Und die Geografielehrbücher erzählen weiterhin brav die Geschichte, dass der Nil nicht irgendeinem Berg entspringe, sondern dem See der Königin Viktoria. Dessen ungeachtet ist die Debatte, welcher Zufluss in diesen See als Quellfluss des Nils gelten dürfe, bis heute nicht abgeschlossen.

Indes, Rumanikas und M'tesas Leute dachten richtig, als sie bezweifelten, dass Speke nur gekommen war, um nach einem Fluss zu suchen. Nicht dass die Suche nach der Nilquelle bloßer Vorwand gewesen wäre. Aber Geografie als Wissenschaft war im 19. Jahrhundert mehr als bloße Kunde von der Erdoberfläche, sondern zu allererst Dienstmagd der Politik, Religion und Wirtschaft. Denn das Wissen, das die Geografie bereitstellte, lenkte den Blick von Kirchenleuten, Unternehmern und Regierungen in die Ferne und weckte Begehrlichkeiten. Schon Speke hatte von Kupferminen in Buganda berichtet. Der Ehrgeiz der Royal Geographical Society blieb zudem andernorts in Europa sowie auch in Afrika selbst nicht ohne Antwort. In Frankreich sowie in Belgien trat bald Konkurrenz auf dem Plan. Selbst Ismail Pascha, der türkische Khedive von Ägypten, eine Art Vizekönig des Osmanischen Sultans, träumte von einem eigenen Kolonialreich und stattete in den 1870er Jahren eine „Expedition" nach Ostafrika aus. In Frankreich entsandte die Regierung der Dritten Republik den Abenteurer Pierre Savorgnan de Brazza in das Kongogebiet, wo seit 1880 französische Stützpunkte entstanden. Dort tat sich derweil bereits der belgische König Leopold II. um. Er kaufte aus seiner Privatschatulle die Befugnis zur Kontrolle, oder was er dafür hielt, über weite Landstriche um das Einzugsgebiet des Kongoflusses und stach damit zunächst die mächtigeren Franzosen aus. Doch britische und andere Abenteurer des englischen Sprachraums hatten weiterhin die Nase vorn.

Ein Pfiffikus unter den Lesern von Livingstone und Speke war ein walisischer Journalist, der sich Henry Morton Stanley nannte und in den USA lebte. Stanley liebte die spannende Reportage, weil sie Leser fand, die Auflagen der Zeitungen steigerte, für die er schrieb, und ihm Geld einbrachte. Stanley hatte eine Nase für Sensationen. Im Jahr 1869 kursierte das Gerücht, Livingstone sei auf einen Wanderungen im Innern Afrikas verschollen. Stanley wusste einigermaßen zuverlässig, wo Livingstone gerade war, und brach auf, um den Altmeister der europäischen Afrikawanderer aus den vermeintlichen Unbilden des Urwalds zu befreien. Stanley sicherte sich die Unterstützung einer finanzstarken Zeitung in New York, deren

Reporter er war. Ohne Schwierigkeiten fand Stanley Livingstone, krank zwar, aber nicht in akuter Gefahr. Livingstone zeigte sich verdutzt, dass man ihn in Europa verschollen geglaubt hatte, entschloss sich dann aber doch zur Weiterreise mit Stanley gemeinsam. Während Livingstone in Afrika blieb und dort im Jahr 1874 verstarb, kehrte Stanley zurück und berichtete nunmehr als Spezialist aus dem Innern Afrikas. 1875 zog es Stanley wieder nach Afrika, dieses Mal nach Buganda. Dort wollte er auf Spekes Spuren wandern. In Mengo traf er M'tesa in guter Verfassung und offen wie eh und je. Ob er mehr über das Christentum wissen wolle, bohrte Stanley. M'tesa hatte nichts dagegen. Der Zufall wollte es, dass eben zu der Zeit, als M'tesa mit Stanley plauderte, der Belgier Ernest Linant de Bellefonds als Abgesandter des Khedive in Buganda eintraf. Stanley beschwatzte Linant, einen Zettel einzustecken und, nach Kairo zurückgekehrt, den Inhalt per Telegraf nach London zu übermitteln. Die Botschaft auf Stanleys Zettel war, M'tesa sehne sich nach christlichen Missionaren. Angeblich beförderte Linant den Zettel im Schaft seines Stiefels. Stanleys Zettel erweckte das Interesse der britischen Presse, die die Botschaft druckte. Stanley selbst zog weiter nach Westen in das Kongo-Tal und durchquerte als erster Europäer den afrikanischen Kontinent von Ost nach West.

In London nahm die anglikanische Church Missionary Society Stanleys Botschaft zwar als erste wahr. Aber auch die katholische Kirche wollte nicht hintanstehen. Speke hatte, vielleicht ohne es zu wollen, ein weiteres Zielgebiet den Geschäften christlicher Missionare geöffnet. Die Church Missionary Society schritt zur Tat, als gelte es, verlorene Seelen zu retten. Speke hatte hier und da von Aussagen berichtet, die so gedeutet werden könnten, als seien einige Bewohner Ostafrikas in fernvergangen Zeiten einst Christen gewesen. Zwar hatte Speke diese Aussagen als grundlos verworfen, sie aber in seinem Bericht abgedruckt. Im Jahr 1876 erreichte der anglikanische Missionar Charles Thomas Wilson Buganda und traf dort M'tesa, immer noch im Amt. Der praktizierte Tolerenz und ließ den Missionar gewähren.

Derweil beobachteten die katholischen Weißen Väter, schon im Kongo tätig, das Wirken der Anglikaner genau. Die Väter erbaten päpstlichen Auftrag, nach Buganda zu gehen, und trafen dort 1877 ein. Es blieb aber nicht bei der Konkurrenz der Missionare, die ihre Schulen und Kirchen bauten, um für das Christentum zu werben. Denn die Missionare erbaten auch den Schutz ihrer Regierungen, um den jeweiligen Besitzstand gegen potentielle Angriffe der Konkurrenz zu sichern. Am schnellsten reagierte die britische Regierung und stellte die Church Missionary Society unter ihren Schutz. Für die Weißen Väter zog die französische Regierung nach. Die britisch-französische Rivalität um Weltmachtstatus fraß sich bis Buganda durch. Dabei blieb es vorerst. Das eben proklamierte Deutsche Reich verhielt sich ruhig. Reichskanzler Otto von Bismarck wollte damals von Kolonien nichts wissen.

Dennoch beflügelte Afrika auch weiterhin die begehrliche Phantasie von Kirchenleuten, Wissenschaftlern, Wirtschaftsbossen und Diplomaten. Wissenschaftler interessierten sich für gesellschaftliche und politische Ordnungen einerseits, für die Schätze andererseits, die sie im Boden vermuteten. Diese Interessen trafen sich mit denen der Diplomaten und Wirtschaftsbosse. Für die Kirchenleute war wichtig zu wissen, wie sie am erfolgreichsten in ihrem Sinn missionieren konnten. Um dies lernen zu können, nahmen sie die Dienste der Wissenschaft in Anspruch. Schon im Jahr 1867 war an der Universität von Edinburg eine Professur für Missionswissenschaft errichtet worden, eine weitere folgte in Halle im Jahr 1896. Später, im Jahr 1907, bestimmte rückblickend Gustav Warneck, der Inhaber der dortigen Professur, Mission als „Macht- und Gewöhnungsschule für die Völker". Für Warnecks Kollegen, den Theologen Ernst Troeltsch, war die Mission ein unersetzliches Mittel, um die „Eingeborenen ...äußerlich und innerlich zu heben". Gleichwohl schloss Troeltsch die gesamten sogenannten „Naturvölker" als „unreif" von der Mission aus. Zwei jüngere Kollegen, der Göttinger Kirchenhistoriker Carl Mirbt und der Missionar Julius Richter, wurden kurz vor und während des ersten Weltkriegs schließlich deutlicher. Mirbt meinte im Jahr 1917 ohne jede Zurückhaltung, die Mission übermittele Millionen von Menschen das Verständnis für europäische Kultur, sei folglich ein Mittel, „der Bevölkerung des Schwarzen Erdteils die Segnungen unserer Kultur zu bringen", und geeignet, der „Erschütterung der Autorität der weißen Rasse durch den Krieg" entgegenzuwirken. Richter beschrieb bereits im Jahr 1913 die Geschicke der Mission in Uganda und kam zu dem Schluss, durch die Mission käme Afrika dazu, dass „primitive Völker beim Antritt ihrer weltgeschichtlichen Laufbahn den von den Vätern ererbten Animismus aufgeben und sich eine Kulturreligion aneignen" könnten. Diesen Prozess gelte es durch die christliche Mission zu fördern. Diejenigen Missionswissenschaftler, die sich der Erforschung menschlicher Gesellschaften in Afrika widmeten, schrieben also das rassistische Paradigma aus, das im späten 18. Jahrhundert aufgekommen war, alle afrikanische Kulturen als Einheit hinstellte und in der Welt der „Primitivität" verortete. Diese Wissenschaftler sahen ihre Hauptaufgabe darin, einen nebulösen „Kulturfortschritt" in Afrika zu bewerkstelligen. Afrikaner sollten lernen, nicht nur mit ihren religiösen Traditionen zu brechen, sondern sie insgesamt auf den Müllhaufen der Vergangenheit zu werfen. Die Abenteurer aus der Mitte des 19. Jahrhunderts lieferten scheinbare Belege in ihren Schauererzählungen von unwirtlichen Lebensverhältnissen, unbekleideten Menschen, grausam anmutenden Strafritualen und gefährlichen Krankheiten, Die Mission war das wichtigste Vehikel des angeblichen „Kulturfortschritts".

Dabei hatten Abenteurer, Diplomaten und Missionare ein scheinbar schlagendes Argument. Bis in die 1880er Jahre deportierten Sklavenhändler Afrikaner, um sie nach Südamerika, hauptsächlich nach Brasilien, und in das Osmanische Reich zu verkaufen. An der Deportation wirkten afrikanische Mittelsmänner mit. Das war zwar alles illegal nach dem Völkerrecht, aber Versuche, das Verbot des Sklavenhandels durch das Völkerrecht mit militärischer Gewalt durchzusetzen, trieb nur die Preise für die Sklaven in die Höhe, anstatt den Handel zu beenden. Die Wissenschaftler und Missionare erkannten richtig, dass die Deportationen von Afrikanern als Sklaven erst enden würden, wenn die Mittelsmänner in Afrika sich nicht mehr an dem Handel beteiligten. Also schien „Aufklärung" angesagt.

Aber es kam anders. Je mehr afrikanische Gesellschaften ins Blickfeld europäischer Abenteurer und Missionare gerieten, desto mehr fielen diesen Berichterstattern interne afrikanische Dienstverhältnisse auf, die sie mal als „Feudalismus", mal als „Sklaverei" brandmarkten. Schon Speke hatte von Abhängigkeitsverhältnissen berichtet, die ihm der Sklaverei ähnlich schienen. Es galt nunmehr, nicht nur den Sklavenhandel über den Atlantik und ins Osmanische Reich zu beenden, sondern auch die scheinar innerafrikanische Sklaverei abzuschaffen. Dieses Ziel schien mit „Aufklärung" allein nicht erreichbar, sondern nur durch das Eingreifen europäischer Regierungen. Die Missionare konnten ihr Wirken nunmehr dreifach rechtfertigen, mit der Verbreitung des Christentums, der Durchsetzung des „Kulturfortschritts" und der Abschaffung der angeblichen innerafrikanischen Sklaverei als Zielen. Die Wissenschaftler sekundierten, forderten den Bau von Schulen für Kinder, die fürs Leben lernen, und von Krankenhäusern, die das Überleben in einer ach so feindlichen Umwelt sichern sollten. Die Regierungen sollten durch Militärs und zivile Verwaltungsbeamte vor Ort Recht, Ordnung und öffentliche Hygiene durchsetzen, damit die Europäer in Afrika in Sicherheit und Ruhe leben könnten. Der britische Literat Rudyard Kipling verlieh im Jahr 1899, aus Anlass der Durchsetzung US-amerikanischer Kolonialherrschaft über die Philippinen, dem Gedanken poetische Form. Sein Gedicht, das damals den Titel „The United States and the Philippine Islands" trug, salbeite mit griffiger Formel den angeblichen „White Man's Burden" über vermeintliche, „neu gefangene, dumme Völker, halb Teufel, halb Kind". Abenteurer, Wissenschaftler, Missionare und die ihnen nahestehenden Poeten waren Dienstboten der kolonialen Expansion. Manche Politiker, insbesondere die Vorkämpfer des Nationalismus im späten 19. Jahrhundert, und die Trommler in den Kolonialvereinen hörten es gern.

Die anderen Wissenschaftler, die sich für Bodenständiges interessierten, ermittelten zunächst diejenigen Gegenden Afrikas, die ihnen für Landwirtschaft geeignet schienen. In Teilen Afrikas herrschten klimatische Verhältnisse, die denjenigen Süd- und Mittelamerikas ähnelten. Sie gestatteten den Anbau von Pflanzen, die in Europa nicht wuchsen. Afrika schien dünn besiedelt, viel Land wähnten diese

Wissenschaftler ungenutzt. Sie klassifizierten es als „herrenloses Land" und griffen auf die ältere Völkerrechtstheorie schon des 16. Jahrhunderts zurück, dass „herrenloses Land" von jedermann besetzt oder sonstwie angeeignet werden könne. Land, so lautete ihre Parole, sei frei, wenn es nicht für jeden erkennbar intensiv für die Landwirtschaft genutzt werde. Mit diesem Argument hatten die Europäer bereits im 16. Jahrhundert in Amerika die dort lebende Bevölkerung aus den Gebieten vertrieben, die sie sich hatten aneignen wollen. Im Südpazifik war man seit dem frühen 19. Jahrhundert genau so verfahren. Auch die Buren vom Kap hatten seit den 1830er Jahren sich in Gegenden mit afrikanischer Besiedlung festgesetzt und die ansässige Bevölkerung vertrieben. Nunmehr wurden insbesondere Ostafrika und die von Europäern noch nicht besiedelten Teile Süd- und Südostafrikas als Zielgebiete für die Einwanderung europäischer Bauern ausgewiesen. Die dort lebenden afrikanischen Gruppen sollten weichen oder mit Gewalt vertrieben werden. Die europäischen Neusiedler sollten Plantagen für Cashcrops anlegen, die als Kolonialwaren in Europa Absatz finden sollten.

In der zweiten Hälfte des 19. Jahrhunderts mehrten sich zunehmend Funde von Mineralien im Boden. Nachdem in der Nähe des Kaps bei Kimberley im Jahr 1867 Diamantlager aufgedeckt worden waren, kamen riesige Vorkommen von Gold, Kupfer und weitere Diamantenlager in den 1880er Jahren zum Vorschein. Der Raub der Mineralien versprach gute Gewinne. König Leopold II. von Belgien gab großzügig gegen Bares Konzessionen aus für die Lagerstätten in dem ihm unterstehenden Kongogebiet. Die afrikanische Bevölkerung wurde unter Bedingungen zur Arbeit gezwungen, die außer dem Namen alle Eigenschaften der Sklaverei hatten. Die Wirtschaftsbosse stimmten in den Chor derjenigen ein, die die europäische Eroberung Afrikas forderten. Afrika wurde der Ausplünderung preisgegeben.

Schon 1884 gab es diplomatischen Handlungsbedarf. Die Verfahren der Ausplünderung in den Gebieten unter der Herrschaft Leopolds II. wurden so unmenschlich für die ausgebeuteten afrikanischen Bevölkerungsgruppen und so gefährlich für deren Ausbeuter, dass die europäischen Regierungen einschreiten zu müssen glaubten. Auch Bismarck gab schließlich dem Drängen der Koloniallobby nach, schwenkte auf Expansionskurs ein und spielte noch einmal die ihm lieb gewordene Rolle des ehrlich daherkommenden Maklers. Nach Berlin berief er eine internationale Konferenz von Diplomaten der größeren europäischen Staaten ein, um nichts Geringeres als die Aufteilung Afrikas zu vereinbaren. Die Konferenz tagte von August 1884 bis Februar 1885 und fasste eine Reihe von Beschlüssen. Die wichtigste betraf die afrikanischen Küstenlinien. Danach sollte jeder europäische Staat, dessen Regierung Anspruch auf einen Teil der Küstenlinie sowie des unmittelbar anschließenden Hinterlands erheben wollte, diesen Anspruch auf diplomatischem Weg kundtun und durch Entsendung ziviler Verwaltungsbeamter sowie militärischer Streitkräfte bewehren. Weder bloß papierne Verabredungen mit afrikanischen Herrschern noch leere Behauptungen irgendwelcher überkommener Oberherrschaftstitel sollten allein gültig sein. Europäische Herrschaft musste sichtbar sein, oder es sollte sie nicht geben. Der zweite wesentliche Beschluss der Berliner Afrika-Konferenz betraf das Kongo-Gebiet. Man beließ es unter der Kontrolle Leopolds II., gab ihm aber die Rechtsform eines Freistaats, der zugänglich sein sollte für jedermann. Also durften nicht nur Kumpane Leopolds dort schürfen, sondern wer immer es wollte.

Beide Beschlüsse betrafen M'tesas Königreich. Der Kongo-Freistaat umfasste das gesamte Einzugsgebiet des Kongo-Flusses, erstreckte sich bis an die Westhänge des zentralfrikanischen Gebirgsmassivs, in dessen Osten Buganda lag. Stanley hatte bewiesen, dass das Gelände begehbar war. Für Europäer war so Buganda Durchgangsland geworden. Hinzukam, dass die Regierung in London sich mit dem Plan befasste, eine Eisenbahnlinie von Kairo bis zum Kap bauen zu lassen. Die Trasse sollte durch Buganda führen. Voraussetzung dafür, dass der Plan als erfüllbar gelten konnte, war die Unterstellung allen Lands unter britische Kontrolle, durch das die Bahn dereinst fahren würde. Die Berliner Afrika-Konferenz und die aus ihr folgenden diplomatisch-militärischen Aktivitäten gliederten folglich das innerostafrikanische internationale System, dessen inoffizieller Chef M'tesa einst gewesen war, in das globale europäische System internationaler diplomatischer und Handelsbeziehungen ein. Fortan würden es die Könige von Buganda nicht mehr mit wunderlichen Abenteurern und ehrgeizigen Kirchenleuten zu tun haben, sondern mit Abgesandten der Regierungen europäischer Staaten und deren Streitkräften. M'tesa aber war derweil alt geworden und kränkelte. Am 19. Oktober 1884 starb er.

Nach überkommenem Ritus wählten die Notablen Mwanga, einen der Söhne M'tesas, zum Nachfolger. Mwanga hatte von Anfang an viel zu tun. Die verschiedenen Missionsgesellschaften, die sich seit 1876 in Buganda zu tummeln begonnen hatten, arbeiteten mit beträchtlichem Erfolg. Immer mehr Untertanen des Königs schlossen sich der einen oder anderen christlichen Konfession der Anglikaner, Protestanten oder Katholiken an und bildeten politische Gruppen, die um Einfluss auf den König buhlten. Das war schon unter M'tesa so gewesen. Doch der hatte genügend Autorität gehabt, um über den konkurrierenden Gruppen stehen zu können. Mwanga hingegen musste sich erst durchsetzen. Würde er sich einer Konfession zuwenden, konnte dies bedeuten, dass die Anhänger der nicht gewählten Konfessionen dem König die Gefolgschaft aufkündigten. Mwanga aber war der König aller Bewohner Bugandas. Er entschied sich mal für die eine, mal die andere Konfession und provozierte damit Gewalt. Jede der rivalisierenden Konfessionen beschuldigte die anderen, den König mit unlauteren Mitteln auf ihre Seite gezogen zu haben. Die Missionare selbst witterten politischen Druck der jeweils anderen heimischen Regierungen. Als im Jahr 1885 James Hannington, der von der Anglikanischen Kirche entsandte Bischof, an der Grenze zu Buganda ermordet wurde, trat die britische Regierung auf den Plan. Mwanga reagierte und ging hart gegen Anglikaner innerhalb seines Hofstaats vor. Die britische Regierung entsandte Truppen, die 1888 Mwanga besiegten. Der aber schloss 1890 mit der Imperial British East Africa Company, vertreten durch Frederick Lugard, ein „Schutzabkommen", und wandte sich nun gegen die Nicht-Anglikaner. Als Mwanga merkte, dass er nicht nur britischen „Schutz" erhalten, sondern auch die Selbständigkeit seiner Herrschaft verloren hatte, revoltierte er gegen die Briten. Die setzten ihn im Jahr 1898 kurzerhand ab und deportierten ihn auf die Seychellen. Dort starb er im Jahr 1903. Zu seinem Nachfolger bestimmte die britische Regierung Mwangas knapp zweijährigen Sohn Daudi Chwa.

In der Zwischenzeit drangen Ehrgeizlinge aus anderen europäischen Staaten in Ostafrika vor. Im Deutschen Reich war ein Unternehmer namens Carl Peters am lautstärksten, der seit 1884 sein Interesse an die Landschaft Tanganyika konzentrierte. Peters mobilisierte öffentliche Unterstützung für seinen Plan der Begründung eines deutschen Kolonialreichs in Ostafrika, reiste ohne Schutz der Reichsregierung dorthin und sammelte fleißig Verträge mit ostafrikanischen Herrschern. Als er die papiernen Dokumente Reichskanzler Bismarck vorlegte, reagierte dieser zunächst verärgert über die Zettel „mit Negerkreuzen darunter", stimmte aber dann doch dem Antrag zu, die Vertragsterritorien unter den „Schutz" des Reichs zu stellen. Die Krise um Mwanga zog Peters in den Jahren 1888 und 1889 auch nach Buganda, wo er sich einen Vertrag sicherte. Doch die Reichsregierung kippte das Abkommen Peters' und einigte sich statt dessen mit der britischen Regierung 1890 auf den Tausch zwischen Helgoland und Sansibar. Mit diesem Vertrag verzichtete die britische Regierung auf Helgoland zugunsten der deutschen, die wiederum Sansibar zugunsten der britischen Regierung aufgab. Buganda blieb nach dem Vertrag in der britischen, Tanganyika in der deutschen Zone. Zu gleicher Zeit drang vom Sudan aus ein gewisser Eduard Schnitzer nach Süden vor, der vom anglo-ägyptischen Zentrum Khartoum aus an dem ostafrikanischen Kolonialreich unter Herrschaft des Khedive bastelte. Seit 1870 herrschte er als Gouverneur des Khedive unter dem Namen Emin Pascha über dessen Provinz Äquatoria und kontrollierte Teile des weiten Gebiets zwischen Sudan und Buganda. Doch während des Mahdi-Aufstands gegen die Briten im Sudan in den frühen 1880er Jahren geriet Schnitzer in Isolation. In Europa erschienen derweil Berichte über Schnitzers angeblich bedrohte Sicherheit. Wieder trat Stanley als

Retter auf den Plan und suchte Schnitzer vom Kongo-Gebiet aus. Schnitzer aber wollte sich von Stanley, der auf der Reise erkrankte, nicht retten lassen und lieferte seinen Patienten den deutschen Behörden in Ostafrika aus. Diesen gelang es 1889, Schnitzer zum Übertritt in die deutsche Kolonialregierung zu bewegen.

Der britisch-deutsche Tauschvertrag von 1890, der die Unterstellung Sansibars unter britische, Tanganyikas unter deutsche Herrschaft regelte, gab zugleich die Grundlage ab für die Aufteilung Ostafrikas. Es entstanden drei festländische Zonen, deren Grenzen eine gemischte britisch-deutsche Kommission ohne Beteiligung der afrikanischen Bevölkerung festlegte. Tanganyika, das nun Deutsch-Ostafrika genannt wurde, erstreckte sich von der Küste bis zu Burtons Tanganyika See. Es wurde von Dar-es-Salaam am Ufer des Indischen Ozeans aus beherrscht. Nördlich schloss sich die Zone von Kenya an, die seit 1895 den Status eines britischen Protektorats hatte. Sie war Zielgebiet der Einwanderung britischer Plantagenbesitzer. Nach Westen anschließend an Busoga, über das Mwanga eine Art Oberherrschaft trug, schlossen Buganda sowie fünf kleinere Königreich an. Zwei von ihnen, Rwanda und Burundi, reklamierten die Deutschen für sich, die übrigen wurden Buganda zugeordnet und in die britische Zone eingegliedert, die auch das Gebiet zwischen Buganda und dem ägyptischen Sudan mit Schnitzers Äquatoria umfassen sollte. Im Jahr 1900 schob die britische Regierung ein Dokument nach, das ihre Kontrolle über Buganda legitimieren sollte. Demnach wurde Buganda Bestandteil eines „Protektorats", das unter den Namen Uganda gestellt wurde. Diese Bezeichnung war, wie schon M'tesa Speke erläutert hatte, der Suaheli Name für Buganda. Obwohl Uganda also Buganda bedeutete, gab die britische Regierung dem Namen Uganda eine neue Bedeutung. Uganda sollte ab 1900 nicht mehr nur Daudi Chwas Königreich umfassen, sondern auch die Nachbarreiche sowie die Territorien im Norden. Es ist das Gebiet der heutigen Republik Uganda.

Kamen Speke und sein Kumpan Grant nach Buganda als Vorboten britischer Kolonialherrschaft? Ausdrücklich sagten dies weder die beiden noch die Royal Geographical Society. Aber sie traten mit vollem Bewusstsein eine Dynamik los, die afrikanische Traditionen verschüttete und verhinderte, dass Afrikaner und Afrikanerinnen ihren eigenen Weg in die Zukunft gehen konnten. Die Reise von zwei Abenteurern zog einen Strom von Migranten und Migrantinnen nach sich, Briten, die sich als Plantagenbesitzer auf den guten Böden in den Kolonien und Protektoraten Ostafrikas festsetzten. Unter Bedingungen, die außer dem Namen mit der Sklavenhaltung gleich waren, deportierte die britische Kolonialmacht Arbeiter aus Südasien, um eine Eisenbahnlinie von Mombasa in Kenya nach Kampala in Uganda zu bauen. Diejenigen, die die Qualen der Arbeit an der Bahntrasse überlebten, blieben als Händler, bis ein Präsident Ugandas namens Idi Amin diejenigen, die sich dort niedergelassen hatten, im Jahr 1972 auswies. Reisen und Migrationen, die staatliche Stellen dulden, befürworten, lenken oder aktiv unterstützen, können negative Folgen für die Bewohner der Zielgebiete nach sich ziehen.

Quellen

Andrée, Karl: Die Expeditionen Burton's und Speke's, Leipzig 1861.

Ashe, Robert Pickering: Two Kings of Uganda. Or Life by the Shores of Victoria Nyanza, London 1889 [Nachdruck, hg. von John Allan Rowe, London 1970].

Austin, Herbert Henry: With MacDonald in Uganda, London 1903 [Nachdruck, hg. von A.T. Matson, Folkestone und London 1973].

Baker, Samuel White: Account of the Discovery of the Second Great Lake of the Nile, in: Proceedings of the Royal Geographical Society. O. S., Bd 10 (1865), S. 6-27.

–: Circumnavigation of the Albert Nyanza, in: Proceedings of the Royal Geographical Society. O. S., Bd 20 (1870), S. 471-473.

–: The Albert Nyanza, Great Basin of the Nile, and Exploration of the Nile Sources, 2 Bde, London und Philadelphia 1866 [weitere Ausg., London 1867, 1869; Neuausg., London 1872; weitere Ausg., London 1877, 1883, 1892, 1898; Nachdrucke, London 1962; Boston 2008; Mikrofiche-Nachdruck, Cambridge 1990].

Baskerville, George Knyton, und George Lovett Pilkington: The Gospel in Uganda, London 1896.

Burton, Richard Francis: The Lake Regions of Central Africa, 2 Bde, London 1860 [zuerst in: Journal of the Royal Geographical Society of London (1859); Nachdruck, hg. von Alan Moorehead, London 1961; weitere Nachdrucke, London 1993; New York 1995; Santa Barbara, CA 2001; Ebook, Palto, CA 2003; deutsche Ausg., Berlin 1863].

–: Lake Tanganyika, Ptolemy's Western Lake-Reservoir of the Nile, in: Proceedings of the Royal Geographical Society. O. S., Bd 9 (1864), S. 6-14.

The Search for the Source of the Nile. Correspondence between Captain Richard Burton, Captain John Speke and others, from Burton's Unpublished East African Letter Book. Together with Other Related Letters and Papers in the Collection of Quentin Keynes, Esq., Now Printed for the First Time, hg. von Donald Young, London 1999.

Cameron, Verney Lovett: Across Africa, 2 Bde, London und Leipzig 1877 [Neuaufl., London 1885; Nachdrucke der 1. Aufl., New York 1969; Findon 2004].

Chaillé-Long, Charles: Mission to King M'tesa, in: Proceedings of the Royal Geographical Society, O.S. 19 (1875), S. 107-111.

–: Uganda and the White Nile, in: Journal of the American Geographical Society 8 (1876), S. 285-304.

–: My Life in Four Continents, London 1912.

Cooley, William Desborough: The Memoir on the Lake Regions of East Africa Reviewed. In Reply to to Captain R. Burton's Letter in the „Athenaeum", no 1899, London 1864.

Daly, William: Remarks on Stanley's Verification of Ptolemy's Geography, in: Journal of the American Geographical Society 7 (1875), S. 290-295.

Dawson, Edwin Collas: James Hannington. A History of His Life and Work. 1847 – 1885, London 1887.

Emin Pascha, Mehmed [d. i. Eduard Schnitzer]: Eine Sammlung von Reisebriefen und Berichten, hg. von Georg Schweinfurth und Friedrich Ratzel, Leipzig 1888 [englische Ausg., London 1888].

– [d. i. Eduard Schnitzer]: Die Tagebücher, 4 Bde, hg. von Franz Stuhlmann, Hamburg 1916-1927.

– [d. i. Eduard Schnitzer]: The Diaries of Emin Pascha, hg. von John Milner Gray, in: Uganda Journal, Bd 25 (1961), S. 1-12, 149-165, Bd 26 (1962), S. 72-96, 121-137, Bd 27 (1963), S. 1-9, 143-161, Bd 28 (1964), S. 76-93, 201-216, Bd 29 (1965), S. 75-83, 201-214.

Felkin, Robert William: Journey to Victoria Nyanza and Back viâ the Nile, in: Proceedings of the Royal Geographical Society. N.S., Bd 2 (1880), S. 357-363.

Felkin, Robert William, und Charles Thomas Wilson: Uganda and the Egyptian Soudan, 2 Bde, London 1882 [Nachdruck, Boston 2005].

Felkin, Robert William: The Position of Dr Emin Bey, in: Scottish Geographical Magazine 2 (1886), S. 705-717.

Grant, James Augustus: Address to the Society, in: Proceedings of the Royal Geographical Society. O.S., Bd 7 (1863), S. 223-224.

–: A Walk across Africa, Edinburg und London 1864 [Nachdruck, Whitefish, MT 2007].

–: Stanley's Verification of Speke's Discoveries, in: Journal of the American Geographical Society 7 (1875), S. 311-323.

–: Papers of James Augustus Grant (1827-92) and John Hanning Speke (1827-64) from the National Library of Scotland (Colonial Discourses, Ser. 2: Imperial Adventurers and Explorers 2), Marlborough 2003.

Harrison (Mackay), Alexina: Alexander M. Mackay. Pioneer Missionary for the Church Missionary Society to Uganda, London 1892 [Nachdruck, hg. von Donald Anthony Low, London 1970; dt. Ausg., Leipzig 1902].

Hutchinson, Edward: The Victoria Nyanza, a Field for Missionary Enterprise, London 1876.

Jephson, Arthur Jeremy Mounteney: Emin Pascha and the Rebellion at the Equator, London und New York 1890.

Lugard, Frederick John Dealtry: The Rise of Our East African Empire, 2 Bde, Edinburg und London 1893 [Nachdruck, London 1978].

–: Travels from the East Coast to Uganda, in: Proceedings of the Royal Geographical Society N.S., Bd 14 (1892), S. 817-841.

–: The Story of the Uganda Protectorate, London 1900 [auch in: The Story of the Empire, hg. von Howard Angus Kennedy, London 1901].

MacDonald, James Ronald Leslie: Soldiering and Surveying in British East Africa, London 1897 [Nachdruck, hg. von A. T. Matson, Folkestone und London 1973].

Mirbt, Carl: Die evangelische Mission. Deutschland unter dem Druck des gegenwärtigen Weltkrieges, Berlin 1917.

Peters, Carl Friedrich Hubert: Die deutsche Emin-Pascha-Expedition, München und Leipzig 1891.

–: Deutsch-National. Kolonialpolitische Aufsätze, Berlin 1887.

Richter, Julius: Weltmission und theologische Arbeit, Gütersloh 1913.

Schweitzer, Georg: Emin Pascha. Eine Darstellung seines Lebens und Wirkens mit Benutzung seiner Tagebücher, Briefe und wissenschaftlichen Aufzeichnungen, Berlin 1898.

Speke, John Hanning: Journal of the Discovery of the Source of the Nile, Edinburg und London 1863 [2. Aufl., ebenda 1864; Neudruck (Eveyman's Library 50), London 1906; Nachdruck dieser Ausg., hg. von John Norman Leonard Baker, London 1969; weiterer Nachdruck, hg. von John Norman Leonard Baker, London 1975; weitere Nachdrucke, Amsterdam 1982; Mineola, NY 1996; Eugene, OR 2007; Mikrofiche-Nachdruck, Cambridge 1990; deutsche Ausg., Leipzig 1864; Nachdruck dieser Ausg:, hg. von Walter Rusch, Berlin 1995; französische Ausg., Paris 1864, 1865, 1867].

–: The Upper Basin of the Nile from Inspection and Information, in: Journal of the Royal Geographical Society 33 (1863), S. 322-334.

–: What Led to the Discovery of the Source of the Nile, Edinburg und London 1864 [Nachdruck, London 1967; Mikrofiche-Nachdruck, Cambridge 1990].

Stanley, Henry Morton: Letters on His Journey to the Victoria Nyanza and Circumnavigation of the Lake, in: Proceedings of the Royal Geographical Society O.S., Bd 29 (1876), S. 134-153.

–: Through the Dark Continent, London 1878 [weitere Ausg., ebenda 1887; ebenda 1890; ebenda 1899; Nachdruck, New York und London 1988; Mikrofiche-Nachdruck, Toronto und Yarmouth, NS o.J.)].

–: In Darkest Africa. Or The Quest, Rescue and Retreat of Emin, Governor of Equatoria, 2 Bde, London 1890 [Neuausg., London 1893; weitere Ausg. London 1897, 1904; Nachdruck, Santa Barbara, CA 2001; Mikrofiche-Nachdruck, Cambridge 1990; Ebook, Palo Alto 2005].

–: Geographical Results of the Emin-Pascha Relief Expedition, in: Proceedings of the Royal Geographical Society. N.S., Bd 12 (1890), S. 313-331, 372.

Stuhlmann, Franz: Mit Emin Pascha ins Herz von Afrika, Berlin 1894.

Troeltsch, Ernst: Die Mission in der modernen Welt, in: Die christliche Welt 20 (1906), Sp. 8-12, 26-28, 56-59.

Warneck, Gustav: Missionsmotiv und Missionsaufgabe nach der modernen religionsgeschichtlichen Schule, Berlin 1907.

Wilson, Charles Thomas: Missionär Wilson bei König Mtesa in Uganda, in: Globus 34 (1878), S. 380-381.

–: Account of Events on the Victoria Nyanza, in: Proceedings of the Royal Geographical Society. N.S., Bd 1 (1879), S. 136.

–: Uganda and the Victoria Lake, in: Proceedings of the Royal Geographical Society. N.S., Bd 2 (1880), S. 353-357.

Literatur

Bair, Henry Martin, Jr: Carl Peters and German Colonialism. A Study in the Ideas and Actions of Imperialism. Phil. Diss. masch., Stanford University 1968.

Baker, John Norman Leonard: Sir Richard Burton and the Nile Sources, in: Uganda Journal 12 (1948), S. 61-71.

Bellorini, Egidio: Miani e Speke alla scoperta delle sorgenti del Nilo, Turin 1932.

Cameron, Ian: To the Farthest Ends of the Earth. 150 Years of World Exploration by the Royal Geographical Society, New York 1980.

Gray, John Milner: Speke and Grant, in: Uganda Journal 17 (1953), S. 146-159.

Maitland, Alexander: Speke, London 1971.

Mukasa, Ham: Speke at the Court of Mutesa, in: Uganda Journal 26 (1962), S. 97-99.

To the Ends of the Earth. Visions of a Changing World. 175 Years of Exploration and Photography, hg. von David Popey, London 2005.

Rotberg, Robert I.: Africa and Its Explorers, Cambridge, MA, und London 1970.

Simpson, Donald Herbert: Dark Companions. The African Contribution to the European Exploration of East Africa, London 1975.

Kapitel 12

Wie Otokichi von Japan nach London und von London nach Shanghai kam

Es war das Jahr 1834. Nach vierzehnmonatiger Irrfahrt sahen sie schließlich wieder Land. Ihr Transportschiff, eigentlich nur für die Küstenschifffahrt ohne Mast und Steuer gebaut, hatte sie über den Ozean getragen, den wir den Pazifischen nennen. In Japan waren sie 1832 auf Routinefahrt entlang der Küste gegangen. Nun landeten sie am Kap Alava, der westlichsten Spitze der Olympic Peninsula im heutigen US-Bundesstaat Washington. Sie waren nur noch zu dritt, hatten überlebt mit entsalztem Meerwasser und dem spärlichen Proviant an Bord. Ihre Namen: Iwakichi, 29, Kyūkichi, 16, und Otokichi, 15. Die übrigen Angehörigen der Besatzung waren während der Irrfahrt verstorben.

Wo sie waren, wussten sie nicht. Aber eines war ihnen klar: ihre Rückkehr nach Japan würde schwierig werden. Denn seit fast genau 200 Jahren galt dort ein ehernes Gesetz: Niemand durfte das Land verlassen. Und wer es doch tat, gleich aus welchem Grund, würde bei der Rückkehr hingerichtet. Sie wollten zurück, aber konnten nicht.

Wie sollten Iwakichi, Kyūkichi und Otokichi ihr Dilemma verständlich machen? Die Bewohner der Küste, Angehörige der Makah-Gruppe der Native Americans, nahmen sie freundlich auf. Die Verständigung, ohnehin schwierig, erbrachte aber nicht viel. Das Land hieße Oregon, sagte man ihnen. Aber von Japan und seinen Gesetzen wusste man nichts. Die Makah reichten sie schließlich weiter an John McLoughlin, Faktor der britischen Hudson Bay Company und zuständig für den um den Columbia-Fluss gelegenen Handelsdistrict. Der wusste von Japan, interessierte sich aber nicht für die Ängste der drei Schiffbrüchigen. Vielmehr dachte der Mann geschäftlich. Genau dreißig Jahre zuvor hatte kein geringerer als Thomas Jefferson, damals Präsident der USA, den kühnen Plan gefasst, auf dem Landweg Nordamerika zu überqueren und dann den transpazifischen Seehandel mit Ostasien zu entwickeln. Später hoffte man, auf diese Weise den Weg der Handelsgüter zwischen Ostasien und Europa über Nordamerika lenken und so die noch junge USA am lukrativen Geschäft des britischen Asienhandels beteiligen zu können. McLoughlin dachte ebenso, nur pragmatischer. Die drei Schiffbrüchigen könnten seine Verbindungsleute in Japan werden, hoffte er. Also ließ er ihnen etwas Englisch beibringen und sandte sie auf dem Landweg an die Ostküste und von dort über den Atlantik nach London. Dort trafen sie 1835 ein. Von Japan waren sie nun weiter entfernt als je zuvor.

Aber die britische Regierung entschied gegen McLoughlin und ließ sie in den portugiesischen Stützpunkt Macau an der chinesischen Küste einschiffen, um von dort aus die Rückkehr zu ermöglichen. Inzwischen schrieb man das Jahr 1837. In Macau trafen sie auf den umtriebigen deutschen Missionar Karl Gützlaff, der gerade dabei war, auf eigene Faust nach Japan zu reisen, um dort das Evangelium zu predigen. Auch weitere schiffbrüchige Japaner hielten sich in Macau auf. Otokichi, der jüngste, dessen Englischkenntnisse schon gut gediehen waren, versuchte erneut, sein Dilemma zu erläutern. Er trat nunmehr gegenüber den beiden anderen in den Vordergrund. Doch Otokichi erreichte nichts. Gützlaff wollte von Rechtsdingen nichts wissen. Ein amerikanisches Schiff, die *Morrison*, stand bereit zur Fahrt nach Japan. Widerwillig folgten die Schiffbrüchigen Gützlaff an Bord. Ziel war der japanische Hafen Nagasaki. Dort, so glaubte Gützlaff, dürften ausländische Schiffe anlanden. Aber die Hafenpolizei hatte andere Instruktionen. Nur chinesische und holländische Schiffe seien zugelassen, gab man zu verstehen. Die *Morrison* wurde zum sofortigen Verlassen des Hafens aufgefordert, so streng, dass sogar Gützlaff murrend zum Nachgeben bereit war. Gleichwohl wollte er erreichen, dass die Schiffbrüchigen abgesetzt werden konnten. Doch gerade dieses Ansinnen rief helle Empörung auf japanischer Seite hervor. In Amerika könnten überhaupt keine Japaner leben, hielt man Gützlaff entgegen. Sollten die Schiffbrüchigen japanischen Boden betreten, würden sie sofort hingerichtet, da sie illegal ausgereist sein mussten. Otokichi und seine Schicksalsgenossen fuhren also zurück. Otokichi ließ sich in Shanghai nieder und nahm erst wieder im Jahr 1843 Kontakt zu britischen Kaufleuten auf.

Sechs Jahre lang ging Otokichi in Shanghai seinen Geschäften nach, bis sich die britische Regierung wieder an ihn erinnerte. Inzwischen hatte sie von der chinesischen Regierung in Beijing das Zugeständnis erpresst, auf der Insel Hong Kong einen Stützpunkt anlegen zu können, der nach dem Vertrag von Nanjing vom Jahr 1842 unbefristet britischer Herrschaft unterstellt sein sollte. Seit Cooks Zeiten hatten britische Schiffe Erkundungsfahrten in den Nordpazifik unternommen, seit den 1820er Jahren auch und gerade in japanische Gewässer. Ziel war es seit Beginn des 19. Jahrhunderts immer gewesen, offizielle Beziehungen mit der japanischen Regierung aufzunehmen. Die japanische Regierung hatte diese Versuche stets zurückgewiesen. Gleichwohl reklamierte die britische Admiralität bereits im Jahr 1827 die Ogasawara („Bonin") Inseln für das Vereinigte Königreich. Im Jahr 1849 nahm die Crew der HMS *Mariner* Otokichi an Bord, verkleidete ihn als Chinesen aus Nagasaki und setzte ihn als Dolmetscher in Verhandlungen ein, die man mit japanischen Behörden im Hafen von Uraga unmittelbar am Eingang in die Tokyo-Bucht führen wollte. Doch die japanischen Behörden wiesen jeden britischen Versuch zur Aufnahme von Beziehungen jedweder Art zurück.

Derweil sann die US-Regierung im fernen Washington wieder einmal über den Ostasienhandel nach. Die Westküste war inzwischen weitgehend unter der Kontrolle der Regierung geraten, und manche Siedler hatten sich über den Oregon Trail in die ferne Gegend gewagt. Auch in das südlich angrenzende Kalifornien hatte der Goldrausch eine Menge Abenteurer getrieben. Es gab also genug Gelegenheit, den Pazifik ins Auge zu fassen. In Washington glaubten Handelsleute, dass nun die Zeit gekommen sei, den transpazifischen Verkehr aufzunehmen, zumal gerade die neue Technik der mit Dampfmaschinen betriebenen Schiffe aufkam und die Seefahrt über den Ozean verlässlicher zu gestalten schien. Den Zwischenfall der *Morrison* nahm die Regierung als weiteren Grund dafür, eine Expedition nach Japan zu planen. Dass die dortige Regierung rückkehrende Schiffbrüchige mit dem Tod bestrafe, hielt man in Washington für einen schreienden Verstoß gegen Menschrechte und war bereit, derlei scheinbarem Mißbrauch entgegen zu wirken.

Im Südosten Europas begann derweil 1853 der Krimkrieg, den Frankreich und das Vereinigte Königreich gegen das Russische Reich führten. Russland war aber seit dem 18. Jahrhundert nicht nur eine europäische, sondern auch eine pazifische Macht geworden, die britische Aktivitäten im Pazifik beeinflussen, wenn nicht gar beeinträchtigen zu können schien. Die russische Regierung, die ebenso wie die britische von den amerikanischen Expeditionsplänen gehört hatte, war schon seit Ende des 18. Jahrhunderts bestrebt gewesen, mit Japan in Beziehungen zu treten, stets ohne Erfolg. Dabei hatte die russische Regierung dasselbe Ziel wie die US-Regierung, nämlich die vorgebliche „Öffnung" Japans für den freien Handel. Während der Krimkrieg im Schwarzen Meer tobte, dirigierte die russische Regierung eine Flotte von St. Petersburg nach Nagasaki.

Im Jahr 1854 geriet Otokichi unversehens in die Mühlen der Weltpolitik. Denn die britische Regierung wollte dem russischen Drängen auf „Öffnung" Japans zwar nicht nachstehen, hielt sich aber mit Rücksicht auf ihre Kronkolonie Hong Kong zunächst zurück. Sie instruierte ihre Vertreter in Hong Kong, bis zum Ende des Krimkriegs auf jede Intervention in Japan zu verzichten und auch sonst im Pazifik wenig Flagge zu zeigen. Denn die britische Regierung wusste genau, dass nicht nur Hong Kong, sondern auch der seit 1819 bestehende Flottenstützpunkt in Singapur, unzureichend befestigt waren und den als möglich betrachteten massiven Angriffen einer russischen Flotte nicht würden standhalten können. Der in Hong Kong stationierte britische Emissär und Konteradmiral James Stirling dachte jedoch anders. Entgegen einer ausdrücklichen Weisung der Regierung, nicht nach Japan zu gehen, bereitete er 1854 auf eigene Faust eine Japanexpedition vor, wohl um der russischen Regierung zuvor zu kommen. Stirling hörte von Otokichi, stellte ihn wieder als Dolmetscher in Dienst und fuhr nach Nagasaki. Dort erzwang er den Zugang zum Hafen. So kehrte Otokichi im Gefolge Stirlings 1854 wieder nach Japan zurück, wenn auch abermals nur für kurze Zeit. Otokichi sollte Stirling bei dem Versuch helfen, die japanische Regierung zum Abschluss eines Vertrags zu bewegen.

Nach Maßgabe der zeitgenössischen Völkerrechtslehre war ein Abkommen, wie Stirling es wollte, weder ein förmlicher Vertrag noch rechtskräftig. Denn Stirling hatte sich selbst ernannt und war folglich kein bevollmächtigter Vertreter der britischen Regierung. Nach seiner Rückkehr erklärte Stirling, es sei nur seine Absicht gewesen, die japanische Regierung auf ihre Haltung im britischen Konflikt mit Russland zu befragen, nicht aber einen Vertrag abzuschließen. Welche Absicht Stirling wirklich vor Beginn der Aktion gehegt hatte, lässt sich nicht mehr ermitteln. Aber seltsam ist es schon, dass er schließlich in Nagasaki einen Vertrag abschloss, wenn er dies nicht gewollt hatte. Jedenfalls erreichte Stirling Nagasaki im September 1854 und übergab dort ein förmliches, an den Gouverneur von Nagasaki gerichtetes Schreiben. Darin stellte er die Frage, wie die japanische Regierung zu entscheiden gedenke, falls sie aufgefordert würde, japanische Häfen für die im Schwarzen Meer Krieg führenden Parteien zu öffnen. Dieses auf Englisch vorgelegte Schreiben wurde unter Beteiligung von Jan Hendrick Donker Curtius, dem niederländischen Geschäftsträger in Dejima (*Opperhoofd*), ins Niederländische und aus dem Niederländischen ins Japanische übersetzt. Die Regierung in Edo (heute Tokyo) war zuvor von Donker Curtius davon unterrichtet worden, dass von Hong Kong aus Vorbereitungen für eine britische Expedition nach Japan getroffen würden. Die Erinnerung an frühere Zwischenfälle, die von britischen Schiffen verursacht worden waren und die Beziehungen der Zentralregierung in Edo mit ihren Vertretern in den entfernteren Landesteilen stark belastet hatten, war auch in den 1850er Jahren noch präsent. Deswegen lösten die Nachrichten des niederländischen Geschäftsträgers bei der Zentralregierung eine gewisse Unruhe aus. In der japanischen Fassung trug Stirlings Anfrage die Gestalt einer Forderung nach Öffnung japanischer Häfen für britische Kriegsschiffe. Der britische Historiker Beasley hat die Unterschiede der englischen und der japanischen Fassung von Stirlings Schreiben auf die mangelnde Sprachfähigkeit Otokichis zurückgeführt. Diese Beschuldigung ist aber nicht beweisbar. Deutlich hingegen ist, dass sowohl der Gouverneur von Nagasaki als auch die Regierung in Edo die Gefahr sahen, in einen Konflikt hineingezogen zu werden, der Japan nicht betraf. Da die ursprüngliche Absicht hinter Stirlings Mission unbekannt ist, bleibt die Möglichkeit bestehen, dass die japanische Seite Recht hatte in ihrer Annahme, Stirling habe in der Hauptsache ein Bündnis zwischen Japan und dem Vereinigten Königreich gegen Russland zustandebringen wollen. Stirling aber hatte seine förmliche Anfrage mit der Begründung versehen, es müsse sichergestellt werden, dass russische Schiffe nicht zum Nachteil des Vereinigten Königreichs japanische Häfen benutzten. Daraus zog die vom Gouverneur von Nagasaki unterrichtete Regierung in Edo den begründeten Schluss, Stirling wolle Japan zur Parteinahme für das Vereinigte Königreich in dem britischen Krieg gegen Russland gewinnen. Sie beantwortete folglich die Anfrage mit dem Zugeständnis an Stirling, britische Schiffe könnten die Häfen Nagasaki und Hakodate, erforderlichenfalls auch Shimoda, zu den Bedingungen nutzen, die im März 1854 den USA eingeräumt worden waren. Sie war andererseits bemüht, die seit 1853 laufenden Verhandlungen mit Russland über den Zugang russischer Schiffe zu japanischen Häfen nicht dadurch zu erschweren, dass sie der britischen Seite Zugeständnisse machte, die die russische Regierung als Affront würde verstehen müssen. Da Stirling ohne Bevollmächtigung seiner Regierung gereist war, musste er mit einem Ergebnis zurückkehren, wollte er sich nicht der Gefahr disziplinarrechtlicher Verfolgung aussetzen. Er ging daher ohne längeres Zögern auf das Angebot der japanischen Seite ein, falls russischen Kriegsschiffen ebenfalls die allgemeine Benutzung japanischer Häfen verweigert werde. Der schließlich am 14. Oktober 1854 in Nagasaki geschlossene britisch-japanische Vertrag trägt in sich das Zeugnis der großen Eile seiner Abfassung, indem er keine seinen Zweck bestimmende Präambel und auch sonst nur ein rudimentäres, die Bevollmächtigten, nicht aber die Vertragsparteien nennendes Formular enthält.

Nachdem die japanische Regierung den Vertrag mit Stirling als selbst ernanntem Vertreter des Vereinigten Königreichs unterzeichnet hatte, ließ Stirling Otokichi nach Shanghai zurückbringen. Im Jahr 1866 hob die japanische Regierung das Ausreiseverbot auf und rehabilitierte Otokichi. Der aber war bereits nach Singapur gezogen, dem Heimatland seiner Frau, und starb dort im folgenden Jahr 1867.

In dem Nagasaki- Vertrag blieb es auf japanischer Seite bei dem Zugeständnis der allgemeinen Regeln des Gastrechts für Seeleute (Art. III), der Meistbegünstigungsklausel (Art. V) sowie die Öffnung nur zweier Vertragshäfen in Hakodate und Nagasaki für den Erwerb von Proviant und Treibstoff durch die Besatzungen britischer Schiffe (Art. I, III). Eine generelle Öffnung des Lands für den freien Welthandel, wie es die britische Regierung stets angestrebt hatte, unterblieb. Überdies wurden britische Untertanen ausdrücklich japanischem Recht unterworfen (Art.

IV). Verstöße gegen den Vertrag durch höhere Offiziere und Schiffskommandeure sollten zur Schließung der Häfen für britische Schiffe führen. Nicht einmal die Möglichkeit zur Entsendung eines diplomatischen Vertreters wurde der britischen Seite schriftlich zugestanden. Sie kam in den Genuss dieses Privilegs durch die Meistbegünstigungsklausel (Art. V), da dieses Privileg der US-Regierung zuvor bereits zugestanden worden war. Diese Klausel wurde aber, anders als im Vertrag mit den USA, im britisch-japanischen Vertrag eingeschränkt durch die Bestimmung, dass die Privilegien, die die Chinesen und Niederländer in Nagasaki hatten, für Briten keinesfalls gelten sollten. Briten erschienen daher gegenüber Chinesen und Niederländern in einer schwächeren Position. Die japanische Seite widerstand auch gegenüber der britischen Regierung dem Druck auf Anerkennung allgemeiner Freihandelsregeln.

Die britische Regierung war folglich mit der Expedition Stirlings unzufrieden und unternahm nach Abschluss des Krimkriegs einen neuen Versuch zur „Öffnung" Japans. Dieser sollte nach der Instruktion von George William Frederick Villiers, Fourth Earl of Clarendon, Secretary of State for Foreign Affairs, an den Leiter der Expedition, den Earl of Elgin, darin bestehen, mit der japanischen Regierung einen Vertrag zu schließen, der dieselben Grundsätze festschreibe, die mit der chinesischen Regierung im Jahr 1842 nach Ende des Opiumkriegs vereinbart worden seien. Darin schloss Clarendon ausdrücklich das Ziel ein, mit der japanischen Seite Handelsbeziehungen zu vereinbaren, die für die britische Seite mindestens so vorteilhaft seien wie die mit der chinesischen Regierung getroffenen. Damit war die „Öffnung" Japans für den allgemeinen, das heißt nicht nur britische Kaufleute begünstigenden, Freihandel gemeint. Für die britische Regierung sei die Förderung der in der Anerkennung von Freihandelsregeln manifesten „Zivilisation" zum allgemeinen Nutzen vorrangig. Elgin, der sich vom 17. bis 31. August 1858 in Japan aufhielt, antwortete in seinem Bericht nach Abschluss der Mission, er habe seinen Auftrag erfüllen können, wenngleich auch ihm nur die „Öffnung" weniger weiterer Vertragshäfen gelang. „Die Tür zur allmählichen Einrichtung von Handels- und Freundschaftsbeziehungen zwischen den Völkern des Westens und Japans" sei dennoch geöffnet, und er sei geneigt zu glauben, dass die Beziehungen herzlichst und innigst werden würden, sofern der Westen sich nicht durch ungerechte und aggressive Akte Feinde unter den „Eingeborenen" verschaffe.

Der gleichwohl vorwaltenden Unzufriedenheit der britischen Seite verlieh der schottische Sekretär Laurence Oliphant vehementen Ausdruck. Oliphant gehörte Elgins Expedition an und und wurde während seines zweiten Japanaufenthalts im Jahr 1861 Opfer eines Attentats, an dessen Folgen er lebenslang litt. Aber schon bevor sein Leiden begann und noch fünf Jahre nach dem Abschluss von Stirlings

Nagasaki-Vertrag, beklagte er in seinem offiziösen Bericht über die zweite britische Ostasienexpedition den Umstand, dass Japan für den Freihandel nicht hatte geöffnet werden können. Die britische Regierung möge sich die militärische Option zur Errichtung direkter Kolonialherrschaft offenhalten, sofern die friedliche Durchsetzung allgemeiner Freihandelsregeln nicht doch noch möglich werde. Die Wahl der militärischen Option gegenüber Japan konnte in der Sicht der europäischen Kolonialregierungen durchaus realistisch erscheinen. Befanden sich im Jahr 1855 31 ausländische Schiffe, darunter 19 westliche Kriegsschiffe, auf Reede vor Hakodate und 1862 immerhin ungefähr 15 im Hafen von Yokohama. Oliphant ließ jedoch keinen Zweifel an seiner Zuversicht, dass der Japanhandel für britische Kaufleute lohnend sein und dass die britische Regierung keinesfalls von ihren Zielen abgehen, sondern für sich die Kompetenz zum Bestimmen der Regeln des Freihandels, der Grundsätze des Völkerrechts und der Agenda der Diplomatie in ihren Beziehungen mit Ostasien werde reklamieren können.

Skeptischer als Oliphant war Rutherford Alcock, der erste britische Ministerresident in Japan. Während eines Heimaturlaubs 1861 hielt er vor der Royal Geographical Society in London einen Vortrag und gab darin seine Stellungnahme zu den Aussichten für den Japanhandel ab. Alcocks Einschätzung wich grundsätzlich von dem zuvor allerorts geübten Optimismus ab. Er prognostizierte geringe Exportaussichten für britische Hersteller, da Japan über ein leistungsfähiges Handwerk und einen gut organisierten Markt verfüge. Gleichzeitig schöpfe aber eine traditional legitimierte Kriegerkaste so viel Kaufkraft aus dem Markt, dass der allgemeinen Bevölkerung wenig Möglichkeit zum Erwerb ausländischer Produkte bleibe. Auch sah Alcock politische Instabilität voraus und meinte, dem sozialen Ordnungsgefüge, das ihm als Feudalismus erschien, stehe ein gewaltsamer Umbruch im Stil einer bürgerlichen Revolution bevor. Es lohne sich also für britische Produzenten kaum, in den japanischen Markt zu investieren. Das Ziel, Japan in das weltweite Freihandelsregime zu integrieren, sei zweitrangig.

Die Geschichte Otokichis, der unfreiwillig zum Reisenden und dann auch noch unfreiwillig zum Migranten geworden war, führt ins Zentrum des Konflikts zwischen dem Sicherheitsbedürfnis einzelner Personen und den Sicherheitsinteressen der Regierungen von Staaten. Niemand hatte um die Mitte des 19. Jahrhunderts diesen Konflikt gewollt. Die Regierung von Japan hatte im Jahr 1633 das Verbot der Ausreise verfügt, um Konfrontationen ihrer Untertanen mit den spanischen Kolonialbehörden auf den Philippinen zu beenden. Otokichi und seine Schicksalsgenossen hatten Japan nicht verlassen wollen. Die US-Regierung hatte sich für diejenigen Werte eingesetzt und auf diejenigen Normen berufen, die in der Tradition der amerikanischen und nachmalig auch der französischen Revolution als

Menschenrechte festgeschrieben worden waren. Und doch wurden Otokichi und seine Schicksalsgenossen gleich mehrfach bestraft, von den Unbilden der Natur, von der Unerbittlichkeit der Gesetze und von der Unflexibilität der Politik von Regierungen, die über sich weder rechtliche noch moralische Instanzen dulden wollten. Mit anderen Worten: der Begriff der Sicherheit, dem die beteiligten Regierungen in Europa, Amerika und Japan um die Mitte des 19. Jahrhunderts anhingen, war auf militärische Belange verengt. Hätte es einen Begriff von Menschlicher Sicherheit damals gegeben, wäre die Irrfahrt Otokichis und seiner Schicksalsgenossen immer noch ein bemerkenswertes Ereignis gewesen, hätte aber keine ihrer dramatischen politischen Folgen gehabt.

Das Schicksal Otokichis und seiner Mannen wirft zudem ein gleißendes Licht auf das Problem der Sicherheitsgewährung für Personen, die sich in dem auf diese Weise theoretisierten politischen Raum zwischen den Staaten bewegten. Mit dem Problem, das das wenig gnädige Schicksal Otokichi und seinen Leidensgenossen der Politik und der Diplomatie stellte, war gerade nicht die Rettung der Schiffbrüchigen bezeichnet. Denn bei ihrer Anlandung an der Westküste Nordamerikas erhielten sie Hilfe, ohne dass es des Handelns der Regierungen souveräner Staaten oder irgendwelcher internationaler Organisationen bedurft hätte. Unmittelbar fand das übliche, gewissermaßen naturrechtlich gegebene Gebot der Unterstützung Hilfsbedürftiger in Verbindung mit dem Gastrecht Anwendung, ohne dass das Handeln irgendwelcher staatlicher Einrichtungen erforderlich gewesen wäre. Regierungen von Staaten fühlten sich erst angesprochen, als die geretteten Schiffbrüchigen zum Objekt diplomatischen Streits um ihre Rückführgun nach Japan wurden. Eine außergewöhnliche Notlage bestand für die Schiffbrüchigen zu diesem Zeitpunkt nicht mehr. Aber die grundsätzliche Frage, in welchem Staat die drei Schiffbrüchigen leben sollten, ließ sich nach den europäischen staats- und völkerrechtlichen Vorstellungen des 19. Jahrhunderts nicht mit Rücksicht auf die Wünsche der Betroffenen, sondern nur auf auf der Ebene der souveränen Staaten entscheiden. Das heißt, die drei japanischen Schiffbrüchigen gerieten in die Mühlen der internationalen Politik und des diplomatischen Verkehrs zu einem Zeitpunkt, als zwischen Japan einerseits sowie den USA und den europäischen Staaten andererseits keinerlei bilaterale Beziehungen bestanden. Als der Versuch Gützlaffs scheiterte, die drei Schiffbrüchigen gegen ihren eigenen und den bekannten Willen der japanischen Regierung zurückzuführen, verfestigte sich ein in Europa bereits bekanntes Problem der Diplomatie zu einem handfesten Konflikt, der nur deswegen nicht zu einem regelrechten Krieg ausartete, da es den europäischen Regierungen damals, das heißt vor der britischen Okkupation Hong Kongs, an den nötigen und in Ostasien einsetzbaren militärischen Machtmitteln mangelte. Gleichwohl zogen in den folgenden Jahren einige europäische Regierungen sowie die Regierung der USA verschiedene Register der völkerrechtlichen Diskriminierung gegenüber der japanischen Regierung. Sie bezichtigten letztere des Despotismus sowie der Missachtung der Menschenrechte und verlangten die „Öffnung" des Lands. Japan, dessen Regierung den vorgeblich universalen Normen des europäischen Völkerrechts nicht Genüge tun zu wollen schien, wurde im Blick der Europäer und Amerikaner sogar potentielles Ziel herrschaftlichen Kolonialismus. Wollte die japanische Regierung der Unterwerfung Japans unter die herrschaftliche Kontrolle einer Regierung in Europa oder der Regierung der USA entgegenwirken, hatte sie in der Perspektive der Europäer und Amerikaner die im europäischen Völkerrecht niedergelegten Normen zu akzeptieren. Herrschaftlicher Kolonialismus war in dieser Perspektive nur durch Übernahme europäischer Normensysteme abwendbar. Ein weiter Sicherheitsbegriff, der die Gewährung umfassender Sicherheit durch konkurrierende Akteure umfasste, war in diesem Normensystem nicht vorgesehen, in dem Sicherheit in Begrenzung auf die militärische Sicherheit der souveränen Staaten gegenüber Angriffen von außen definiert war.

Dieser Sicherheitsbegriff hat sich seit den 1980er Jahren wieder erweitert, als der Begriff der Menschlichen Sicherheit aufkam. Dieser Begriff nimmt auch auf das Tun von Migranten und Migrantinnen Bezug, die internationale Grenzen überschreiten. Sozialwissenschaftler, die Migration im Zusammenhang mit Menschlicher Sicherheit analysieren, gehen dabei, wie Myron Weiner, von der Annahme aus, dass internationale Migration erst seit kurzem Probleme der Menschlichen Sicherheit aufgeworfen habe. Das Schicksal, das Otokichi und seine Leidensgenossen zuerst zum Reisen und dann zur Migration zwang, zeigt, dass diese Annahme falsch ist. Das Gegenteil trifft eher zu: Regierungen, die die Sicherheit der ihnen unterstehenden Staaten wesentlich als militärische Sicherheit auffassen, können dazu beitragen, dass Beeinträchtigungen der Menschlichen Sicherheit von Migranten und Migrantinnen zunehmen. Anders gesagt: Regierungen, die verhindern wollen, dass Migranten und Migratinnen in die Fänge der Migrationsindustrie geraten, sollten ihrer Migrationspolitik den weiten Begriff der Menschlichen Sicherheit zugrundelegen.

Quellen

Vertrag zwischen Japan und dem Vereinigten Königreich vom 14. Oktober 1854 [Nagasaki-Vertrag], Präambel, in: Treaties and Conventions Concluded Between Empire of Japan and Foreign Nations, Tokyo 1874, S. 6-7.

Instruktion des Earl of Clarendon an den Earl of Elgin, 20. April 1857, London, National Archives, FO 405/2, S. 23. Bericht Elgins an den Earl of Malmesbury, 20. August 1858, ebenda, S. 630.

Alcock, Rutherford: Extracts from the Narrative of a Journey through the Interior of Japan, in: Journal of the Royal Geographical Society (1861), S. 201-202.

–: The Capital of the Tycoon, Bd 1, London 1863, S. 282-283 [Nachdruck, New York 1969].

Bakumatsu Dejima mikōkai monjo. Donkeru Kuruchiusu oboegaki, hg. von Miyako Vos[-Kobayashi], Tokyo 1992.

Select Documents on Japanese Foreign Policy. 1853 – 1868, hg. von William Gerald Beasley, London 1955 [Nachdrucke, London 1967; Richmond, SY 2002].

Correspondence Respecting the Late Negotiations with Japan (Parliamentary Papers 1856, Bd 61 = Command Paper 2077), London: HMSO, 1856.

Dai Nihon Komonjo. Bakumatsu Gaikoku Kankei Monjo, Bd 7, Tokyo, 1915.

Doeff, Hendrik: Herinneringen uit Japan, Haarlem 1833 [Nachdruck, Tenri und Tokyo 1973].

Graff, Henry Franklin, Hg.: Bluejackets with Perry in Japan. A Day to Day Account Kept by Masters Mate John R. C. Lewison and Cabin Boy William B. Allen New York 1952 [Nachdruck, hg. von William Gerald Beasley, Richmond, SY 2002].

Hawks, Francis Lister: Narrative of the Expedition of an American Squadron to the China Seas and Japan under the Commodore M[atthew] C[albraith] Perry, United States Navy, Washington und New York 1856 [Neudruck, New York 1857; Nachdrucke, New York 1952; New York 1967; Stroud 2005].

Heine, Wilhelm: Reise um die Erde nach Japan, Leipzig 1856 [englische Version, hg. von Frederic Trautmann, Honolulu 1990].

Heusken, Henry: Japan Journal 1855 – 1861, hg. von Jeannett C. van der Corput und Robert Arden Wilson, New Brunswick 1964.

Hildreth, Richard: Japan as it is and was, Boston 1855 [Neudruck, hg. von Ernest Wilson Clement, London 1907; Nachdruck des Originaldrucks, Wilmington, DE 1973].

King, Charles W.: The Claims of Japan and Malaysia upon Christendom. Exhibited in Notes of Voyages Made in 1837, from Canton in the Ship Morrison and Brig Himmaleh, under the Direction of the Owners, New York 1839.

Levysohn, Joseph Hendrik: Bladen over Japan, Den Haag 1852.

McCawley, Edward Yorke: With Perry in Japan. The Diary, hg. von Allan Burnett Cole, Princeton 1942.

Macdonald, Ranald: The Narrative of His Life. 1824 – 1894, hg von William S. Lewis und Naojiro Murakami, Seattle 1923 [Nachdruck, Portland 1990].

Meylan, Germain Felix: Geschichte des Handels der Europäer in Japan, Leipzig 1861 [zuerst in: Verhandelingen van het Bataviaasch Genootschap van Kunsten en Wetenschappen, Bd 14, Nr 1, Batavia 1833].

Morrow, James: A Scientist with Perry in Japan. The Journal, hg. von Allan Burnett Cole, Chapel Hill 1947.

Oliphant, Laurence: Narrative of the Earl of Elgin's Mission to China and Japan in the Years 1857, '58, '59, 2 Bde, Edinburg 1859 [Nachdruck, New York 1969].

Laurence Oliphant, Episodes in a Life of Adventure. Or Moss from a Rolling Stone, Edinburg und London 1887, S. 185-211 [Nachdruck, hrsg. von Catharina Blomberg, Richmond, SY 2000].

Osborn, Sherard: A Cruise in Japanese Waters, Edinburg und London 1859.

–: Japanese Fragments, London 1861.

Palmer, Aaron Haight, Hg.: Documents and Facts Illustrating the Origin of the Mission to Japan, Washington, DC 1857) [Nachdrucke, Wilmington 1973; hg. von William Gerald Beasley, Richmond, SY 2002].

The Japan Expedition. 1852 – 1854. The Personal Journal of Commodore Matthew [Calbraith] Perry, hg. von Roger Pineau (Smithsonian Institution Publication. 4743), Washington 1968 [Nachdruck, Richmond, SY 2002].

Preble, George Henry: The Opening of Japan. A Diary of Discovery in the Far East. 1853 – 1856, hg. von Boleslaw Szcezesniak, Norman 1962.

Rennie, David Field: The British Arms in North China and Japan, London 1864.

Sewall, John: The Logbook of the Captain's Clerk. Adventures in thre China Seas, Bangor, ME 1905.

Spalding, J. W.: The Japan Expedition, New York und London 1856 [Nachdruck, hg. von William Gerald Beasley, Richmond, SY 2002].

Sproston, John Glendy: A Private Journal, hg. von Shio Sakanishi, Tokyo 1968 [Nachdruck, hg. von William Gerald Beasley, Richmond, SY 2002].

Taylor, Bayard: A Visit to India, China and Japan in the Year 1853, hg. von George Frederick Pardon, London und Edinburg 1859 [Nachdruck, Tokyo 2002].

Tilley, Henry Arthur: Japan, the Amoor and the Pacific, London 1861 [Mikrofiche-Nachdruck, Cambridge 2000].

Tomes, Robert: The Americans in Japan. An Abridgment of the Government Narrative of the US Expedition to Japan under Commodore Perry, New York 1857 [Nachdrucke, Wilmington 1993; Richmond, SY 2002].

Tronson, John M.: Personal Narrative of a Voyage to Japan, Kamtschatka, Siberia, Tartary, and Various Parts of the Coast of China in H. M. S. Barracouta, London 1859 [Mikrofiche-Nachdruck, Cambridge 1996].

Westfield, Thomas Clark: The Japanese, Their Manners and Customs, London 1862.

Williams, Samuel Wells: A Journal of the Perry Expedition to Japan, hg. von Frederick Wells Williams (Transactions of the Asiatic Society of Japan. First Series, Bd 37, Teil II), Tokyo 1910. [Nachdruck, hg. von William Gerald Beasley, Richmond, SY 2002].

Literatur

Aston, William George: H.M.S. Phaeton at Nagasaki, in: Transactions of the Asiatic Society of Japan 7 (1879), S. 323-336.

Barrows, Edward Morley: Great Commodore, Indianapolis und New York 1935 [Nachdruck, Freeport 1972].

Beasley, William Gerald: Great Britain and the Opening of Japan. 1834 – 1858, London 1951 [Nachdruck, Folkestone 1995].

–: Japanese Castaways and British Interpreters, in: Monumenta Nipponica 46 (1991), S. 91-103.

–: Collected Writings, Folkestone 2001.

Bernard, Donald R.: The Life and Times of John Manjiro, New York 1992.

Chang, Richard T.: From Prejudice to Tolerance. A Study of Japanese Images of the West. 1826 – 1864, Tokyo 1970.

Cortazzi, Hugh: Victorians in Japan, London 1987.

Britain and Japan, hg. von Hugh Cortazzi und Gordon Daniels, London und New York 1991.

Eckel, Paul Edward: The Crimean War and Japan, in: Far Eastern Quarterly 3 (1944), S. 109-118.

Fox, Grace: The Anglo-Japanese Convention of 1854, in: Pacific Historical Review 10 (1941), S. 411-434.

Fox, Grace: Great Britain and Japan. 1858 – 1883, Oxford 1969.

Griffis, William Elliott: Matthew Calbraith Perry, Boston 1887 [2. Aufl., Boston 1890; Nachdruck der 1. Aufl., Richmond, SY 2002].

Ibe, Hideo: Japan Thrice Opened. An Analysis of Relations between Japan and the United States, New York 1992.

Kaneko, Hisakazu: Manjiro. The Man Who Discovered America, Tokyo 1954 [andere Ausgabe, Boston 1956].

LaFeber, Walter: The Clash. U.S.-Japanese Relations Throughout History, New York und London 1997, S. 9-17.

McOwie, William W.: The Opening of Japan. 1853 – 1855. A Comparative Study of the American, British, Dutch and Russian Naval Expeditions to Compel the Tokugawa Shogunate to Conclude Treaties and Open Ports to Their Ships, Folkestone 2006.

Mitani, Hiroshi: Escape from Impasse. The Decision to Open Japan, Tokyo 2006 [erweiterte Ausgabe, Tokyo 2008; zuerst, Tokyo 2000].

Britain and Japan, 5 Bde, hg. von Ian Nish, Folkestone 1994-2005.

Morison, Samuel Eliot: „Old Bruin", Boston 1967.

Paske-Smith, Montague: Western Barbarians in Japan and Formosa in Tokugawa Days, 1603 – 1868, Kobe 1930.

Plummer, Katherine: The Shogun's Reluctant Ambassadors. Sea Drifters, Tokyo 1985.

Sakamaki, Shunzō: Japan and the United States. 1790 – 1853 (Transactions of the Asiatic Society of Japan. Second Series, Bd 18), Tokyo 1939.

Statler, Oliver: The Black Ship Scroll, San Francisco und New York 1963 [2. Aufl., Rutland 1964].

Stephan, John J.: The Crimean War in the Far East, in: Modern Asian Studies 3 (1969), S. 257-277.

Walworth, Arthur Clarence: Black Ships off Japan. The Story of Commodore Perry's Expedition, New York 1946 [2. Aufl., Hamden, CT 1966].

International Migration and Security, hg. von Myron Weiner, Boulder 1993.

Wiley, Peter Booth, und Ichiro Korogi: Yankees in the Land of the Gods. Commodore Perry and the Opening of Japan, New York 1990 [Nachdruck, New York 1991].

Zöllner, Reinhard: Gützlaffs Japanreise 1837 und das Nojutsu yumemonogatari. Zur japanischen Fremdenpolitik am Vorabend der „Öffnung", in: Karl Gützlaff (1803 – 1851) und das Christentum in Ostasien, hg. von Thoralf Klein und Reinhard Zöllner, Nettetal 2005, S. 21-39.

Kapitel 13

Wie die Maori zu „Eingeborenen" wurden

Es war immer so gewesen: Arme Leute wurden vor Ort versorgt. Die Kirche, die örtliche Obrigkeit und die Nachbarn kümmerten sich um diejenigen, die weder für sich selbst aufkommen konnten noch Verwandte hatten, die für sie sorgten. Arm konnte sein, wer alt war und nicht mehr arbeiten konnte; wer im Krieg Invalide geworden war; wer schlechte Geschäfte gemacht und sich ruiniert hatte; wer Opfer von Verbrechen oder der Unbilden der Natur geworden war. Wohlhabende Alte ohne Familienanschluss hatten die Möglichkeit, sich ein Sterbelager in einem Hospital zu kaufen. Dort wurden sie betreut und konnten auf den Tod warten. Wer sich der gemeindlichen Armenfürsorge nicht unterwerfen wollte, konnte als Bettler durch die Städte und über das Land ziehen und auf milde Gaben hoffen.

Zu Beginn des 19. Jahrhunderts geriet dieses System der Armenfürsorge vor Ort aus den Fugen. Auf Weiden und Feldern wuchsen große, aus Stein gebaute Hallen empor, immer dort, wo man Kohle aus dem Boden grub. Die Kohle heizte Wasser und erzeugte Dampf. Der wieder schob Kolben hin und her. Die hielten riesige Maschinen in Bewegung, die bestimmte Sorten von Materialien in großer Zahl, identischer Form und gleicher Qualität ausspuckten. Man nannte diese Hallen „Industrien". Arbeiter mussten die Maschinen betreiben und um die „Industrien" wohnen. Dort entstanden Wohnkasernen, die sich schnell zu Städten verdichteten. Arbeit in den „Industrien" versprach Lohn, auch und gerade für diejenigen, die landlos und ohne festes Einkommen waren. Der Bau von „Industrien" schritt in England am schnellsten voran. In den ländlich geprägten Grafschaften von Yorkshire, Cheshire und Lancashire drängten sich die „Industrien" und Wohnkasernen dicht an dicht. Die dort lebenden Arbeiter und ihre Familien fielen aber durch das bestehende soziale Netz, wenn es ihnen schlecht ging. Wurden sie krank, verloren sie Arbeit und Einkommen, ohne dass sich jemand um sie kümmerte. Fanden sie keine Arbeit, blieben sie ebenfalls ohne Einkommen, mussten aber bleiben. Denn Geld zum Weiterziehen hatten sie nicht. Niemand würde die Arbeitslosen anderswo aufnehmen. Denn von den Dörfern ihrer Herkunft hatten sie sich längst getrennt.

In den späten 1820er Jahren kriselte es in den „Industrien". Die Maschinen warfen zu viele Produkte auf den Markt. Unternehmer, die die Maschinen finanzierten und die Arbeiter mehr schlecht als recht entlohnten, gerieten in Geldnot und gingen bankrott. Die Zahl der Armen stieg. Die Armenfürsorge geronn zur sozialen Frage.

In England entstand Handlungsbedarf zuerst. Die Regierung in London und die dortigen Parlamentarier kamen zu der Einsicht, dass die traditionelle Armenfürsorge der ländlichen Siedlungen nicht mehr hinreiche. Zu viele Arme waren an zu wenigen Orten zusammengepfercht. An Orten, die überwiegend Arme beherbergten, war Armenfürsorge nur mit lokalen Mitteln unmöglich. Also zog die Regierung die Armenfürsorge an sich und entschied, Steuermittel für die Armen bereitzustellen. So bürdete die Regierung die sozialen Kosten der Industrialisierung der Allgemeinheit auf, während die profitablen Unternehmen ihre Gewinne erhöhen durften. Die Entscheidung der Regierung war daher unpopulär, die rechtliche Basis zweifelhaft. Da die Probleme aber drängten, gab es kurzfristig keine Alternative. Ein Kompromiss kam zustande: öffentliche Armenfürsorge ja, aber zum niedrigsten möglichen Satz. Im Jahr 1832 berief die Regierung eine Kommission, die Vorschläge zur Änderung des Systems der Armenfürsorge erarbeiten sollte. 1834 war die Zeit für ein Gesetz zur Neuregelung der Armenfürsorge gekommen. Im Poor Law Amendment Act schrieb das Parlament fest, dass sich örtliche Gemeindeverbände, die sogenannten Parishes, zu Poor Law Unions zusammenzuschließen und öffentliche Arbeitshäuser für die Armen zu errichten hätten. Armenfürsorge außerhalb der Arbeitshäuser sollte so weit wie möglich eingestellt werden. Die Poor Law Commission sollte das neue System im Auftrag der Regierung überwachen.

Arme Leute waren teuer geworden. Je mehr ihre Zahl stieg, desto mehr wurden sie zur Last. Und es wurden immer mehr. Das Bevölkerungswachstum in den Wohnkasernen war hoch. In den 1830er Jahren kam daher der Plan auf, die Armen einfach weg zu schaufeln, möglichst weit weg jenseits der Grenzen des Vereinigten Königreichs, Bettelschübe ans andere Ende der Welt also. Aber die Globalisierung des britischen Armutsproblems war alles andere als einfach. Die britische Regierung behauptete damals schon, sie habe Herrschaftsrechte in vielen Teilen der Welt, auch solchen, die weit entfernt lagen. Am weitesten entfernt war Australien. Dorthin, nach Neusüdwales, hatte man schon in den 1780er Jahren Strafgefangene expediert, um die britischen Gefängnisse zu leeren. Also schien der neue Plan ideal: das Land, das schon einmal als Abladestelle für Strafgefangene gedient hatte, würde auch die Armen aufnehmen können. Die einmalige Passage von Southampton oder Plymouth nach Sydney in Neusüdwales ohne Rückfahrbillet, wie sich versteht, war billiger als lebenslange Armenfürsorge aus öffentlichen Kassen. Also lautete die Parole: Ab nach Sydney. Die Regierung legte einen Fonds auf, aus dem die Passage bezahlt werden konnte, falls Interessenten sich meldeten, die aus dem heimatlichen Elend entkommen wollten und auf eine neue Chance in Übersee hofften.

Der Plan wurde jedoch in Neusüdwales ruchbar. Dort hatten sich die Nachkommen der Strafgefangenen mit neuen Zuzüglern gerade in eine Genossenschaft von Siedlern zusammengefunden und es zu einer erträglichen Existenz gebracht. Die dort lebenden Aborigines hatten sie als Wilde gebrandmarkt und aus ihren küstennahen Wohnsitzen ins Innere des Kontinents vertrieben. Das neue Territorium erhielt den Status einer britischen Kronkolonie unter der Herrschaft der jungen Königin Viktoria. Die Leute von Neusüdwales waren wenig zimperlich, zunächst und in der Hauptsache gegenüber den Aborigines, deren Name so etwas wie Ureinwohner bedeuten sollte. Die Untertanen ihrer Majestät betrachteten die Aborigines ohne Unterschied als Nicht-Bewohner, die sie wegschubsen zu dürfen glaubten, wo immer sie selbst siedeln wollten. Die Leute von Neusüdwales hatten sich auf die Idee versteift, dass die Aborigines wie Tiere lebten und zum Abschlachten frei gegeben seien, wenn sie sich nicht rechtzeitig verzogen. Ein Genozid, wie ihn die europäischen Siedler an den Native Americans seit dem 16. Jahrhundert verübt hatten, fand ein weiteres Mal gegenüber den Aborigines in Australien statt. Doch die Leute von Neusüdwales verachteten nicht nur die Aborigines, sondern ebenso die armen Nachzügler, die nun aus dem Vereinigten Königreich kommen sollten. Die Tür für weitere Einwanderung sollte geschlossen bleiben. Sie seien nicht bereit, den Abfall aus dem Vereinigten Königreich bei sich aufzunehmen, ließen die Untertanen aus Neusüdwales die Regierung Ihrer Majestät wissen. Gemeint waren die armen Leute aus den „Industrien" Englands. Denjenigen, die sich dennoch kaufen ließen und die Reise aus dem Vereinigten Königreich nach Neusüdwales antraten, bereitete man folglich einen kühlen Empfang. Das Abschiebeprogramm lief daher nur zögerlich an. Erst seit 1847 fanden sich Arme in größerer Zahl bereit zum Wegzug in den fernen Pazifik. So stand die britische Regierung in den 1830er Jahren in einer selbst gezimmerten Zwickmühle. Griffe das Abschiebeprogramm, würden die Untertanen in Neusüdwales revoltieren. Floppte es, blieben die Belastungen für die öffentlichen Kassen hoch. Die Lösung der sozialen Frage war alles andere als einfach.

Ein Kolonienorganisator namens Edward Gibbon Wakefield kam derweil auf den schlauen Gedanken, die Bettelschübe umzulenken in eine andere, noch weiter entfernte Gegend. Die bestand aus jenen beiden großen Inseln, die seit 1643 in Europa Neuseeland hießen. Seit den frühen 1830er Jahren setzten sich einige Briten und Franzosen dort fest und ließen sich von den Bewohnern, den Maori, Rechte zur Nutzung von Land geben. Zwei der europäischen Siedlergruppen erklärten, gemeinsam mit einigen kollaborierenden Maori, in den Jahren 1834 und 1835 ihre Unabhängigkeit. Wakefield verfasste für die neu gegründete New Zealand Association den Plan einer groß angelegten britischen Kolonisierung Neuseelands und gab ihn im Jahr 1837 in Druck. Auf den beiden Inseln kam es mittlerweile zu Raufereien zwischen Briten und Franzosen sowie zwischen beiden und den Maori. Denn die europäischen Siedler und die Maori hatten unterschiedliche Vorstellungen darüber, wie Rechte an Land zu bestimmen seien. Während die Maori davon ausgingen, dass die in ihren Gemeinschaften von alters her gegebenen Nutzungsrechte gültig zu bleiben hätten, forderten Briten und Franzosen von den Maori die Übertragung allen Lands, das letztere nicht dauernd für ihre Landwirtschaft nutzten. Die britische Regierung sah Grund zum Handeln und sandte eine Flotte unter dem Kommando von William Hobson nach Neuseeland, um die Macht der Regierung über die Inseln zu sichern. Doch die Erwartung, die britische Regierung könne viele arme Leute nach Neuseeland abschieben, erwies sich als ebenso verfehlt. Das Armutsproblem ließ sich durch Auswanderung nicht lösen.

William Hobson war Soldat und glaubte, er sei in den Pazifik entsandt worden, um Neuseeland als ganzes für die britische Krone zu erobern. Gleichwohl besaß er kein so weit reichendes Mandat. Deswegen hatte er nur ein kleines Truppenkontingent unter seinem Kommando. Doch als er im Jahr 1839 in Neuseeland eintraf, erwies er sich als Mann der Tat. Er liebte schnelle Entscheidungen und überließ Antworten auf moralische Fragen und die Aufarbeitung rechtlicher Konsequenzen seines Tuns gern den politischen Instanzen. Die aber waren weit weg. Hobson wusste, dass die Maori sich in zahlreiche, hierarchisch geordnete Gruppen gliederten. Hobson wusste auch von den Erklärungen der Unabhängigkeit aus den Jahren 1834 und 1835. Er hatte deswegen Instruktion, nichts gegen den Willen der neuseeländischen Bevölkerungsgruppen zu unternehmen. Zwischen einigen Maori-Gruppen gab es politische Verbindungen, die Hobson als „Föderation" deutete. Andere lebten für sich. Dass die Maori ihr Land Aotearoa nannten, kümmerte Hobson nicht. Für ihn gab es nur Neuseeland, das Land, das Raum bieten sollte für künftige Siedler aus dem Vereinigten Königreich.

Indes wurde Hobson klar, dass seine Mannschaft nicht zur militärischen Eroberung ganz Neuseelands ausreichte. Zwar erkannte er sofort, dass die Krieger der Maori keine Waffen gebrauchten, deren Wirkung er derjenigen der britischen Kanonen gleichzusetzen hatte. Aber er verstand auch, dass die Maori an den Krieg gewohnt waren und sich würden wehren können. Er würde sie besiegen können, glaubte er, aber der Krieg würde Zeit fordern. Hobson aber brauchte eine schnelle Entscheidung. Ein lang andauernder Abnutzungskrieg würde Mittel erfordern, die ihm Parlament und Regierung daheim in Westminster verweigern würden. Also verlegte Hobson sich aufs Verhandeln.

Hobson hatte viele Verhandlungsführer der Maori als seine Gegenüber. Wollte er britische Herrschaft über die Maori errichten, musste er Geduld aufbringen, was ihm schwer fiel. Dennoch wäre seine ganze Mission gescheitert, käme er ohne Verhandlungsergebnis zurück. Es ging also um alles oder nichts. Vielleicht genügte zunächst nur ein papierner Vertrag. Das Weitere würde sich schon fügen, hoffte er, und ging ins Palaver. Er begann die Verhandlungen mit den Oberen der Verbünde, als sogenannte Föderaten, und protzte mit seinen Waffen, der Macht und den technischen Errungenschaften des Vereinigten Königreichs. Die britische Flotte hatte einen Stützpunkt in Singapur, wo sie seit 1819 saß. Die britische Kolonie in Neusüdwales wuchs, mehr Schiffe kreuzten unter britischer Flagge im Pazifik als unter jeder anderen Flagge. Das alles beeindruckte die Maori wenig. Zu ihnen waren bisher nur wenige Schiffe von weither gelangt.

Hobsons Taktik folgte derjenigen, die Briten und andere Europäer bereits seit Beginn des 19. Jahrhunderts in Westafrika verfolgt hatten. Dort hatten Abgesandte europäischer Regierungen, aber auch allein und ohne Auftrag handelnde Abenteurer, lokale Machtträger dazu beschwatzt, eine Art Oberherrschaft der einen oder anderen europäischen Regierung in schriftlich abgefassten Verträgen zuzugestehen. Unter Oberherrschaft verstanden die Europäer damals in der Regel eine Art Alleinvertretungsanmaßung. Das bedeutete, dass eine europäische Regierung sich vertraglich Rechte sicherte, auf deren Basis sie die äußeren Beziehungen ihrer jeweiligen afrikanischen Partner unter Ausschluss jeder anderen europäischen Regierung gestalten zu können glaubte. Das vorgebliche Ziele vieler dieser Verträge mit Herrschern in Westafrika war es gewesen, das völkerrechtlich auf dem Wiener Kongress 1815 vereinbarte Verbot von Sklaverei und Sklavenhandel umzusetzen und Deportationen von Afrikanern über den Atlantik zu verhindern. Insbesondere die Regierungen Frankreichs und des Vereinigten Königreichs waren bestrebt, bestehende Handelswege für den transatlantischen Sklavenhandel zu sperren. Dazu, glaubten sie, war die Kooperation mit lokalen Herrschern an den westafrikanischen Küsten erforderlich, die bislang mit den Sklavenhändlern hatten kollaborieren müssen. Gleichwohl verhüllten die juristischen Sprachblasen kaum die dahinter stehenden Absichten. Was die Europäer wollten, war Herrschaft über den westafrikanischen Küstenraum. Folglich enthielten die Verträge in der Regel auch Bestimmungen über „Schutzrechte", die die europäischen Regierungen gegenüber ihren afrikanischen Partnern beanspruchen können wollten. Mit diesen „Schutzrechten" verband die europäische Seite die Rechtsfigur der Souveränität, die sie für sich als jeweilige Schutzmacht reklamierte. Das war erforderlich, da nach der europäischen Völkerrechtslehre gültige zwischenstaatliche Verträge nur unter gleichen Souveränen geschlossen werden konnten. Also mussten die Verträge schließenden europäischen Regierungen ihre Vertragspartner in Westafrika als Souveräne anerkennen, bevor sie irgendwelche „Schutzrechte" geltend machen konnten. Aber, streng genommen, war die Ausübung von „Schutzrechten" mit dem Rechtsbegriff der souveränen Gleichheit von Vetragspartnern unvereinbar.

Ohne diese juristischen Skrupel verfuhr Hobson nach dem in Westafrika erprobten Modell, auch wenn den Maori gegenüber die Ausgangslage völlig anders war. Hobson kam nicht als Verhinderer von Sklavenhandel, sondern als zukünftiger Gouverneur Ihrer Majestät. Es galt also, nicht nur Oberherrschaft über die Maori, sondern auch Herrschaft über die in Neuseeland bereits lebenden Europäer zu errichten. Hobson war besessen von der Idee, dass die kriegerisch anmutenden Maori weder untereinander noch mit den Europäern in Frieden würden leben können ohne die Kontrolle Königin Viktorias. Also gab er die Parole aus, dass Viktoria Garantin des Friedens in Neuseeland und „Schutzherrin" aller Neuseeländer sei. Wenn die Maori sich unter den „Schutz" Viktorias stellten, würden sie in Zukunft sicher leben können. Die Maori, mit den Sprachregelungen von Mafiosi nicht vertraut, hatten nichts dagegen einzuwenden.

Hobson aber wollte nicht nur Herrschaftsrechte für Königin Viktoria, sondern mehr Siedlungsmöglichkeiten für seine Landsleute. Es gebe viel Land, meinte er, das die Maori nicht selbst zu nutzen in der Lage seien. Dieses ungenutzte Land hätte er gern in das Eigentum der Krone überführt. Auch hierbei interpretierten die Maori in ihrem Sinn, was Hobson meinte, während Hobson ahnte, dass die Maori in seine Falle gehen würden. In Afrika hatte derselbe Trick immer wieder Früchte getragen. Den Maori war die Übertragung von Boden in privates Eigentum unbekannt. Dagegen, dass für eine gewisse Zeit andere Land nutzten, das sie selbst nicht immer brauchten, hatten sie keine Einwände. Aber im Rechtssystem der Maori bedeutete die Gewährung von Nutzungsrechten nicht die Übertragung von Eigentumsrechten. Statt Eigentum an Land zu übertragen, glaubten sie, nur den „Schatten von Land" an Hobson zu geben. Hobson jedoch hatte im Sinn, das von den Maori frei zu stellende Land nicht nur der Kontrolle der Krone zu unterstellen, sondern hernach in Privateigentum für neu ankommende britische Siedler zu überführen. Das war schließlich die Logik des Plans, der armen Leuten aus den englischen „Industrien" eine Existenzgrundlage verschaffen sollte. Den Maori enthielt er geflissentlich diese Absicht vor. Ausgetrickst stimmten die Vertreter der Föderierten unter den Maori Hobsons Vorschlägen zu. Was dann noch zu tun blieb, war Prozedur. Den am Palaver beteiligten Vertretern der Maori wies Hobson die Aufgabe zu sicher zu stellen, dass alle Maori in die Regelungen einbezogen würden. Das erschien machbar. Schließlich brauchte Hobson noch ein Stück Papier, das seinen Erfolg auswies, eine Art Abkommen, das authentisch wirkte, einen Text, der die Regelungen festschrieb. Die Maori verstanden Hobsons Ansinnen zwar nicht. Sie brauchten die Schrift nicht als Medium, um Glaubwürdigkeit zu erzeugen, und ahnten nicht, dass Hobson oder sonst irgendwer aus dem Vereinigten Königreich ihren guten Willen würde missbrauchen wollen. Also willigten sie ein.

Man kann Hobson nicht zum Vorwurf machen, dass er kein Jurist war. Als Soldat war er in juristischen Dingen überfordert. Das zeigt unfreiwillig noch heute der Text, den er nach Abschluss des Palavers aufsetzte und auf einer Wiese namens Waitangi am 5. und 6. Februar 1840 bestätigen ließ. Obwohl das europäische Völkerrecht Freiwilligkeit und Einvernehmlichkeit für zwischenstaatliche Verträge schon damals als verbindlich vorschrieb, fabrizierte Hobson ein königliches Edikt, durch das Viktoria ihren Willen bekundete oder das, was Hobson als ihren Willen ausgab. Damit ignorierte Hobson die Maori als Vertragspartner und gab, was Dokument eines Übereinkommens sein sollte, als königlichen Oktroi zu erkennen. Hobson also ließ Königin Viktoria verkünden, sie habe sich entschlossen, ihren Untertanen in Neuseeland eine Regierung zu geben, und habe Hobson beauftragt, die dazu erforderlichen Vorkehrungen zu treffen. Hobson verweigerte in dem Edikt den Maori ihren Namen und nahm ihnen so die Identität. Statt sie beim Namen zu nennen, machte er sie zu „natives", Leuten mithin, die durch eine scheinbare Laune des Schicksals dort geboren waren, wo Hobson Briten ansiedeln wollte. Alles Land, das die so zu „Eingeborenen" gewordenen Maori nicht selbst und direkt nutzten, stehe der britischen Regierung offen, die darüber verfügen werde. Diese Regelung gelte sowohl für diejenigen „Eingeborenen", die in Föderationen organisiert seien, als auch für die Nicht-Föderierten.

Auf das Edikt ließ Hobson ein Nachsatz folgen, demzufolge die nunmehr zu „Eingeborenen" gewordenen Maori dem vorstehenden Edikt zustimmten. Vermutlich veranlasste die Instruktion der britischen Regierung Hobson zu diesem Nachsatz, dass jegliche Regelung mit den Bewohnern Neuseelands auf deren Zustimmung folgen müsse. Unterschriften Hobsons und einiger „native chiefs" beschließen das Dokument, das seither als „Vertrag von Waitangi" durch die Geschichte geistert. Hobsons Text war aber juristischer Unfug. Das Edikt, das er im Namen Königin Viktorias schrieb, machte nur Sinn, wenn die Maori bereits aufgehört hatten, Vertragspartner der britischen Regierung zu sein. Dann erst hätte Viktoria erklären können, für die Maori und die anderen Bewohner Neuseelands eine Regierung errichten zu wollen. Aber die Maori hatten zu keinem Zeitpunkt einem Vertrag mit der britischen Regierung zugestimmt und also ihre Souveränität nicht durch einen Rechtsakt aufgegeben. Folglich war Viktorias Edikt ein Dokument der Usurpation. In dem dem Edikt anhängenden Nachsatz ließ er dann aber die Maori deren bereits verlustig gegangene Souveränität noch einmal einsetzen, um dem Edikt ihre

Zustimmung zu bekunden. Nicht nur konnten die Maori dies nach dem Edikt nicht mehr tun, sondern das Edikt als Dokument der Usurpation hätte gar keiner Zustimmung mehr bedurft. Gleichwohl ruhte die britische Kolonialherrschaft in Neuseeland von nun ab auf diesem Dokument des Unrechts. Hobson, der auf der Basis des Edikts Gouverneur der neuen Kolonie wurde, hatte keine Legitimität.

Hobsons Edikt machte die Maori zu Heimatvertriebenen im eigenen Staat. Die britische Regierung akzeptierte nicht nur Hobsons Text, sondern legte ihn auch noch weit aus und zwang die Maori zur Freigabe von Land, wo immer es die Briten verlangten. Abgedrängt auf wenig ertragreiche Böden, ausgeschlossen von politischer Beteiligung und höherer Bildung, aber ausgeliefert dem Treiben christlicher Missionare, waren die Maori daran gehindert, ihre überkommene Lebensweise, Wirtschaftsformen, Gesellschaftsordnung und politische Ordnung nach eigenen Grundsätzen weiter zu entwickeln. Als „Eingeborene" wurden sie Unterschicht, Diener der neuen Herren, auch wenn die als arme Leute gekommen waren. Briten sowie andere Leute, die aus Europa im weiteren Verlauf des 19. Jahrhunderts nach Neuseeland kamen, einerseits sowie Maori andererseits lebten dort in getrennten Welten. In der britischen Kolonie Neuseeland galt schon im 19. Jahrhundert das Gesetz der Apartheid. Es ließ den Maori nur die Wahl zwischen Anpassung und Widerstand.

Die Mehrzahl der Maori besann sich auf ihre Traditionen des Kriegertums und wählte Widerstand. Die Erkenntnis, dass Hobson sie mit seinem Edikt getäuscht hatte, schlug um in Wut. Mehr als vierzig Jahre führten sie Krieg gegen die Kolonialherren und gaben erst im Jahr 1881 auf. Neuseeland erstarrte zum Produzenten von Waren für den britischen Markt, von Butter bis Wolle alles, was die lange Seereise überdauern konnte. Und doch war die Ruhe trügerisch. Die Maori, zunächst zur Minderheit von „Eingeborenen" reduziert und schließlich zur Anpassung genötigt, fanden sich dennoch nicht mit Hobsons Unrechtsedikt ab. Auch nachdem sich die britische Regierung entschloss, Verwaltung und Politik von den von der europäischen Bevölkerung gewählten Institutionen gestalten zu lassen, sich aber weiterhin durch einen Gouverneur vertreten ließ, ging der Kleiderwechsel an den Maori vorbei. Denn sie hatten zunächst kein Recht zur politischen Einflussnahme auf die Geschicke dieses Staats.

Die Erinnerung an Hobsons Unrecht nagte weiter, wurde verstärkt durch das Bewusstsein der erlittenen Niederlage und blieb so ein Faktor der neuseeländischen Innenpolitik. Zwar erhielten Maori im Jahr 1867 passives Wahlrecht, aber auf Kandidatenlisten, die für die Maori- und die europäische Bevölkerung getrennt geführt wurden. Für Maori waren maximal vier Sitze im Parlament reserviert. Dieses Apartheid-System bestand so im wesentlichen bis 1967 fort, als die Zahl der für

Maori reservierten Parlamentssitze beträchtlich erweitert wurde. Ein allgemeines, alle Staatsbürger gleich behandelndes Wahlrecht besteht nach wie vor in Neuseeland nicht. Aus „Eingeborenen" schlüpften Mitmenschen, von denen viele aber immer noch getrennt siedeln. Gleichwohl begannen die Maori, als Mitmenschen Kompensation zu fordern, und erreichten, dass sich die neuseeländische Regierung offiziell im Jahr 1999 bei den Maori für die britischen Verbrechen der Vergangenheit entschuldigte. Bereits im Jahr 1975 hatte das Parlament beschlossen, einen Fonds zur „Entschädigung" derjenigen Maori einzurichten, deren Vorfahren nach dem Waitangi-Edikt Hobsons enteignet worden waren oder sonstwie Schaden erlitten hatten. Damit setzte Neuseeland einen Standard, an dem sich andere Mitglieder des Britischen Commonwealth, insbesondere Australien und Kanada, messen lassen mussten. Um die „Entschädigung" gerecht verteilen zu können, richtete die Regierung das Waitangi Tribunal ein, das über Ansprüche entscheiden sollte. Die Arbeit des Tribunals führte im Jahr 2008 zu einer abschließenden Einigung zwischen der neuseeländischen Regierung und Vertretern von sieben Maori-Gruppen. Die „Entschädigung" blieb gleichwohl innere Angelegenheit des Staats Neuseeland. Dessen Regierung zahlte aus neuseeländischen Steuermitteln, die selbstverständlich auch aus den Beiträgen von Maori angesammelt worden waren. Die Maori hatten somit einen Teil ihrer „Entschädigung" selbst aufzubringen. In der britischen Regierung sah niemand einen Grund zur Beteiligung. Das Vereinigte Königreich zahlte nicht und schwieg.

Die Kolonisierung Neuseelands seit den 1830er Jahren vermittelt zwei Botschaften. Die erste sagt, dass staatlich verordnete Migrationspolitik scheitert, wenn sie von falschen Erwartungen ausgeht. Die britische Regierung erwartete, dass die armen Leute, die sie gern losgeworden wäre, nicht so genau nachfragen würden, wohin sie gehen sollten. Wie auch andere Regierungen in derselben Zeit glaubte sie also, dass Migranten und Migrantinnen ahnungs- und willenlose Leute seien, die eine Regierung mit einfachen Mitteln hin- und herschieben könne. Der mäßige Erfolg der in der ersten Hälfte des 19. Jahrhunderts staatlich gewährten Anreize zur Auswanderung zeigt, dass Migranten und Migrantinnen üblicherweise bewusst handelnde Personen sind, die sich über ihr Ziel Gedanken machen und Informationen einholen. Sie sind in ihrer Entscheidungsbildung schwer zu beeinflussen. In der Migrationsforschung hat sich gleichwohl seit Mitte des 19. Jahrhunderts die Ansicht festgesetzt, Migration ließe sich als Resultat auf einander wirkender „Push- und Pullfaktoren" begreifen. Dabei hat die Migrationsforschung in der Regel an wirtschaftliche Faktoren gedacht. Mithin hat seit mehr als 150 Jahren die Annahme gegolten, Migration entstehe, wenn Armut die Leute aus dem Land treibe und zugleich die Erwartung von Reichtümern und besserem Leben sie in ein anderes Land ziehe. Demnach verhielten sich Migranten wie eine Masse, die von Polen abgestoßen und angezogen werde. Aber dieses Bild aus der Physik ist falsch, wie die britische Auswanderungspolitik des 19. Jahrhunderts zeigt. Migranten und Migrantinnen sind weder passiv noch amorphe Massen.

Die zweite Botschaft sagt, dass Kolonisierung als Kombination aus Vertreibung und Apartheidspolitik zu langfristigem Widerstand seitens der Opfer führt. Die negativen Folgen von Apartheidspolitik sind also nicht auf Reservatbildung in und nach der Kolonisierung Amerikas und Südafrikas begrenzt gewesen, sondern wirken in anderen Teilen der Welt bis heute fort.

Quellen

Tasman, Abel Ianszoon: Het journaal von Abel Tasman. 1642 – 1743, hg. von Vibeke D. Roeper, Den Haag 2006.

Coates, Danderson: [Ansprache im britischen Unterhaus, 1835], hg. von William David McIntyre und W. J. Gardner, Speeches and Documents in New Zealand History, Oxford 1971, S. 7.

The Waitangi Tribunal, hg. von Janine Hayward und Nicola R. Wheel, Wellington 2004.

Königin Viktoria, Instruction to Captain William Hobson [14. August 1839; National Archives, CO 209/4], in: Historical Records of New Zealand, hg. von Robert McNab, Bd 1, Wellington 1908, S. 731.

„Vertrag" von Waitangi zwischen Maori und dem Vereinigten Königreich vom 5./6. Februar 1840, in: Consolidated Treaty Series, hg. von Clive Parry Bd 89, Dobbs Ferry, 1969, S. 475.

Wakefield, Edward Gibbon: The British Colonization of New Zealand. Being an Account of ther Principles, Objects and Plans of the New Zealand Association, London 1837.

–: A View of the Art of Colonization with Present Reference to the British Empire, London 1849 [Neudruck, hg. von James Collier, Oxford 1914].

–: The Collected Essays, hg. von Murie F. Lloyd, Glasgow und London 1968.

Literatur

Adams, Peter: Fatal Necessity. British Intervention in New Zealand. 1830 – 1847, Auckland 1977.

Awatere, Donna: Maori Sovereignty, Auckland 1984.

Beaglehole, John Cawte: Captain Hobson and the New Zealand Company (Smith College Studies in History, vol. 13, Nr 1-3), Northampton, MA 1928.

Byrnes, Giselle: The Waitangi Tribunal and New Zealand History, South Melbourne und Oxford 2004.

Colenso, William: The Authentic and Genuine History of the Signing of the Treaty of Waitangi, Wellington 1890 [Nachdruck, Christchurch, NZ 1971].

Hudson, Paul: English Emigration to New Zealand. 1839 – 1850, in: Economic History Review 54 (2001), S. 680-698.

Laubach, Ernst: Der Vertrag von Waitangi und seine Bedeutung in der neuseeländischen Geschichte und Politik, in: Saeculum 51 (2000), S. 228-249.

McLintock, Alexander Hare: Crown Colony Government in New Zealand, Wellington 1958.

Genocide and Settler Society, hrsg. von A. Dirk Moses, New York und Oxford 2004.

Oliver, William Hosking: Claims to the Waitangi Tribunal, Wellington: Department of Justice.

Poor Australian Immigrants in the Nineteenth Century, hg. von Eric Richards (Visible Immigrants 2), Canberra 1991.

Scholefield, Guy Hardy: Captain William Hobson, London 1934.

Slot, Bernardus Josephus: Abel Tasman and the Discovery of New Zealand, Amsterdam 1992.

Wards, Ian: The Shadow of the Island, Wellington 1968.

Kapitel 14

Integration Modell Singapur

Es ist das Paradebeispiel für politischen und wirtschaftlichen Erfolg, ein Staat, der glänzt, Stabilität und Kontinuität signalisiert in Stürmen der lokalen, regionalen und Weltpolitik; ein Staat mit freier Marktwirtschaft und mitunter bizarren, manchmal schwer verständlichen, jedenfalls strengen Gesetzen; ein Staat, der schon seit mehr als fünfzig Jahren unter der faktischen Kontrolle eines einzigen Manns steht, der länger politische Ämter bekleidet hat, als der Staat selbst besteht. Dorthin fährt man nicht im Urlaub, obschon es immer warm ist und manche schönen Strände gibt. Aber dort kann sich, weit genug entfernt von Steuerwächtern in Europa und Nordamerika, unerkannt bewegen, wer gern zocken oder sonstwie Geld aus Geld machen will. Die Rede ist von einem Eiland unweit des Äquators, von Singapur, und von Lee Kuan Yew, Oppositionsführer von 1954 bis 1959, Premierminister von 1959 bis 1990, „Senior Minister" von 1990 bis 2004 und „Minister Mentor" von 2004 bis 2011, was immer das sei.

Freilich, auch in Singapur ist nicht alles Gold, was glänzt. Wer hinter die glitzernden Fassaden blicken will, findet keinen direkten Weg. Denn die Fassaden mit viel Glas werfen eindringliche Blicke genauso zurück wie Regen und das Sonnenlicht. Die Blicke hinter die Fassaden öffnen sich jedoch gewissermaßen von unten aus der gar nicht so tiefen Geschichte. Die Geschichte Singapurs, wie es heute besteht, beginnt mit einer Revolution, der Französischen von 1789, auch wenn diese weit entfernt zu sein scheint.

Am 1. Februar 1793 erklärte die revolutionäre Französische Republik den Niederlanden den Krieg und ließ ihre Truppen dorthin im Winter 1794/95 einmarschieren. Am 20. Januar nahmen die französischen Truppen Amsterdam ein. Sofort rief man die „Batavische Republik" aus. Die Französische und die neue Batavische Republik schlossen am 16. Mai 1795 einen Friedensvertrag und waren forthin durch eine Allianz im Kampf gegen das Vereinigte Königreich verbündet. Die Batavische Republik musste zudem ihrer französischen Bündnispartnerin hohe Kriegskontributionen zahlen. Die bis dahin etablierte Regierung der Niederlande, allen voran die herrschenden Dynastie der Oranier mit dem regierenden Statthalter Wilhelm V., nahm Zuflucht im Vereinigten Königreich. Ein anderer Oranier war als Wilhelm III. an der Wende zum 18. Jahrhundert einst englischer König gewesen und bei manchen in guter Erinnerung geblieben.

Weniger mobil waren die zahlreichen Kaufleute, die in den niederländischen Provinzen Holland und Seeland ihren Geschäften nachgingen. Zwar waren sie mit der Welt aufs innigste verbunden, aber über Nacht ihre Koffer packen und über den Englischen Kanal übersetzen konnten sie nicht. Die überseeischen Geschäfte liefen in den Niederlanden über zwei große Fernhandelskompanien. Die eine, weniger erfolgreiche, war unter dem Namen Westindische Kompanie am transatlantischen Sklavenhandel beteiligt, die andere, als Ostindische Kompanie bekannt, betrieb den lukrativen Handel mit Asien und schaffte allerlei Gewürze, Riesenvasen und sonstige Exotica nach Europa. Die niederländischen Kaufleute und die britische Regierung sowie die von dieser protegierte Englische Ostindische Kompanie waren keineswegs immer einer Meinung gewesen, hatten sogar Kriege geführt. Doch das war jetzt in Zeiten der revolutionären Umbrüche vergessen. Der Oranier Wilhelm V. trug die Rechtstitel zu den überseeischen Kolonien der Handelskompanien mit sich im Gepäck und übergab sie förmlich der britischen Regierung. Wenn die Oranier schon die heimischen Niederlande den revolutionären französischen Truppen hatten preisgeben müssen, sollten die Kolonien der Fernhandelskompanien nicht auch noch unter französische Herrschaft fallen. Der beste Schutz der Kolonien vor Frankreich war das Vereinigte Königreich. Dessen Regierung unter dem jugendlichen Premierminister William Pitt, dem Jüngeren, hatte sich in die radikale Opposition gegen die Französische Republik eingegraben. Mit Königsmördern, so lautete Pitts Parole, verhandele er nicht. Also waren die Oranier mit ihren Kolonien höchst willkommen. Die Kolonien gaben wertvolle Stützpunkte ab im globalen Kampf gegen die Pariser Königsmörder. Britische Flaggen wehten nun auf den Niederländischen Antillen, in Surinam, am Kap der Guten Hoffnung, auf Ceylon, in Malacca und nicht zuletzt in Batavia und den nahegelegenen kleineren Stützpunkten in indonesischen Archipel. Auch die Schiffe fuhren dorthin unter britischer Flagge.

Doch der Krieg legte die Geschäfte in den Niederlanden lahm. Die niederländische Ostindische Kompanie ging im Jahr 1798 bankrott, die Westindische Kompanie war bereits im Jahr 1791 aufgehoben worden. Sie hatten ihre Märkte verloren. Die Englische Ostindische Kompanie entging nur knapp und durch Intervention von Parlament und Regierung des Vereinigten Königreichs demselben Schicksal. Geschüttelt von Korruptionsaffären, die höchste Kreise der Politik in Mitleidenschaft zogen, sowie geschädigt durch die revolutionären Umtriebe unter den britischen Kolonisten in Nordamerika, musste die Kompanie sich unter die Fittiche von Parlament und Regierung stellen. Sie durfte noch Geschäfte machen, aber keine Politik mehr betreiben. In Europa begruben die Kriege die Konjunktur für afrikanische und asiatische Exotica. Die Reformen, die allerorten als Antwort auf die Amerikanische und die Französische Revolution folgten, kassierten die Sonderprivilegien der Kompanien und förderten Interesse an nationalen Einheitsstaaten zutage. Dichter und Denker gruben in der Vergangenheit nach Fundamenten für nationale Identität. Die Exotica aus fernen Weltteilen landeten in Gerümpelkammern oder auf dem Müll. Das ganze System des privilegierten Handels, das den Kompanien Monopole und ihren Aktionären Reichtum verschafft hatte, erschien antiquiert und wettbewerbsfeindlich. Schon Adam Smith, der Hohe Priester des globalen Freihandels, hatte den Reichtum der Nationen dem Reichtum der Handelskompanien entgegengestellt und im Jahr 1776 behauptet, ersterer sei wichtiger. Deswegen sei es kein Problem, wenn marode Handelskompanien bankrott gingen, die sich an alten Privilegien festklammerten, anstatt innovativ zu sein. Also weinte kaum jemand im Vereinigten Königreich den Handelskompanien nach.

Doch die Umstellung der Herrschaft über die Kolonien der Niederländischen Ostindischen Kompanien kostete Zeit und Geld. Die japanische Hafenstadt Nagasaki legte die Schwierigkeiten der Umstellung bloß. In der dortigen Hafenbucht hatte die japanische Regierung in den 1630er Jahren die künstliche Insel Dejima in der Form eines Fächers anlegen lassen. Dort sollten diejenigen europäischen Kaufleute angesiedelt werden, die in Japan Handel treiben wollten. Von dem Angebot machte die Niederländische Ostindische Kompanie Gebrauch. Für portugiesische und spanische Kaufleute, die vielleicht dort hätten Handel treiben wollen, blieb Japan verschlossen. Die Englische Ostindische Kompanie, die wie die niederländische Konkurrentin ein Handelsprivileg für Japan besaß, war an Japan nicht interessiert und blieb dem Inselreich fern. Ab 1795 nun hätte auf Dejima aber die britische Flagge wehen müssen. Doch es dauerte bis in das Jahr 1808, als das erste Schiff unter britischer Flagge, aus Batavia kommend, nach Nagasaki kam und in Dejima hätte anlanden sollen. Das Schiff trug den Namen *Phaeton*. Das Zeigen der britischen Flagge als Demonstration britischen Anspruchs auf Weltmacht stieß bei den japanischen Behörden auf wenig Gegenliebe. Die Hafenpolizei stoppte das Schiff, die niederländischen Bewohner der Insel, allen voran der „Opperhoofd" (Oberhaupt) Hendrik Doeff, leisteten Widerstand gegen das Ansinnen des Kapitäns, die Niederländer zum Räumen der Insel zu veranlassen. Der Kapitän argumentierte, die Niederlande hätten aufgehört, als Staat zu bestehen, und die Kolonien der Niederländischen Ostindischen Kompanie stünden unter britischer Herrschaft. Über Dolmetscher ließen die japanischen Behörden den Kapitän wissen, dass nur niederländische Schiffe das Privileg zum Anlanden in Dejima hätten, Dejima sei japanisches Territorium und keine Kolonie der Niederländer, und im übrigen wisse man in Japan nichts davon, dass die Niederlande aufgehört hätten zu existieren. Doeff wollte sich zudem weder den Briten unterstellen noch seinen Posten räumen. Als der britische Kapitän der *Phaeton* befahl, Dejima zu beschießen, war das Maß voll. Die japanischen Behörden mobilisierten ihre Streitkräfte und brachten den Kapitän der *Phaeton* zu der Einsicht, dass der Rückzug die bessere Alternative sei. Also verließ die *Phaeton* die Hafenbucht unverrichteter Dinge, und die niederländische Flagge wehte weiter auf Dejima, dem einzigen Ort auf der ganzen Welt, an dem zwischen 1795 und 1815 die niederländische Flagge gezeigt wurde.

In Japan hatte der Zwischenfall ernste Konsequenzen. Die Regierung befand, dass der Fürst von Saga, für die Bewachung der Hafenbucht von Nagasaki zuständig, seinen Pflichten keine Genüge getan hatte, und ließ Köpfe rollen. Die Briten erhielten den Ruf, sie kümmerten sich nicht um Befehle und neigten zur Lüge sowie zur ungezügelten Anwendung von Gewalt. Dieser Ruf blieb in Japan in Erinnerung, zumal seit den 1820er Jahren immer wieder britische Schiffe in japanischen Gewässern erschienen und Zugang zum Land begehrten. Hinzu kam, dass nach 1815 wieder Schiffe unter niederländischer Flagge in Nagasaki anlandeten, so als sei in Europa gar nichts geschehen gewesen. In der Tat vereinbarten Briten und Niederländer auf dem Wiener Kongress von 1814/15 die Restitution der früheren Kolonien der Handelskompanien, nun als Staatsbesitz des auf dem Kongress neu gegründeten Königreichs der Niederlande. Es gab jedoch zwei Ausnahmen. Die Briten behielten die Siedlung am Kap der Guten Hoffnung und reklamierten zudem den Stützpunkt Bengkulu (Bencoolen) auf Sumatra für sich. In Dejima sollten die Niederländer sitzen bleiben, wenn es ihnen dort gefiel.

Nach Bengkulu entsandte die Englische Ostindische Kompanie Sir Thomas Stamford Bingley Raffles aus Kolkata (Kalkutta) als ihren Repräsentanten. Dem gefiel sein Dasein in dem Ort am Äquator überhaupt nicht. Das Klima erschien ihm feucht und ungesund. Der Ort lag abseits der Routen britischer Handelsschiffe im Windschatten des damals auf die Westküste des indischen Subkontinents konzentrierten britischen Überseereichs. Bereits im Jahr 1786 hatte die Kompanie zudem den Stützpunkt Penang auf einer Insel vor der Westküste der Malaiischen Halbinsel erworben und befestigt. Die Kompanie sah sich als Träger britischer Expansion im malaiisch-indonesischen Archipel. Aus dieser Perspektive sei Bengkulu wirtschaftlich, militärisch und politisch bedeutungslos, ließ Raffles die Zentrale der Kompanie wissen. Mit Genehmigung durch die Kompanie machte er sich auf die Suche nach einem Stützpunkt, der besser geeignet erschien für die britischen Expansionspläne. Die Expedition war insofern wenig riskant, als Raffles bereits von einem Eiland in der Straße von Sumatra gehört hatte, das der Malaiischen Halbinsel nach Süden vorgelagert und unbewohnt sei. Dorthin brach Raffles im Jahr 1818 von Bengkulu auf. Als Name des Inselchens hatte Raffles notiert: Singapura, Malaiisch für „die Löwenstadt"; zu deutsch Singapur, englisch Singapore.

In Ost- und Südostasien war der Ort nicht unbekannt. Im 13. und 14. Jahrhundert Zentrum blühenden Handels mit China, war es jedoch seit dem 15. Jahrhundert gegenüber dem nördlich gelegenen Hafenort Melaka (Malacca) ins Hintertreffen geraten. Die Bevölkerungszahl ging zurück, und der Dschungel eroberte die Insel wieder. Der Hafen verwaiste, insbesondere nachdem portugiesische Krieger im Jahr 1511 Melaka erobert und für den Handel mit lokalen Kaufleuten aus dem indonesischen Archipel gesperrt hatten. Denn die waren in der Mehrzahl Muslime. Die portugiesischen Krieger und die ihnen folgenden Kaufleute aber waren von Kreuzzugsgedanken erfasst und verweigerten ihren muslimischen Kollegen die Handelspartnerschaft. Als Raffles in Singapur erschien, soll es auf der Insel, entgegen Raffles's eigener Erwartung, ungefähr 500 Bewohner gegeben haben, die vom Fischfang lebten. Sie waren Untertanen des Sultans von Johor, auf dem der Insel gegenüber liegenden Festland der Südspitze der Malaiischen Halbinsel.

Raffles erkannte schnell die Qualitäten des Eilands für die britische Seefahrt. Im Süden mündete ein Flüsschen in breitem Delta in die Straße von Sumatra. Das Delta war tief und bot ideale, windgeschützte Ankermöglichkeiten auch für Schiffe, die von weither über den Ozean kamen. Südöstlich des Deltas erstreckte sich eine Sandbank namens Sentosa entlang der Küste. Sandbank und Hauptinsel trennte eine Meerenge, die Platz bot für einen weiteren Hafen. Von der Sandbank aus ließ sich der gesamte Schiffsverkehr auf der Straße von Sumatra beobachten und überwachen. Wenn die britische Regierung diesen Platz befestigte, konnte sie das Nadelöhr kontrollieren, das die kürzeste Verbindung zwischen Indischem Ozean und Pazifik mit den dortigen britischen Kolonien in Australien bildete.

Raffles begann daher sofort Verhandlungen mit dem zuständigen Sultan. Das Glück fügte es, dass gerade zu der Zeit, als er eintraf, ein Streit zwischen zwei Brüdern um die Herrschaft in Johor tobte. Der Inhaber der Macht stritt mit seinem Bruder namens Tengku Hussein Mohamed um die Rechtmäßigkeit seiner Herrschaft. Hussein befand sich derzeit im Exil. Raffles hörte davon und ließ Hussein inkognito nach Singapur kommen. Dort bot er Hussein einen Deal an. Er werde Hussein als Prätendent unterstützen, ihm sogar eine jährliche Pachtsumme zahlen, wenn Hussein ihm die Nutzung der Insel Singapur gestattete. Hussein willigte ein und schloss mit Raffles am 6. Februar 1819 einen Vertrag. Danach durfte Raffles für die Englische Ostindische Kompanie auf der Insel einen Stützpunkt anlegen und betreiben, Hussein sollte mit dem jährlichen Betrag von 5000 mexikanischen

Dollars, sein Bruder mit jährlich 3000 mexikanischen Dollars abgefunden werden. Über die Herrschaftsverhältnisse in Johor kümmerte sich Raffles nicht weiter. Die Fischer zogen des Wegs. Einige arabische Kaufleute ließen sich ebenfalls in Singapur nieder. Die Insel selbst blieb zunächst unter der Hoheit des Sultans von Johor.

Melaka lag nunmehr auf halbem Weg zwischen Penang und Singapur. Die Niederländische Ostindische Kompanie hatten den Ort im Jahr 1641 von den Portugiesen erobert und seither als Stützpunkt für ihre innerasiatischen Handelsgeschäfte genutzt. Auch Melaka war im Jahr 1795 unter britische Herrschaft geraten, aber im Jahr 1815 dem Königreich der Niederlande restituiert worden. Nach der Gründung Singapurs bot die britische der niederländischen Regierung ein Tauschgeschäft an. Die britische Seite werde zugunsten der niederländischen auf Bengkulu verzichten, wenn die niederländische Seite zugunsten der britischen auf Melaka verzichtete. Da die niederländische Regierung sich mit Plänen zur flächendeckenden Eroberung zunächst ganz Javas sowie dann auch anderer Teile des indonesischen Archipels trug, ging sie auf das für sie keineswegs günstige Angebot ein. Im Jahr 1824 kam ein britisch-niederländischer Vertrag zustande, der das Tauschgeschäft besiegelte. Ohne mit dem Sultan von Johor weiter Rücksprache zu halten, nahm die britische Regierung für sich Melaka und Singapur in Besitz. Von Singapur aus erschlossen die Briten im Verlauf des 19. Jahrhunderts nicht nur den südlichen Pazifik, sondern auch die Malaiische Halbinsel, fanden dort reiche Vorkommen von Zinn und entdeckten den Wert der Halbinsel für die Produktion von Pflanzenöl und Naturkautschuk. Fast der gesamte tropische Regenwald auf der Halbinsel musste weichen, um Monokulturen von Öl- und Kautschukpalmen Platz zu machen. Nicht einmal genug Raum durfte bleiben zur Versorgung der Bevölkerung mit Grundnahrungsmitteln wie Reis. Den importierte man aus Burma. Der indonesische Archipel blieb überwiegend agrarisch orientiert. Dass der Archipel im Erdöl schwamm, ahnte damals niemand.

Der britische Stützpunkt in Singapur war nun zwar gegründet, aber es gab zunächst keine Bewohner. Raffles versuchte sich daher als Stadtplaner und sann darüber nach, wie er dem Stützpunkt architektonische Form verpassen konnte. Raffles erarbeitete eine Art Masterplan, der im Jahr 1830 in Druck ging. Auf der Ostseite des Deltas des Singapur-Flusses sollte das Verwaltungszentrum des Britischen Empire für Südostasien entstehen. Um einen zentralen Platz, bedeckt mit englischem Rasen, gruppierte Raffles ein Regierungsgebäude, ein Museum und ein paar Wohngebäude für die dort lebenden Kolonialbeamten und europäischen Kaufleute. Die Flusskais flankierten Lagerhallen für die Waren, die in Singapur umgeschlagen werden würden. Auf einer Anhöhe über dem Platz positionierte Raffles eine Bastion, die den Hafen schützen sollte. Schade nur, dass Raffles in militärischen Dingen völlig unbewandert war. Denn die Anhöhe war so weit vom Hafen entfernt, dass Kanonenkugeln, von der Bastion abgefeuert, auf die Siedlung niedergegangen wären, anstatt feindliche Schiffe zu treffen. Dennoch wurde Raffles' Plan umgesetzt. Er gab für Singapur als Verwaltungszentrum die Basis ab, die noch heute besteht. Selbst die Bastion ist noch heute gut erhalten, zumal von ihr niemals ein Schuss losging.

Raffles' Gründung hatte Erfolg über alle Erwartungen, freilich aus Gründen, die Raffles nicht hatte ahnen können. Britische Schiffe stießen immer schneller immer weiter in den Pazifik vor. Bereits in den 1830er Jahren hatten britische Kaufleute sich in Shanghai und Kanton festgekrallt und kontrollierten den lukrativen Opiumhandel. Das Geschäft mit der indischen Droge half bei der Finanzierung der britischen Eroberung Indiens und förderte zugleich die Erschließung chinesischer Märkte für britische Waren. Reformkräfte in der chinesischen Verwaltung, die die schädlichen Wirkungen des Opiumkonsums kannten, wollten dem Gebaren der britischen Opiumhändler Einhalt gebieten, verbrannten im Jahr 1839 einen Teil einer Schiffsladung des für die Briten wertvollen, für die Chinesen unheilvollen Stoffs und kippten des Rest ins Meer. Sie handelten sich dafür den Zorn der Regierung ihrer Majestät ein. Es kam zum Krieg, den die chinesische Seite 1842 durch ein Friedensangebot beendete, ohne militärisch besiegt worden zu sein. Der Friede hatte einen für die chinesische Seite astronomisch hohen Preis: 21 Millionen mexikanische Dollars, zahlbar an die britische Regierung, die völlige Freigabe des Opiumhandels und die Übertragung der Insel Hong Kong in den Besitz der Königin Viktoria auf ewig. Das damals unbewohnte subtropische Eiland lag in der Nähe des portugiesischen Stützpunkts Macau im Süden Chinas. Dort wähnte die chinesische Regierung die Briten in bester Gesellschaft, ohne von den traditionell guten diplomatischen Beziehungen zwischen Portugal und dem Vereinigten Königreich zu wissen. Die rückwärtige Sicherung der britischen Vorposten im Pazifik, insbesondere Hong Kongs sowie der britischen Positionen in Australien und Neuseeland, wurde strategische Hauptaufgabe Singapurs, das nunmehr nicht nur als Händlertreff, sondern auch als Verwaltungszentrum und Marinestützpunkt dienen sollte.

Der Ausbau Singapurs auf der Basis von Raffles' Vorgaben war leichter geplant als umgesetzt. Das Eiland bot außer Dschungel nichts. Der Hafen aber brauchte Arbeitskräfte, die vor Ort rar waren. Nach britischer Vorstellung würden „Eingeborene" die schweren und schmutzigen Arbeiten erledigen. Aber es gab auf der Insel keine „Eingeborenen" mehr. Wohl schon seit 1821 ließen sich jedoch nach und nach Leute aus China dort nieder auf der Suche nach Arbeit. Und schon vor dem Ersten Opimkrieg hatten britische Seeleute arglose Reisewillige aus der chinesischen

Provinz Fukien sowie anderen Küstenprovinzen im Süden Chinas gegen windige Versprechen auf ihre Schiffe gelockt und nach Südostasien verfrachtet. Diese seit den 1840er Jahren als „Coolie-Handel" bekannt werdende Form der Deportation hatte mit dem Sklavenhandel alles außer dem Namen gemein. Denn die „Coolies" hatten als billige Arbeitskräfte keine Rechte und kaum Ansprüche auf mehr, als was zum Überleben unbedingt erforderlich war. Gleichwohl sammelte sich in Singapur eine schnell wachsende Diaspora-Gemeinde, die unfreiwillig den britischen Kaufleuten, Offizieren und Kolonialverwaltern zur Ausbeutung gegen minimale Entlohnung ausgeliefert war. Sie wurden zusammengepfercht auf der Westseite des Singapur-Flusses, in gebührender Entfernung von Raffles' kolonialem Verwaltungszentrum. Auch Malaien kehrten allmählich auf ihre Insel zurück, manche von der Halbinsel, andere vom indonesischen Archipel. Sie ließen sich in küstennahen Weihern östlich von Raffles' Zentrum nieder und betrieben dort Fischfang oder hatten Gelegen-heitsjobs im britischen Hafen. Schließlich gelang es britischen Kaufleuten, verarmte Tamilen und andere Bewohner aus dem Süden Indiens mit Knebelverträgen zur Übersiedlung nach Singapur als billige Arbeitskräfte zu zwingen, wo sie nördlich der Bastion zu siedeln hatten. So entstand ein konzentrischer Kreis von Slums um Raffles' Zentrum. Schon seit Raffles' Zeiten entwickelte die britische Verwaltung rassistische Kategorien der sozialen und politischen Zuordnung der Slum-Bewohner auf der Basis grob bezeichneter Herkunftsgebiete. Raffles, beispielsweise, ordnete an, dass für jede Immigrantengruppe in Singapur eine spezielle Gerichtsbarkeit zustän-dig sein solle. Nur drei Kategorien wurden erlaubt: Herkunft aus China, Indien und Malaya. Alle Bewohner Singapurs, die nicht europäischer oder arabischer Herkunft waren, hatten sich einer dieser drei Kategorien zuzuordnen. Singapur wurde zum Laboratorium für Apartheid, eine Kolonie aus getrennten Gesellschaften, mehr als einhundert Jahre bevor das Buren-Wort Apartheid in Südafrika Konjunktur machte. Auf der Malaiischen Halbinsel geschah unter britischer Direktive dasselbe, nur in hundert Mal größerem Ausmaß. Auch hier erlaubte, ja forcierte die britische Kolonialverwaltung den Coolie-Handel und richtete ein Apartheid-Regime ein, das von Singapur aus kontrolliert wurde. Während Malaya Nutzpflanzen und Minera-lien für den britischen Markt lieferte, diente Singapur weiterhin als Handels- und Verwaltungszentrum sowie als Marinebasis.

Jenseits des stetigen Wachstums ärmlicher, abhängiger Bevölkerung, der Roh-stoffproduktion, des Transithandels von und nach China, Australien und Neusee-land sowie der militärischen Tagesgeschäfte gab es wenig Neues aus dem Südosten des Britischen Empire durch das 19. und frühe 20. Jahrhundert. Singapur blieb der britische Vorposten am Treffpunkt zwischen Indischem und Pazifischem Ozean inmitten zunehmender Verarmung, ja Verelendung der örtlichen Bevölkerungen.

Da es kaum erkennbare militärische Bedrohung britischer Positionen im Indischen und Pazifischen Ozean in dieser Zeit gab, stellte die britische Regierung auch den Ausbau des Hafens in Singapur zurück. Nicht einmal für die Defensive reichten die Befestigungsanlagen, die die Regierung auf der Hauptinsel und auf der vorgelagerten Sandbank Sentosa bis zum ersten Weltkrieg installieren ließ. Auch der erste Weltkrieg brachte für Singapur keine Änderung außer der Erkenntnis, dass die bestehenden Befestigungen gegen die Waffen nicht taugten, die im Kriegsverlauf zum Einsatz gekommen waren. Der britischen Admiralität war spätestens im Jahr 1921 bewusst, dass Singapur einem Angriff mit zeittypischen Waffen sofort erliegen würde. Sie beantragte daher Mittel, um die Befestigungen zu verstärken und die Munitionsbestände aufzustocken. Doch die Regierung, abgeschreckt von der schwierigen Haushaltslage infolge der hohen Kosten des ersten Weltkriegs, entschied sich gegen die Aufrüstung Singapurs, zumal immer noch kein Feind in Sicht war. Dass zwanzig Jahre später die japanische Armee die strategische Schwäche Singapurs für ihre Zwecke ausnützen und im Jahr 1942 die Insel in kurzer Zeit besetzen würde, ahnte damals in London niemand, zumal ein im Jahr 1902 geschlossenes Bündnis mit Japan bis 1922 fortbestand.

Unter der Kappe politisch-administrativer Kontinuität jedoch entfalteten die in getrennten Gesellschaften lebenden Bevölkerungsgruppen ihre eigene Dynamik. Unter den Immigranten chinesischer Herkunft gelang es manchen, sich aus den ausbeuterischen Coolie-Verträgen freizukaufen. Sie bildeten schnell eine in Südostasien und mit China gut vernetzte Gruppe von Kaufleuten, die in Malaya und dem indonesischen Archipel den Binnenhandel organisierten. Diese „wesentlichen Außenseiter" konnten sich unter britischer und niederländischer Herrschaft als eine Art Besitzbürgertum etablieren. Einige gelangten zu Reichtum und stiegen zu Eigentümern kleinerer Plantagen auf. Sie wurden somit zu Ausbeutern anderer Immigranten. Hingegen waren die meisten Immigranten indischer Herkunft nicht derart anpassungsbereit und fristeten mit Billiglohnjobs und als kleine Handwerker ein eher bescheidenes, oft tristes Dasein. Malaien schließlich, von den britischen Kolonialherren wie die Maori in Neuseeland zu „Eingeborenen" im eigenen Land erniedrigt, siedelten zumeist in abgelegenen ländlichen Gegenden und lebten von der Subsistenzwirtschaft.

Die britische Kolonialherrschaft verstärkte zudem die soziale Distanz zwischen den drei Bevölkerungsgruppen. Während die Malaien in Britisch Malaya insgesamt knapp die Mehrheit der Bevölkerung bildeten, sind seit Ende des 19. Jahrhunderts drei Viertel der Bevölkerung Singapurs nach der britischen Bevölkerungsstatistik chinesischer Herkunft gewesen, gegenüber 19% malaiischer und 10% indischer Herkunft. Zwischen den drei Gruppen fand kaum soziale Interaktion statt, Heiratsbeziehungen über die sozialen Grenzen der Gruppen hinweg sind bis heute selten.

Die britische Kolonialverwaltung trug das Ihrige dazu bei, dass die Bevölkerungsgruppen auseinander drifteten. Das Hauptmittel der sozialen Desintegration war die Bildungspolitik. Basiswissen und einfache intellektuelle Techniken wie Schreiben und Rechnen zu vermitteln, sahen die Kolonialherren als ihre Aufgabe an. Damit hofften sie, die nachwachsenden Generationen mit Versatzstücken britischer Kultur füllen zu können, die wiederum die Fortführung der Kolonialherrschaft erleichtern sollten. Erziehung zu selbständigem Handeln und die Entwicklung kritischer Fähigkeiten standen nicht auf dem Lehrplan in den Schulen für die „Eingeborenen" und die Abkömmlinge der Coolies. Hingegen sollten Personen malaiischer Herkunft effiziente Bauern und Fischer, Personen chinesischer und indischer Herkunft zuverlässige Kaufleute, Arbeiter und Handwerker werden. Deswegen entstanden Grundschulen, die nur Schüler und Schülerinnen aus jeweils einer Bevölkerungsgruppe aufnahmen. Neben den Grundschulen bestanden einige technische Fortbildunganstalten, die für bestimmte Berufsgruppen eingerichtet wurden, insbesondere Techniker und medizinisches Personal. Über die soziale Dynamik der Gruppen unter ihrer Herrschaft stülpten die britischen Kolonialherren also ein statisches Schulsystem, das auf Aparheid gegründet war und den Schülern und Schülerinnen den Zugang zu höherer Allgemeinbildung abschnitt.

Neben diesem System aus Grundschulen und technischen Fortbildungsanstalten für die „Eingeborenen" und die Immigranten entstand ein gesondertes Schulsystem für die Kinder der Kolonialherren, das zur Hochschulreife führte. Die wohlhabenden Angehörigen des chinesischen Besitzbürgertums kauften sich allmählich in dieses Bildungssystem ein und öffneten somit ihren Kindern die Perspektive für weiteren sozialen Aufstieg. Die wirtschaftliche Elite unter den Immigranten chinesischer Herkunft geronn zur Bildungselite, die sich nun auch mit politischem Bewusstsein ausstattete. Letzteres wurde in Singapur während des chinesischen Bürgerkriegs der 1920er und 1930er Jahre manifest in politischen Parteinahmen für die eine oder die andere Konfliktpartei. Nach 1949 nützte die Kommunistische Partei Chinas ihre Netzwerke, um den antikolonialen Befreiungskampf zu fördern und nach 1957, mit Erreichen der formalen Unabhängigkeit für Malaya, eine pro-chinesische Politik durchzusetzen.

Auch nach 1957 hinterließ britische Kolonialherrschaft eine tief gespaltene Bevölkerung auf der Malaiischen Halbinsel. In der unabhängig gewordenen Malai-ischen Föderation bildeten die vorkolonialen Sultanate die Bundesstaaten zunächst mit Singapur als Wirtschafts- und Verwaltungszentrum. Singapur und die Sultanate sollten sich einer republikanischen Regierung unterstellen, die von einem direkt gewählten Bundesparlament gestützt werden sollte. Doch der neue Staat besaß keine Öffentlichkeit, die politische Anliegen hätte kontrovers debattieren können, keine die verschiedenen Migrantengruppen überformenden politischen Parteien, die zur politischen Willensbildung hätten beitragen können, keine Vision für seine Zukunft, keine Staatssprache und keine gewachsenen allgemeinen, die getrennt lebenden Beväökerungsgruppen übergreifenden politischen Traditionen, die die Basis für nationale Identität hätten abgeben können. Die Regierung hatte also eine schwache Legitimitätsbasis, das Parlament kaum etwas zu sagen. Das Erbe der britischen Kolonialherrschaft in Südostasien bestand als Koloss auf tönernen Füßen.

Der Koloss zerbrach bereits im Jahr 1965. Die Regierung in Singapur stritt für innen-, insbesondere bildungs- und sprachpolitische Programme, die den Interessen der Mehrheit der Bevölkerung chinesischer Herkunft Rechnung tragen sollten. Damit biss sie bei der Bundesregierung auf Granit, die von Tunku Abdul Rahman als Angehörigem der vorkolonialen Sultanatseliten geführt wurde. Diese Elite war promalaiisch disponiert. Der Tunku sah voraus, dass die Gegensätze schwerlich würden überbrückt werden können und beförderte Singapur unsanft am 7. August 1965 durch Ausschluss aus der Malaiischen Förderation in die Unabhängigkeit. So entstand Singapur als souveräner Staat gegen seinen Willen. Stabilität gewann die Malaiische Föderation zunächst gleichwohl nicht. Am 13. Mai 1969 verwandelte sich lange aufgestauter Unmut in Gewalt. Politische Aktivisten unter der Malaien, insbesondere der spätere Premierminister Dr Mahathir Mohamed, brandmarkten die Regierung des Tunku als Chinesen- und China-freundlich. Ihre Anhänger plünderten chinesische Geschäfte und ließen dabei allerlei Gebäude in Flammen aufgehen. Ungefähr 600 Angehörige der Gruppe der Nachfahren von Immigranten aus China fielen der Randale zum Opfer. Ein Jahr später trat der Tunku von allen Ämtern zurück.

Der Aufstand der unzufriedenen Malaien vom Jahr 1969 ging als Rassenunruhen in die Geschichte ein. Er schockte nicht nur die Regierung der Föderation, sondern auch die Singapurs. Hier waren Staaten weder durch Zutun noch mit Zustimmung ihrer Bevölkerungen gegründet und folglich auf Sand gebaut worden. Die Regierenden stammten aus Reihen der „Eingeborenen" und der Immigranten, doch sie führten die Politik der ehemaligen Kolonialherren weiter. Zuerst in Singapur schon unmittelbar nach der erzwungenen Unabhängigkeit, nach 1969 auch in Malaysia, antworteten die Regierungen mit einer Politik des „Bereichert Euch". Wer konnte, sollte die Chancen des globalen Kapitalismus nutzen, jedoch möglichst ohne politisches Engagement. Singapur wurde zum Modell dessen, was in dieser Zeit Entwicklungsdiktatur getauft wurde: ein zentralistisch gesteuerter Staat mit allmächtiger Regierung, die sich in regelmäßigen Abständen wiederwählen ließ, die Staatsgeschäfte zum Staatsgeheimnis deklarierte, politische Kontroversen als Aufruhr niederknüppelte und zugleich die Freiheit des Wirtschaftens garantierte. In der Malaiischen Förderation (später: Union von Malaysia) folgte im Jahr 1981 der neue Premierminister Mahathir dem Modell Singapurs. Beide Regierungen versuchten die Quadratur des Kreises: Staatssozialismus kombiniert mit Wirtschaftsliberalismus.

Die Investoren liebten Singapur. Dort gab es Diskretion, Nummernkonten, niedrige Steuersätze und eine Regierung, die durchgriff und für Ordnung sorgte. Sie baute den Hafen zum internationalen Drehkreuz aus, ließ Land gewinnen zur Ansiedlung von Industrien, ersetzte die Slums durch großzügige, über die Insel gestreute Wohnsilos in öffentlichem Eigentum, zwang die Bevölkerungsgruppen zu nachbarschaftlichem Zusammenleben, ließ Straßen und Ubahnen bauen, erweiterte das Bildungsabgebot und sorgte für Wirtschaftswachstum. Im Tross des japanischen Wirtschaftswachstums der 1970er und 1980er Jahre florierte der Hafen, immer mehr Finanzdienstleister entdeckten die Qualitäten des Inselstaats und brachten Geld. Singapur wurde zur Schweiz des Ostens und Global City in einem. Heute ist das Bankgeheimnis von Singapur härter als das der Schweiz. Denn Singapurs Geld ist nicht immer sauber.

In Malaysia reagierte die Regierung auf die sogenannten „Rassenunruhen" mit Programmen der Wachstumsförderung und Gleichstellung der Malaien. Sie verordnete dem Staat Malaiisch als Amtssprache. Quoten regelten den Zugang zu staatlichen Bildungseinrichtungen zum Vorteil der Malaien, während die reicheren Nachfahren der Immigranten chinesischer Herkunft ihre Kinder in Privatschulen schickten oder im Ausland studieren ließen. Wachstum entstand durch Industrialisierung, insbesondere für die Fertigung von Waren für ausländische Produzenten. Aber die Regierung ließ es sich nicht nehmen, auch eine nationale Autoindustrie ins Werk zu setzen, gewissermaßen als Surrogat für mangelnde nationale Identität.

In Malaysia und mehr noch in Singapur lieferte Geld den Maßstab für Erfolg. Wer Geld hatte, zeigte es. Dass dennoch unter dem schönen Schein Unmut brodelte, legte die Währungskrise des Jahres 1997 offen, die Malaysia hart traf. Plötzlich musste die dortige Regierung eingestehen, dass sie über ihre Verhältnisse gelebt und Gaben auf Kredit verteilt hatte. Sie hob das Quotensystem auf und bat die Geldmacher zur Kasse mit Beiträgen zur Fütterung des Staatshaushalts für Bildung und andere soziale Aufgaben. Dem Staatssozialismus sollten Privatinvestoren mit Zuwendungen für Bildung und Krankenfürsorge die Krücke reichen. Die Leidtragenden waren dieses Mal die Nachfahren der Immigranten indischer Herkunft. Zehn Jahre lang übten sie sich in Geduld, aber im Jahr 2007 gingen auch sie auf die Barrikaden für mehr Gerechtigkeit. Zwar gab es keine Toten, aber der massive

Protest hob nicht nur die Regierung aus den Angeln, sondern spülte eine bis dahin bedeutungslos gewesene Opposition an die Pforten der Macht. Wer gehofft hatte, Staatssozialismus mit Wirtschaftsliberalismus paaren zu können, den erinnerten die Krise des Jahrs 1997 und die Unruhen des Jahrs 2007 an die Forderung der Theoretiker, dass Freiheit des Handels die Freiheit des Denkens einschließen müsse. In Singapur besann sich die Regierung darauf, dass Finanzkapitalismus allein die Grundfesten des Staats nicht sichern kann, und gelobte die Förderung von Forschung und Kunst. Eine Technopole, die biotechnische Forschung mit der gut geplanten und wohl geordneten Produktion von Kunstwerken verbinden soll, entsteht derzeit unter dem Namen „One North", der auf deren Lage am ersten Grad nördlicher Breite verweist.

Auch an Singapur ging also die Krise von 1997 nicht spurlos vorbei, wenngleich sie nicht zu dramatischen Ereignissen den Anstoß gab. Hier mehr als in Malaysia musste die Regierung zur Kenntnis nehmen, dass sie von den Launen des Weltmarkts abhängig und den Entscheidungen anderer Akteure ausgeliefert war. Allein der Anschein, als könne das Bankgeheimnis in Singapur ausgehöhlt werden, würde schon Investoren zur Flucht bewegen. Singapurs Geld hängt daher am seidenen Faden. Risse der, fiele Singapur dorthin zurück, wo es im Jahr 1965 einmal gewesen war, ein Staat, der nicht sein wollte. Nirgends in Südostasien wirft die britische Kolonialherrschaft einen längeren und dunkleren Schatten als in Singapur. Geld allein hat die Schatten der Vergangenheit nicht vertreiben können.

Überdies präsentiert Singapur ein zwar einzigartiges, aber deswegen keineswegs unwichtiges Modell der Integration. Dieses vereinbart eine vergleichsweise liberale Immigrationspolitik mit dem rigorosen Festhalten an den von der britischen Kolonialherrschaft ererbten Gruppen von Siedlern in Singapur. Die Immigrationspolitik kommt derjenigen mittelalterlicher Städte nahe. Galt dort oft die Regel, dass diejenigen, die über ein Jahr und einen Tag unter Beachtung aller Gesetze und Regeln in der Stadt gewohnt hatten, das Bürgerschaftsrecht erwerben konnten, so schreibt das Immigrationsrecht Singapurs vor, dass diejenigen eine permanente Aufenthaltsgenehmigung erhalten können, die eine Arbeitserlaubnis haben und mindestens drei Jahre lang ihrer Steuerpflicht genügt haben. Aber diese Immigranten werden nur dann den bestehenden „ethnischen" Gruppen der Singaporeaner zugeordnet, wenn sie chinesischer, indischer oder malaiischer Herkunft sind, nicht aber, wenn sie aus anderen Teilen Südostasiens oder von anderswoher in der Welt kommen. Die alten Nachbarschaftsgruppen bestehen fort als soziale Netzwerke, in die die Immigranten kaum Aufnahme finden können. Wie stabil diese Kombination von liberaler Immigrationspolitik und Bewahrung der aus der Kolonialzeit erwachsenen Gruppenbildungen ist, muss die nächste Krise des Weltwährungssystems zeigen.

Quellen

Buckley, Charles Burton: An Anecdotal History of Old Times in Singapore, Singapore 1902 [Nachdruck, Kuala Lumpur 1965].

Crawfurd, John: Journal of an Embassy to the Courts of Siam and Cochin, London 1828.

Ormsby Gore, W. G. A.: Report ... on His Visit to Malaya, Ceylon and Java during the Year 1928, London 1928.

Raffles, Thomas Stamford: Memoir of the Life and Public Services of Sir Thomas Stamford Raffles, hg. von Sophia Raffles, 2 Bde, London 1830 [Nachdruck, Singapur 1991].

Yew, Lee Kuan: The Battle for Merger, Singapur 1961.

Literatur

Ashley, W. A.: The Population of Singapore in 1819, in: Journal of the Malaysian Branch of the Royal Asiatic Society 42 (1969), S. 112-113.

Chew, Ernest C. T.: The Foundation of a British Settlement, in: A History of Singapore, hg. von Ernest C. T. Chew und Edwin Lee, Singapur 1991, S. 36-40.

Essential Outsiders. Chinese and Jews in the Modern Transformation of Southeast Asia and Central Europe, hg. von Daniel Chirot, Seattle 1997.

Clammer, John R.: Deconstructing Values. The Establishment of a National Ideology and Its Implications for Singapore's Political Future, in: Singapore Changes Guard, hg. von Garry Rodan, New York 1993, S. 34-51.

Fletcher, Nancy M.: The Separation of Singapore from Malaysia, Ithaca 1969.

Hanna, W. A.: The Separation of Singapore from Malaysia (American University Field Staff Reports. Southeast Asian Series 13, 21), Washington, DC 1965.

Kaufleute als Kolonialherren. Die Handelswelt der Niederländer vom Kap der Guten Hoffnung bis Nagasaki. 1600 – 1800, hg. von Eberhard Schmitt, Thomas Schleich und Thomas Beck, Bamberg 1988.

Sopiee, Mohammed Noordin: From Malayan Union to Singapore's Separation. 1964-65, Kuala Lumpur 1976.

Wheatley, Paul: The Golden Khersonese. Studies in the Historical Geography of the Malay Peninsula before A.D. 1500, Singapur 1961 [Nachdruck, Kuala Lumpur 1966].

–: The Pivot of the Four Quarters, Chicago 1971.

Kapitel 15

Epilog: Migration und Integration – Lehren aus den Geschichten?

Der Blick auf die Geschichten von Reisenden, Migranten und Migrantinnen zeigt, dass Unterwegssein ein regulärer, normaler, gewöhnlicher Vorgang ist. Reisende, Migranten und Migrantinnen handeln in der Regel zielbestimmt und entschlossen. Wenige rennen einfach weg, ohne zu wissen wohin. Bis in das 19. Jahrhundert war Integration selten ein Problem. Oft hingegen bestanden Varianten der Integrationsregel für viele mittelalterliche Städte: Wer an einem Tag kommt, ein Jahr und einen Tag lang bleibt, ohne sich etwas zu schulden kommen zu lassen, und den Wunsch hat, länger zu bleiben, wird integriert. Erst am Ende des 18. Jahrhunderts kam die Metapher des Schmelztiegels auf, und mit ihr entstand im 19. Jahrhundert die Vorstellung, Migranten und Migrantinnen müssten ihre Identität ändern, wenn sie längere Zeit oder auf immer bleiben wollten. Diese Forderung knüpfte an den Grundsatz an, dass jede Nation ihren Staat haben solle und dass Nationen in den unergründlichen Tiefen der Vergangenheit entstanden und mithin althergebrachte, eng verbundene „soziale Körper" seien. Immigration würde diese „Körper" beschädigen, wenn die Kommenden sich nicht integrierten. Wurde der Grundsatz des Nationalstaats als Ziel umgesetzt in die Politik der Staaten, war ein Resultat, dass von Migranten und Migrantinnen Integration in die Nation eingefordert wurde. Wie diese Forderung im 19. und frühen 20. Jahrhundert umgesetzt wurde, lässt sich am Beispiel der öffentlichen Debatten um die Staatsangehörigkeitsgesetze insbesondere im Deutschen Reich ablesen.

Für das Deutsche Reich galt bis 1913 das Gesetz über die Staatsangehörigkeit aus dem Jahr 1870, das kurz vor dem Oktroi des Reichs vom Parlament des Norddeutschen Bunds verabschiedet worden war und 1871 in Reichsrecht überführt wurde. Dieses Gesetz war noch von der älteren Voraussetzung ausgegangen, dass Staatsangehörigkeit mit dem Indigenat, das heißt der Zugehörigkeit zu einem Untertanenverband, identisch sei. Diesen Verband versuchten Herrscher und Regierungen, wie schon im 18. Jahrhundert, durch gleich bleibende Bevölkerungszahl stabil zu halten. Folglich untersagte das Gesetz von 1870 Emigration zwar nicht, knüpfte sie aber an Bedingungen und bedrohte sie mit einer Sanktion. Die Hauptbedingung war die Zahlung einer Art Stempelgeld, das für die Erteilung der Ausreisepapiere fällig wurde. Die Sanktion bestand darin, dass nach Ablauf von zehn Jahren alle Emigranten und Emigrantinnen die Staatsangehörigkeit verlieren würden, wenn sie sich nicht bei einer deutschen Konsulardienststelle im Ausland registrieren ließen. Das taten die wenigsten. Hauptgrund für diese Sanktion war die Angst der Behörden, mittellos gewordene Rückwanderer könnten der Armenfürsorge zur Last fallen, solange sie Angehörige eines deutschen Staats blieben. Durch Registrierung hofften die deutschen Behörden zudem, die Emigranten und Emigrantinnen im Ausland überwachen zu können.

Die Logik dieser Regelung stammt noch aus dem 17. und 18. Jahrhundert und war damals an die Herrschaftsvertragslehre geknüpft. Der Gesetzgeber von 1870 sah es immer noch als erwiesen an, dass diejenigen Emigranten und Emigrantinnen den Vertrag mit einem deutschen Staat aufgekündigt hatten, wenn sie sich am Zielort der Migration nicht registrieren lassen wollten. Für Immigranten und Immigrantinnen sah das Gesetz umgekehrt vor, dass sie nach der Niederlassung in einem Gliedstaat des Norddeutschen Bunds und nachmalig des Deutschen Reichs und dem Nachweis ihrer wirtschaftlichen Unabhängigkeit die Staatsangehörigkeit desjenigen Staats ohne Eingewöhnungsfrist erwerben konnten, in dem sie dauerhaft wohnhaft waren. Auch diese Regelung basierte, reziprok zu der Regelung für Emigration, auf der Annahme, dass Immigranten und Immigrantinnen durch ihren Zuzug in einen deutschen Staat mit diesem einen Vertrag geschlossen hätten. Danach hatten sie dann Bleiberecht sowie das Recht zum Erwerb des Staatsangehörigkeit, wenn sie der Sozialfürsorge nicht zur Last fielen. Ebenso begründete die Eheschließung einer Immigrantin mit einem deutschen Staatsangehörigen deren deutsche Staatsangehörigkeit. Zum Zeitpunkt des Inkrafttretens dieses Gesetzes war der Gesetzgeber also weniger darum bemüht, das Staatsvolk als Genogruppe im Sinn des Nationalismus zu konstituieren, als Intellektuelle seit Beginn des 19. Jahrhunderts oder auch die Parlamentarier der Paulskirche während der Revolution von 1848/49.

Das Staatsangehörigkeitsgesetz des Deutschen Reichs von 1913 ging von anderen Voraussetzungen aus. Es postulierte das deutsche Volk als Genogruppe, erschwerte Immigration und erleichterte das Verbleiben von Emigranten und Emigrantinnen in der deutschen Staatsangehörigkeit. Nach diesem Gesetz erhielt eine mit einem Deutschen verheiratete Immigrantin bei der Eheschließung lediglich einen Anspruch auf Erwerb der deutschen Staatsangehörigkeit, nicht aber diese selbst. Diese Regelung begründeten Sprecher der Regierungsparteien in der Reichstagsdebatte über dieses Gesetz mit dem Argument, dass alle Deutschen eine Genogruppe derselben Abstammung und Herkunft bildeten und dass diese angebliche Tatsache im Staatsangehörigkeitsrecht ihren Ausdruck finden müsse. Daher sollten „fremd-völkische" Ehepartner deutsche Staatsangehörigkeit nicht ohne weiteres erwerben können, sondern erst durch Nachweis ihrer „Tauglichkeit" für das deutsche Volk. Der Abgeordnete Giese von den Konservativen brachte diese Logik in der folgenden Stellungnahme zum Staatsangehörigkeitserwerb zum Ausdruck: „Wir freuen uns, dass in dem Gesetz ...die Abstammung, das Blut das Entscheidende für den Erwerb der Staatsangehörigkeit ist. Diese Bestimmung dient hervorragend dazu, den völkischen Charakter und die deutsche Eigenart zu erhalten und zu bewahren." Den Worten Gieses zufolge gerierte sich nationale Identifikation als Resultat eines durch die Jahrhunderte verlaufenden soziogenetischen Prozesses. „Völkische" Terminologie und „Blut-und-Boden" Ideologie waren bereits vor dem ersten Weltkrieg als feste Bestandteile der deutschen Politik voll ausgebildet und ohne nennenswerten Widerstand anwendbar.

Deutsche erwarben demnach die Staatsangehörigkeit durch Geburt, Immigranten und Immigrantinnen mit dauerhaftem Wohnsitz in einem Gliedstaat des Deutschen Reichs durch Einbürgerung. Emigrierende Deutsche verloren nicht mehr automatisch ihre deutsche Staatsangehörigkeit, wenn sie sich nicht bei einer deutschen Konsulardienststelle registrieren ließen. Die Staatsangehörigkeitsgesetzgebung sollte deutsche Staatsangehörigkeit im Ausland erhalten und gleichzeitig die Einbürgerung durch Verwaltungshandeln erschweren. Die Betonung der angeblich genetischen Einheit des Staatsvolks machte Einbürgerung zur Ausnahme nur in solchen Fällen, in denen die Behörden glaubten, Immigranten und Immigrantinnen hätten ihren Beitrag zur Erhaltung und Festigung der Einheit des Staatsvolks geleistet. In der gesamten Debatte über das Gesetz vom 1913 rüttelte kein Abgeordneter an diesem Grundsatz. Lediglich Sozialdemokraten wie Eduard Bernstein sprachen sich dafür aus, die automatische Einbürgerung von Immigrantinnen, die mit Deutschen verheiratet waren, vorzuschreiben. Bernstein schlug daher vor, dass dauernd wohnhafte Immigranten und Immigrantinnen ein Recht auf Einbürgerung erhalten sollte, brachte aber keinen diesbezüglichen förmlichen Antrag in die Debatte ein. Doch allein schon Bernsteins Vorschlag stieß auf heftigen Widerspruch, da die meisten Abgeordneten der Regierung in deren Streben folgten, das deutsche Volk in seiner Einheit und als vermeintlich homogene, rechtlich geordnete und wirtschaftliche leistungsfähige Genogruppe zu erhalten. Automatische Einbürgerung sesshaft gewordener Immigranten und Immigrantinnen galt in der Sicht der Regierung als zu vermeidender Immigrationsanreiz und Gefährdung des „Staatskörpers": „Der Zug der Nationen geht im großen und ganzen vom Osten nach dem Westen, und auf diesem Zuge der Nationen stoßen die Massen, die sich vom Osten aus in

Bewegung setzen, erst auf das Deutsche Reich, auf das Deutsche Reich mit seinen geordneten rechtlichen Zuständen, mit seiner hohen wirtschaftlichen Blüte, mit seinen freiheitlichen Institutionen, die beispielsweise jedem Ausländer, der hierher kommt, denselben Unterstützungsanspruch gewähren, den jeder Inländer hat, eine Vorschrift, die Sie in anderen Staaten durchaus nicht finden, mit seiner hochentwickelten Sozialpolitik, die wieder den Ausländer ebenso stellt wie den Inländer. Meine Herren, so ist es ganz naturgemäß, dass der Drang, in das Deutsche Reich aufgenommen zu werden, bei manchen osteuropäischen Bevölkerungselementen ein außerordentlich starker ist." Anders ausgedrückt: Das deutsche Volk sollte ein wohlfahrtsschauvinistisches Bollwerk gegen Immigration sein. Der Erwerb deutscher Staatsangehörigkeit sollte an die Bedingung geknüpft sein, dass die eingebürgerten Immigranten und Immigrantinnen sich „in die gesellschaftlichen Verhältnisse" des deutschen Staatsvolks einfügten und „ein Gewinn für Deutschland" seien. Immigration ohne Integration bestimmte das Gesetz als Faktor der Bedrohung der Einheit des Staatsvolks.

Das Staatsangehörigkeitsgesetz von 1913 blieb bis 1999 in Kraft. Nach dem Ende des ersten Weltkrieg sahen es die Regierungen, einige Intellektuelle und die revisionistisch orientierte Zivilgesellschaft als eine ihrer dringendsten Aufgaben an, die Integration des Staatsvolks zu fördern. Hugo Preuß und Rudolf Smend traten als führende Vertreter einer „Integrationslehre" hervor, die die Förderung der Einheit des Staatsvolks zur Aufgabe des Staats schlechthin stilisierte. Im Bereich der Zivilgesellschaft bildete sich schon unmittelbar nach Kriegsende ein „Deutscher Schutzbund", dessen Anliegen es war, den zunächst auf „Grenz- und Auslandsdeutsche" eingeschränkten Begriff des „Volksdeutschen" auf die Gemeinschaft aller Angehörigen des Staatsvolks diesseits wie jenseits der Reichsgrenzen anwendbar zu machen und damit letztendlich die vom Versailler Vertrag gesetzten Reichsgrenzen revidieren sowie den in der Weimarer Verfassung festgeschriebenen „Anschluß Österreichs" herbeiführen zu können. Im Jahr 1923 entstand zudem die von dem Geografen Albrecht Penck (1858 – 1945) gegründete und geleitete Leipziger „Mittelstelle für zwischeneuropäische Fragen", die sich ebenfalls die Revision des Versailler Vertrags zum Ziel setzte. Sie entwickelte den nicht an Staatsgrenzen geknüpften, sondern über das damalige Staatsgebiet des Deutschen Reichs hinausgehenden Begriff des „Volksbodens". Diesen könne, Penck zufolge, das deutsche Volk als erweitertes Staatsgebiet beanspruchen, da es ihn in irgendwelchen früheren Zeiten „erschlossen" habe. Dem Begriff des „Volksbodens" stellten Penck wie auch der Historiker Hans Rothfels (1891 – 1976) den Begriff des „Kulturbodens" zur Seite, über den das deutsche Volk angeblich eine historisch begründete „Kulturüberlegenheit" besitze und daher zur Herrschaft befugt sei. Zudem forderten intellektuelle

Konstrukteure künftiger deutscher Vorherrschaft in Europa wie der Soziologe Max Hildebert Boehm (1891 – 1968) und der Historiker Adalbert Wahl (1871 – 1957), die Erhaltung der Einheit von Volk und Staat solle ein einheimischer „Führer" gewährleisten; denn ein „Fremdblütiger" könne „niemals ein echter Führer irgendeines Volkes werden", und die „Häufung fremdblütiger Führer" sei „ein Zeichen des Erlahmens der eigenen Volkskraft". Das Volk sei ein „eigengeartetes Wesen" und könne nur sich selbst „führen". So waren bereits während der Weimarer Republik die Eckpunte der Nazi-Ideologie festgeschrieben. Sie zirkulierten damals auch unter Leuten, die außerhalb der Nazi-Organisation standen und sich folglich im Bereich des sogenannten demokratischen Spektrums der Weimarer Republik bewegten.

Nicht nur die Formalie des Inkraftbleibens des Staatsangehörigkeitgesetzes von 1913 bis an das Ende des 20. Jahrhunderts weist auf Kontinuitäten in der deutschen Migrationspolitik hin, sondern auch das Festhalten an dem, was bis zum Ende des zweiten Weltkriegs unter der Bezeichnung „Einheit des Volks" lief und heute als Integration bezeichnet wird. Werden Kategorien von Volk und Rasse durch das Wort Kultur oder eine seiner Ableitungen ersetzt, sind die Phrasen der Debatte um das Staatsangehörigkeitsgesetz von 1913 mit denen der gegenwärtigen Debatte um die Integration weitgehend gleich. Die Forderung, Immigranten und Immigrantinnen müssten sich in eine „deutsche Leitkultur", wie es der bayerische Ministerpräsident Horst Seehofer im Herbst 2010 wieder einmal formulierte, einpassen, unterscheidet sich in der Sache nicht von den exklusionistischen Phrasen der konservativen Redner in der Reichstagsdebatte über das Staatsangehörigkeitsgesetz der Jahre 1912 und 1913. Politiker in Deutschland, die heute der Integration als Bedingung nicht nur für den Erwerb der deutschen Staatsangehörigkeit, sondern schon für die Gewährung einer unbefristeten Aufenthaltserlaubnis das Wort reden, haben nicht nur nichts aus der deutschen Geschichte des 19. und 20. Jahrhunderts gelernt, sondern kennen sie nicht. Sie denken heute über Migration in Kategorien des 19. Jahrhunderts und wundern sich, wenn sie mit ihrem Ideenschrott Probleme des 21. Jahrhunderts nicht lösen können.

Daher sind die Geschichten, die von Fällen aus der Vergangenheit erzählen, wichtig für die Gegenwart. Sie verweisen auf Langzeitfolgen, die von Reisen und Migrationen ausgehen und ohne Blick in die Vergangenheit nicht erkennbar sind, und zeigen die Gefahren, die falsch konzipierte Migrationstheorie und daraus gewonnene, fehlgeleitete Migrationspolitik heraufführen können. Migrationstheorien, die nicht an die Wahrnehmungshorizonte von Migranten und Migrantinnen anknüpfen und daher zu falscher Bestimmung von Migrationsmotiven führen, gefährden die Umsetzbarkeit von Migrationspolitik. Migrationspolitik, die Integrationszwang das Wort redet, kann Widerstand unter Migranten und

Migrantinnen erzeugen und deren Diskriminierung sowie letztlich Ghettoisierung und Genozid bedingen. Denn Integration findet in erster Linie nicht in Staat und Gesellschaft statt, sondern dort, wo Migranten und Migrantinnen Aufnahme und Anerkennung in bestehenden Nachbarschaftsgruppen finden können, ohne in Ghettos ausweichen zu müssen.

Quellen

Boehm, Max Hildebert: Volkstheorie und Volkstumspolitik der Gegenwart. Berlin 1935, S. 20, 31.

Gesetz über den Erwerb und Verlust der Bundes- und Staatsangehörigkeit. Vom 1. Juni 1870, in: Staatsangehörigkeitsrecht, hg. von Matthias Lichter und Werner Hoffmann, 3. Aufl. Köln, Berlin und München 1966, S. 689, 691.

Leidig, Eugen: Die preußische Auswanderungspolitik, in: Auswanderung und Auswanderungspolitik in Deutschland, hg. von Eugen von Philippovich. Leipzig 1892, S.438 .

Penck, Albrecht: Der deutsche Volks- und Kulturboden, in: Volk unter Völkern, hg. von Karl C. von Lösch. Breslau 1925, S. 62-73.

Rothfels, Hans: Das Werden des Mitteleuropagedankens [Januar 1933], in: ders., Ostraum, Preußentum und Reichsgedanke. Leizig 1934, S. 230.

Reichs- und Staatsangehörigkeitsgesetz. Vom 22. Juli 1913, zuerst in: Reichsgesetzblatt. 1913, S. 583ff. Neudruck, 2. Aufl. München und Berlin 1960.

Schmalenbach, Herman: Die soziologische Kategorie des Bundes, in: Dioskuren 1 (1922), S.105 .

Spengler, Oswald: Neubau des Deutschen Reiches. München 1924, S. 27.

Stenographische Berichte über Verhandlungen des Reichstages, 13. Legislaturperiode (1912.1913).

Verwaltungsrat der Stiftung für deutsche Volks- und Kulturbodenforschung (Hg.), die Tagungen der Jahre 1923 – 1929. Langensalza 1930.

Wahl, Adalbert: Vom Führertum in der Geschichte. Langensalza 1929, S. 25-26.

Register

Theorie und Geschichte der
bürgerlichen Gesellschaft

Tobias ten Brink
Geopolitik
Geschichte und Gegenwart
kapitalistischer Staatenkonkurrenz
Mit einem Vorwort von Bob Jessop
(Band 23)
2008 – 307 Seiten – € 27,90
ISBN 978-3-89691-123-0

Benno Teschke
Mythos 1648
Klassen, Geopolitik und die
Entstehung des europäischen
Staatensystems
aus dem Englischen übersetzt von
Reinhart Kößler
(Band 22)
2007 – 307 Seiten – € 39,90
ISBN 978-3-89691-122-3

Petra Maria Schulz
Ästhetisierung von Gewalt
in der Weimarer Republik
(Band 21)
2004 – 283 Seiten – € 35,00
ISBN 978-3-89691-121-6

2. überarbeitete Auflage
Heide Gerstenberger
Die subjektlose Gewalt
Theorie der Entstehung
bürgerlicher Staatsgewalt
(Band 1)
2006 – 665 Seiten – € 40,00
ISBN 978-3-89691-116-2

Christiane Eifert
Paternalismus und Politik
Preußische Landräte
im 19. Jahrhundert
(Band 20)
2003 – 352 Seiten – € 35,00
ISBN 978-3-89691-120-9

Isabel Richter
Hochverratsprozesse als
Herrschaftspraxis im
Nationalsozialismus
Männer und Frauen vor dem
Volksgerichtshof 1934 – 1939
(Band 19)
2001 – 267 Seiten – € 29,80
ISBN 978-3-89691-119-3

Michael Spehr
Maschinensturm
Protest und Widerstand gegen
technische Neuerungen am
Anfang der Industrialisierung
(Band 18)
2000 – 224 Seiten – € 24,80
ISBN 978-3-89691-118-6

WESTFÄLISCHES
DAMPFBOOT
e-mail: info@dampfboot-verlag.de
http://www.dampfboot-verlag.de